INTERNATIONAL C.
FLOWS AND FINAN
STABILITY:

Based on The Comparison of
The CEE and CIS Countries

国际资本流动
与金融稳定性研究
——基于中东欧和独联体国家的比较

张广婷 著

上海社会科学院出版社
SHANGHAI ACADEMY OF SOCIAL SCIENCES PRESS

编审委员会

主　　编　张道根　于信汇
副 主 编　王玉梅　谢京辉　王　振　何建华
　　　　　张兆安　周　伟
委　　员　(以姓氏笔画为序)
　　　　　王　健　方松华　叶必丰　权　衡
　　　　　朱建江　刘　杰　刘　鸣　孙福庆
　　　　　杨　雄　沈开艳　周冯琦　荣跃明
　　　　　姚勤华　晏可佳　黄凯锋　强　荧
执行编委　陶希东　王中美　李宏利

总　序

当代世界是飞速发展和变化的世界，全球性的新技术革命迅速而深刻地改变着人类的观念形态、行为模式和社会生活，同时推动着人类知识系统的高度互渗，新领域、新学科不断被开拓。面对新时代新情况，年轻人更具有特殊的优越性，他们的思想可能更解放、更勇于探索，他们的研究可能更具生命力、更富创造性。美国人类学家玛格丽特·米德在《文化与承诺——一项有关代沟问题的研究》一书中提出，向年轻人学习，将成为当代世界独特的文化传递方式。我们应当为年轻人建构更大的平台，倾听和学习他们的研究成果。

2018年，适逢上海社会科学院建院60周年，上海社会科学院向全院40岁以下青年科研人员征集高质量书稿，组织资助出版"上海社会科学院院庆60周年·青年学者丛书"，把他们有价值的研究成果推向社会，希冀对我国学术的发展和青年学者的成长有所助益。本套丛书精选本院青年科研人员最新代表作，内容涵盖经济、社会、宗教、历史、法学、国际金融、城市治理等方面，反映了上海社会科学院新一代学人创新的能力和不俗的见地。年轻人是上海社会科学院最宝贵的财富之一，是上海社会科学院面向未来的根基。

上海社会科学院科研处
2018年7月

前　言

自20世纪90年代以来,随着金融全球化趋势的不断发展,以及发达国家金融管制的逐步取消,国际资本在各国之间的流动规模呈现大幅上涨态势,同时,中东欧和独联体等转型国家在20世纪90年代初纷纷推行金融改革措施,包括放开国内金融市场,实行银行私有化和资本账户自由化等,吸引了欧美等发达国家的国际资本大量流入,给这些转型国家提供了重要的资金来源,引导其产业结构、贸易结构以及金融发展水平等朝着更加合理的方向前进。然而,这种日渐依赖外资的经济增长模式也给这些国家带来严重的金融隐患。2008年全球金融危机也使得这种隐患转而成为现实,国际资本大规模逆转和外资大量流回母国的严峻状况,导致中东欧和独联体国家出现流动性紧缺、银行坏账率急剧攀升等危急信号,严重威胁其国内金融市场的稳定。鉴于此,本书对1994—2011年中东欧和独联体16个转型国家国际资本流动及其分解因素对金融稳定性的影响进行研究。本书从宏观和微观两个方面出发,围绕这些转型国家国际资本流动的现状、影响因素、在银行体系中的作用机制和资本流动逆转与金融稳定的关系这四个主要方面进行理论分析,并在此基础上利用样本国家的大量数据进行实证检验,并最终得出相关结论。

本书主要研究内容如下:

导论阐述本书的研究背景、选题的理论和现实意义、结构安排和主要内容、主要创新和不足之处。

第一章为文献综述，主要从国际资本流动的概念界定、分类、流动机制、其对金融稳定的影响以及如何防范和预警等几个方面对现有文献进行梳理和评价，为后面章节的研究提供理论基础。

第二章研究中东欧和独联体国家国际资本流动现状和2008年全球金融危机前经济脆弱性表现。本章首先详细分析了中东欧和独联体国家国际资本流动的概况及其构成；其次，针对中东欧11国和独联体6国展开对比分析，研究国际资本流动及其组成部分在1994—2011年的流入规模、不同特征和表现；最后，研究在2008年全球金融危机前期中东欧和独联体国家国际资本流动与经济脆弱性表现，指出国际资本流动给这些转型国家带来的金融隐患，并总结了国际资本流动总体特征。

第三章从理论和实证角度探讨中东欧和独联体国家国际资本流动的影响因素。本章首先从理论分析出发，将国际资本的所有影响因素囊括其中，重新进行归类、整理，并根据所研究国家的国情，得出影响其国际资本流动的三大主要影响因素，即全球"推力"因素（Global Push Factors）、国内"拉力"因素（Domestic Pull Factors）和传染效应（Contagion）。在针对国内"拉力"因素的研究时，本章将这些国家的金融发展状况纳入其中，尤其是银行改革以及证券市场和非银行金融机构改革等指标，这与以往类似的研究有着很大的区别。其次，针对所提出的三大主要影响因素进行实证分析，证明了这三大影响因素的存在及其不同作用。

第四章研究银行体系视角下国际资本流动与金融稳定性。本章主要从微观视角研究国际资本流动影响金融稳定的作用机制。首先，探讨了银行部门顺周期特征的作用机制，指出银行部门具有主动调整其资产负债表规模的倾向，在经济繁荣时期倾向于通过提高杠杆率，增加负债的形式扩大资产负债表规模，增加信贷供给。当经济处于衰退时，银行为了保持足够的资本充足率和降低风险，倾向于降低杠杆率，减少负债规模并缩减信贷。定性分析也证实了中东欧和独联体国家的银行部门中这种顺周期特征的存在。

其次,本书综合借鉴了 Adrian、Tobias 和 Shin(2010,2012),Bruno、Valentina 和 Shin(2013)等人以及 Bank for International Settlements(2010,2011)的研究成果,推导出在全球"双层"银行体系下国际资本流动模型,得出银行体系的杠杆率水平与国际资本流动之间的相互关系及影响机理,实证检验这种相互关系的存在性。

第五章研究国际资本流动逆转与金融稳定性的关系。本章主要从宏观视角出发对中东欧和独联体国家国际资本流动逆转问题进行深入分析。首先,在国际资本流动逆转的理论分析基础上,通过测度、对比中东欧和独联体国家的国际资本流动逆转值与波动值,考察金融危机期间和非危机期间中东欧和独联体国家国际资本流动及其分解部分稳定性的差异,判断在金融危机期间,哪一种国际资本流动最不稳定,最容易发生逆转。其次,借鉴 Ozan Sula 和 Thomas D. Willett(2009)的计量模型并做进一步改进,实证检验中东欧和独联体国家国际资本流动及其分解部分与东道国金融稳定之间的相互影响。此外,作为转型经济体,中东欧和独联体国家拥有不同的金融市场结构,本书还针对这些特殊因素进行了单独分析和探讨。

第六章是全书总结,提出相应的政策建议及其风险预防措施。在此基础上,根据中东欧和独联体国家国际资本流动与金融稳定性的研究结论给出中国启示。

根据研究,本书得出以下几点结论:

(1)中东欧和独联体等转型国家国际资本流动规模和构成变化较大,大致经历了三个发展过程,即国际资本缓慢增长期、快速增长期和衰退增长期,但在国际资本大规模流入的同时这些转型国家国内经济脆弱性也在不断累积,如经常账户巨额赤字、进出口失衡导致的外汇收入压力、庞大的外债总额及其不合理的构成,以及本国银行坏账率的急速提升等,尤其是在2008年金融危机期间。

(2)金融全球化背景下中东欧和独联体国家国际资本流动规模和方向

受到来自全球"推力"因素、国内"拉力"因素以及传染因素的共同影响。其中,全球"推力"因素起着至关重要的影响,其次是国内"拉力"因素。另外,国际资本输出国、输入国以及与资本输出国具有紧密联系的第三国之间有各种传染渠道,在一般情况下,传染渠道作用不明显,但在金融危机期间其对东道国金融市场的影响将是灾难性的。

(3)银行体系的顺周期特征容易导致国际资本流动的顺周期性,给全球和东道国的金融市场带来风险。在全球银行体系下,全球过剩的流动性会通过全球银行体系资产负债表的"收缩-扩大"效应乘数倍增加国际资本流动规模,并通过东道国本地银行输入国内,影响其信贷规模,最终威胁国内金融系统的稳定。即当全球银行提高杠杆率时,其会扩张对东道国本地银行的信贷规模,本地银行又会扩张其对本地借款者的贷款量。反之,信贷规模便会反向缩减。因此,本书认为,在全球经济繁荣时,东道国应该理性对待这些通过银行体系输入的国际资本,增强自身的预警机制,通过建立逆周期经济政策,规范各银行资产负债表的管理行为,消除或减轻国际资本所带来的高风险。

(4)中东欧和独联体国家国际资本流动具有较高的不稳定性,尤其是在全球金融危机期间。一是当国际资本大规模流入后,其较容易出现大规模逆转,其中银行贷款是这些转型国家中最不稳定的,其次是FDI,而证券投资逆转情况不明显,而且这些国际资本逆转程度会在金融危机期间得到加强。二是中东欧国家国际资本逆转的情况要普遍严重于独联体国家。三是转型国家金融市场发展程度与金融稳定具有较高程度的相关性。另外,转型国家银行改革程度大、资本市场开放度高和金融市场深化水平高等都对预防国际资本在危机期间发生大规模逆转起到抑制作用。

目 录

导 论 　　　　　　　　　　　　　　　　　　　　　　　　1
　第一节　研究背景 　　　　　　　　　　　　　　　　　　1
　第二节　本书研究的理论意义和现实意义 　　　　　　　　2
　第三节　本书主要内容和结构安排 　　　　　　　　　　　5
　　一、本书主要内容 　　　　　　　　　　　　　　　　　5
　　二、本书的结构安排 　　　　　　　　　　　　　　　　6
　第四节　本书主要创新和不足之处 　　　　　　　　　　　7
　　一、本书主要创新之处 　　　　　　　　　　　　　　　7
　　二、本书主要不足之处 　　　　　　　　　　　　　　　9

第一章　文献综述 　　　　　　　　　　　　　　　　　　　10
　第一节　国际资本流动相关理论 　　　　　　　　　　　　10
　　一、国际资本流动的概念界定 　　　　　　　　　　　　11
　　二、国际资本流动的分类 　　　　　　　　　　　　　　12
　　三、国际资本流动机制理论 　　　　　　　　　　　　　13
　第二节　国际资本流动与金融稳定 　　　　　　　　　　　17
　　一、国际资本流动与银行稳定的关系 　　　　　　　　　18
　　二、国际资本流动与货币危机 　　　　　　　　　　　　24
　　三、国际资本流动逆转对金融稳定的影响 　　　　　　　26
　第三节　国际资本流动管理和风险预警 　　　　　　　　　31

一、国际资本流动管理　　31
　　二、国际资本流动的风险预警机制　　33

第二章　中东欧和独联体国家国际资本流动现状和危机前经济脆弱性分析　　35
第一节　中东欧和独联体国家国际资本流动及其构成　　35
　　一、中东欧和独联体国家国际资本流动的总体分析　　35
　　二、中东欧国家国际资本流动规模分析　　42
　　三、独联体国家国际资本流动规模分析　　48
第二节　金融危机前期中东欧和独联体国家国际资本流动与经济脆弱性　　52
　　一、经常账户巨额赤字与GDP高速增长并存　　53
　　二、货物和服务的进口增加、出口减少，出口创汇压力增加　　57
　　三、国内外债总额庞大且高速增长、短期外债占比过高　　60
　　四、私人信贷膨胀，资本形成总额低　　64
　　五、银行部门中外资银行占比过高，易产生金融传染风险　　68
第三节　本章小结　　73

第三章　国际资本流动影响因素的理论和实证分析　　78
第一节　国际资本流动影响因素的理论分析　　78
　　一、全球"推力"因素　　79
　　二、国内"拉力"因素　　83
　　三、传染效应　　87
第二节　国际资本流动规模影响因素的实证分析　　90
　　一、数据说明　　90
　　二、模型设计和变量定义　　91
　　三、实证结果及其分析　　100
第三节　新常态下中国国际资本流动的影响因素及政策建议　　128

  一、中国国际资本流动态势分析　　129
  二、人民币国际化过程中利率、汇率变动与我国国际资本流动　　141
  三、中国资本市场逐步开放后的风险分析及政策建议　　144

第四章 国际资本流动与银行体系的顺周期性研究　　152
 第一节 银行体系顺周期性的理论分析　　153
  一、银行体系顺周期性的理论基础　　153
  二、银行体系顺周期性的表现　　156
  三、银行体系顺周期性特征在中东欧和独联体国家的表现　　161
 第二节 全球银行体系的顺周期性与国际资本流动　　169
  一、全球"双层"银行体系下的国际资本流动　　169
  二、全球"双层"银行体系下国际资本流动与金融稳定的
    实证分析　　172
 第三节 我国银行体系的顺周期性与金融风险隐患　　185
  一、我国商业银行顺周期性逐步显现　　186
  二、我国当前值得关注的系统性金融风险隐患　　198

第五章 宏观视角下国际资本流动逆转与金融稳定性分析　　207
 第一节 国际资本流动逆转的理论分析　　207
  一、国际资本流动逆转的界定　　208
  二、国际资本流动逆转的原因分析　　209
  三、国际资本流动及其组成部门的稳定性　　210
  四、国际资本流动逆转对金融市场的影响　　213
 第二节 中东欧和独联体国家国际资本流动逆转性研究　　214
  一、中东欧和独联体国家国际资本流动逆转现象的比较分析　　214
  二、亚洲金融危机和本轮金融危机中国际资本流动逆转的
    对比分析　　222

第三节　中东欧和独联体国家国际资本流动逆转与金融稳定的
　　　　实证研究　　　　　　　　　　　　　　　　　　　　　229
　　一、样本选择　　　　　　　　　　　　　　　　　　　　　229
　　二、实证模型的选择和变量的定义　　　　　　　　　　　　229
　　三、实证结果及其分析　　　　　　　　　　　　　　　　　232
　　四、小结　　　　　　　　　　　　　　　　　　　　　　　239
第四节　防范和化解国际资本流动逆转风险的政策建议　　　　　241
　　一、国际上对国际资本流动的防范与监管　　　　　　　　　242
　　二、国际资本流动逆转的政策建议　　　　　　　　　　　　249

第六章　中东欧和独联体国家防范国际资本流动风险的政策建议及对中国的启示　　251

第一节　中东欧和独联体等转型国家规避国际资本流动风险的
　　　　政策建议　　　　　　　　　　　　　　　　　　　　　252
　　一、中东欧和独联体国家国际资本流动与金融稳定的相关结论　252
　　二、规避国际资本流动风险的政策建议　　　　　　　　　　255
第二节　中东欧和独联体国家国际资本流动与金融稳定性研究
　　　　对中国的启示　　　　　　　　　　　　　　　　　　　262
　　一、正确处理国际资本流动与金融稳定性的关系　　　　　　262
　　二、引进国际资本规模应与一国金融市场发展水平相适应　　262
　　三、分层次、差别化地引进国际资本　　　　　　　　　　　263
　　四、健全金融市场体制，正确把握银行业开放度　　　　　　263
　　五、培养多元化的出口市场，降低对美国市场的依赖度　　　263
　　六、加强与各国政府在监管方面的合作和政策协调　　　　　264

参考文献　　　　　　　　　　　　　　　　　　　　　　　　265

导 论

第一节 研究背景

20世纪90年代以来,随着全球经济规模的不断扩大、科技的不断进步以及发达国家纷纷推行金融自由化,国际资本流动规模呈现爆炸式增长。根据国际清算银行(BIS)的统计数据,国际资本流动增速是国际贸易增速的3倍,是世界经济的4倍。尤其是在2003年之后,流入发展中国家特别是新兴经济体的资本量与日俱增,且流动速率也在不断加快,流动方式也逐渐多样化。与此同时,多数中东欧和独联体等转型国家也纷纷进行了一系列的金融改革,如改革银行体系、允许外资银行进入等大规模私有化措施,吸引大量外资进入,继而形成严重依赖外资的经济发展模式。虽然国际资本流入在一定程度上可以弥补东道国资金短缺问题,促进东道国经济发展。然而,在充分肯定国际资本流动的积极效应的同时,还应密切关注其负面影响,如在东道国市场机制尚未完善的情况下过早地全面开放金融市场,不仅容易引发国际资本大规模、频繁地进出,使得东道国金融体系完全暴露于国际资本市场风险面前。例如,当国际资本大规模流入东道国时,一方面会导致该国资产价格的泡沫化,对金融市场的稳定造成极大的威胁;另一方面,当出现外部市场冲击或该国经济恶化时,这些资本必将大规模流出,给东道国的银行体系乃至整个金融领域带来严重的负面影响,甚至可能引发金融危机。

近20年来局部和全球范围内的金融危机频繁爆发引起了人们对国际资本流动利弊的普遍关注,如20世纪80年代的拉美债务危机、90年代的欧洲货币联盟危机和墨西哥危机、东南亚金融危机、俄罗斯危机以及2008年全球金融危机等,追根究底还是国际资本在全球流动带来的结果。尤其是2008年全球金融危机,这次危机虽然发源于欧美发达国家,但经过美国发达的金融市场和投资体系,危机被不断放大和蔓延,通过商业银行或其他金融机构波及所有与之有着密切金融联系的重要发达国家,又通过对外直接投资、各种商品价格和出口变化等途径传染到发展中国家,如中东欧和独联体等转型国家就是很好的例子。伴随着危机的不断蔓延和发酵,这些转型国家的经济遭到了沉重的打击。欧元区主权债务危机的爆发,更使这些国家陷入了大规模资本外逃的境地,导致这些国家的经济增长停滞甚至衰退。由于欧元区银行业面临大范围的流动性不足,大量外资从中东欧国家流回母国,造成这些国家本币贬值和偿债成本增加,再加上国际金融市场资金紧缺、融资成本提高,使得中东欧国家"借新债还旧债"的模式无法延续,这些国家普遍面临着资本紧缺、金融市场波动加剧的恶劣状况。而危机过后,这些转型国家仍然经受着国际资本留下来的严重"后遗症",如财政赤字困境、银行业不良贷款率高企、资产负债表紧缩等,这些大大拖累了国内经济反弹复苏势头。

第二节　本书研究的理论意义和现实意义

国际资本流动是经济全球化背景下国际金融研究的重要问题,伴随着生产全球化、对外投资便利化,国际资本流动量迅速扩张,相对对外直接投资形式的资本来说,银行贷款和证券化形式的资本等也开始明显增加,使得国际资本在世界各国之间的流动形式和渠道发生了巨大变化,而且投机性也明显增强。尤其是当下国际资本纷纷偏爱新兴经济体,这给这些国家带来福音,同时也带来噩运。因为国际资本的"激增—高涨—逆转(危机)—衰退"周期已多次在发达国家和发展中国家上演,充分显示了国际资本的"双刃剑"特性。本书在前人研究的基础上进行适当的扩展,进一步探索国际资本与金融稳定之间的相互关系,并以中东欧和独联体等转型国家为样本,凸显本书研究的理论和现实意义:

一是金融危机传导机制与国际资本流动有着密不可分的关系,研究国际资本流动在金融市场中的作用机制能够有效了解金融危机的传播途径及其预防措施。从历次金融危机来看,国际资本在其中都扮演着重要角色,这并不是偶然,而是两者之间存在着深刻的联系。从国际资本流动的角度来研究一国金融稳定乃至金融危机的预防和警惕是眼下经济发展过程中不可缺少的重要切入点。同样,对于像中东欧和独联体这样金融市场开放度高、金融机制发展不健全但却拥有大规模国际资本流入的东道国而言,间接受到金融危机的沉重打击、带来经济发展的停滞,显得尤为委屈。随着金融一体化程度的加深,各国在金融危机中并不能独善其身,金融危机影响的大小很大一部分取决于国际资本流动规模的大小,因此,重点研究这些国际资本流动在东道国流动机制及其在金融市场的作用,就显得尤为重要,尤其是在金融危机期间。

二是近期国内对国际资本流动与金融稳定的研究相对稀缺,研究国际资本流动对转型国家金融稳定的影响能够补充这方面的理论研究。这主要是由于国外学者对此研究也仅有 10 多年光景,而大部分是集中在对国际资本流动的推动因素和稳定性上,而且大都是集中于发达国家,对新兴市场和转型国家的关注不够。实际上,国际资本流动贯穿整个社会发展和运行的始终,只不过发达国家金融市场健全、资本流动渠道通畅、市场机制灵活等使得国际资本流动的便利性大大提高,从而对其经济和金融的影响较为明显,因而,以前的学者大都只关注发达国家之间的资本流动,忽略了新兴市场和转型国家。而当下这些国家恰巧又是经济增长快、发展前景好的良好投资国,国际资本开始大规模流入的时期,但从现实情况来看,这些转型国家的金融体系发展程度、政府管理水平和制度质量等都未跟上发达国家的标准,还不具备支持大规模国际资本进出的能力。因此,本书从转型国家的角度来研究国际资本流动对其金融稳定的影响,补充了国际资本流动的研究理论。

三是 2008 年全球金融危机过后,国际资本流动重现活跃特性,需防患于未然。在 2008 年金融危机过后,欧美等发达经济体随即推行了一系列的量化宽松政策,全球经济开始复苏,国际资本流动量大幅增加,并再次大规模流向新兴市场和转型经济体,重新引发新兴市场和转型经济体的国际资本流动问题。这引起全球经济学者和政策制定者的广泛关注,甚至成为 G20 会议的主要议题。对国际资本流动相关问题的重点研究将有利于这些国家更好地利用国际资本和预防其所带来的风险,采取正确的管理政策,重新审视自己的金融发展路径。另外,危机过后,大多数深受国际资本影响的东道国,开始纷纷转向设立资本管制措施,但严格的资本管制也被多次证明绝非长久之计,金融市场自由化发展乃是大势所趋,虽然这次危机的经验表明,那些资本管制严格的东道国所受危机的影响最小,这给国内外学者和政策制定者提供了一个新课题,针对围墙外的国际资本流动究竟是开放还是紧闭,以及两者松紧度如何把握等方面打开了一个全新研究方向。

四是本书的研究将会给同处于转型发展的中国提供可资借鉴的政策建议。对于中国而言,虽然在此次金融危机中受到国际资本的影响相对较小,那是因为我国资本市场还未完全对外开放,并未说明我国金融市场的发展程度是健全的,而后危机时期我国面临着进一步改革开放促发展的转型之道,对于如何进一步打开金融市场,如何管理打开后大规模进出的国际资本,如何预防或避免国际资本对我国金融市场的过度影响等,都将是一个挑战。因此,本书针对中东欧和独联体等转型国家国际资本流动对金融稳定的研究,分析其可能的传播途径和影响机制,找到其主要驱动因素,提供对应的政策建议,将十分有利于我国更好地管理和应对国际资本流动所带来的影响。

第三节 本书主要内容和结构安排

一、本书主要内容

本书以中东欧和独联体国家国际资本流动与金融稳定的相互关系为主要研究对象,从理论和实证、宏观和微观相结合的角度进行分析。由于本书主要研究转型国家的国际资本流动情况,因此,研究的重点是国际资本的流入,并根据IMF的《国际收支手册》,进一步将国际资本流动分解为外国直接投资、国际证券投资和银行贷款这三个类别,进行详细的理论和实证研究。第一章为文献综述,主要梳理和分析国际资本流动所涉及的相关理论和研究文献,为后面章节的研究提供理论基础。第二章主要分析和介绍在中东欧和独联体国家的国际资本流动及其分解部分的现状,以及其在金融危机期间的表现,并使用对比分析的方法,从整体到部分的分析思路展开分析,目的是呈现这些转型国家国际资本流入规模、各分解部分所占比重以及其在不同阶段的特征和表现。第三章进一步讨论是什么因素导致了国际资本流动?是国内因素还是全球因素抑或还有其他因素成为推动国际资本流动的主因?并且结合所研究国家的实际情况进行分析,找出具有特殊国情的影响因素,并进行实证检验。只有在找出影响国际资本流动的主要驱动因素后,我们才能够对这些重要因素进行规整和防范，提出有针对性的治理措施。第四章分析全球银行体系下的国际资本流动机制，根据全球"双层"银行体系下国际资本流动的模型，研究在微观金融领域，银行金融杠杆的顺周期性是否对传导国际资本流动产生影响等，并利用中东欧和独联体国家相关数据验证模型。第五章分析了在中东欧和独联体国家中，国际资本流动的波动性和逆转性及其对金融稳定的影响进行理论和实证分析。本次金融危机给欧洲转型经济体的经济和金融带来巨大冲击，主要集中在国际资本流动大规模撤出上，国际资本流动在发生逆转前是否具有统一的特征？其分解部分在危机与非危机期间是否也具有很大的不同？东道国经济发展状况和金融健全程度是否也对国际资本大规模逆转产生影响？回答这些问题将成为本章主要的任务。此外，作为转型经济体，中东欧和独联体国家拥有不同的金融市场结构，本书还将针对这些特殊因素进行单独分析和探讨。第六章作为总结，针对当下国际资本流动规模和方向变化异常的情况，提出相应的政策建议及其风险预防措施。总结在金融危机和非危机期间，管理国际资本流动的各种政策。从以往的经验来看，什么样的政策可以在更好利用国际资本的同时加强预防这些资本的突然变动？什么样的政策可以尽可能地减少这些国际资本流动的负面影响？本章都将给出应有的解答，并在此基础上，针对中国当下未来如何利用、管理好国际资本流动等给出切实可行的政策建议。

二、本书的结构安排

本书试图通过深入研究中东欧和独联体国家国际资本流动与金融市场稳定之间的相关性，研究框架如下：

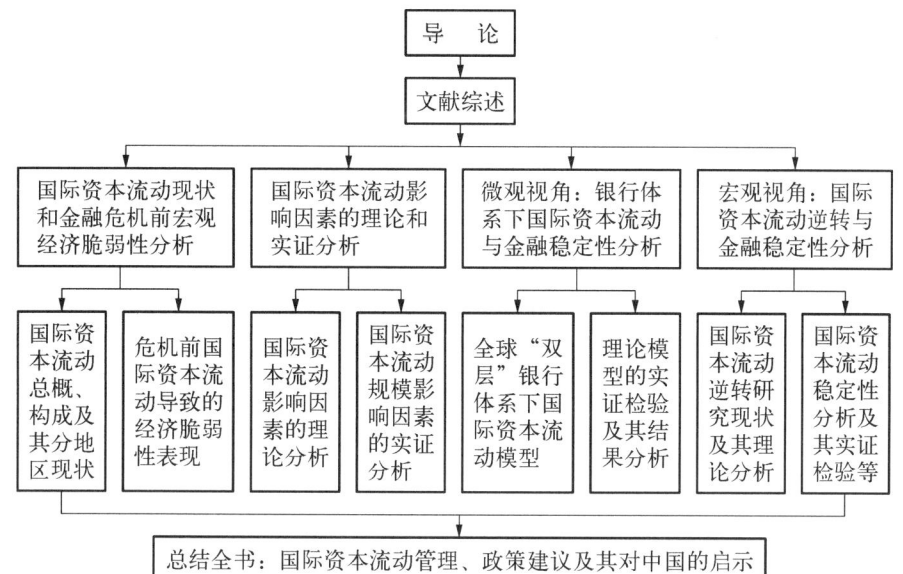

第四节　本书主要创新和不足之处

一、本书主要创新之处

相对前人的研究,本书主要创新之处有:

1. 当前专门针对中东欧和独联体等这些转型国家国际资本流动与金融稳定的研究文献较为有限,尤其是理论模型和实证方面的研究材料比较缺乏。中东欧和独联体等一些欧洲转型国家作为世界经济领域的新兴经济体,其独特的经济发展结构和地理位置等都对当下新兴市场的研究提供了重要的样本材料,具有很强的参考价值。由于这些国家大都在转型发展过程中开放本国金融市场,大量引进外国资本,带动其国内经济和金融市场的发展,国际资本对这些国家经济尤其是金融市场的影响可谓是根深蒂固。然而,这种长期依赖外资型发展模式必定会带来本国经济的脆弱性发展,这次全球金融危机的爆发,也使得其国内长期积累的脆弱性大量暴露出来。本书主要针对这些国家国际资本流动的影响进行研究,在弥补这些研究不足的同时也具有很强的代表性。

2. 本书在进行国际资本流动原因分析的过程中,不仅综合考虑了以往研究文献所采纳和总结的因素,还独创性根据中东欧和独联体国家自身独特的金融市场结构,采用欧洲复兴开发银行(EBRD)设定的关于中东欧和独联体国家银行和资本市场改革指标进行原因分析,发现这些有别于其他新兴市场的特殊因素对吸引国际资本的流入具有很大的推动作用。这也给未来进一步探索这方面的研究提供了一点线索。另外,本书还将国际资本在流动过程中尤其是在金融危机期间具有的传染特性特征也纳入原因分析中。剖析其在金融危机期间的传染机制,找出对应指标并加以实证检验,证实国际资本流动在国与国之间的传染特性。

3. 本书通过微观视角分析国际资本流动对金融市场影响的不同作用机制,即研究银行体系中国际资本的流动,通过借鉴全球"双层"银行体系下国际资本流动模型,首次将全球银行体系划分为两个层次,即全球银行体系和本地银行体系,打破以往简单的以国家为界限的划分标准,虽然现实中各国银行之间存在着复杂的关系,但本书这种简化的做法却能够更加聚焦研究重点,抓住精髓,分析国际资本流动在银行体系下的流动机制,及其对金融市场造成的影响,这也是经济学这门学科所具有的独特的分析方法之一。在此基础上,本书还针对所推导的理论模型给出了实证检验,所得结果具有很强的说服力。

4. 另外,本书还通过宏观视角来研究东道国国际资本流动的逆转问题。一般情况下,很少研究使用国际资本流动逆转这一概念,大都以突停(sudden stop)来代替,但突停所代表的情况大多发生在金融危机期间,而忽略了一般情况下(即非危机年份)国际资本流动的方向性问题,而恰恰国际资本在一般情况下的流动方向对东道国在危机年份的受灾程度有直接的联系,因此,包含非危机年份的研究十分重要。在这种情况下,本书借鉴国外研究文献并加以修改,采用了国际资本流动逆转性指标,解决了以上所提到的问题。

二、本书主要不足之处

本书主要不足之处有:一是在样本数据搜集方面的缺陷,因为在全球经济一体化趋势明显、各种金融工具和通信设施高度发达的今天,国际资本流动规模和方向变化较快,需要采用相对高频数据进行研究。但由于本书所研究的国家为中东欧和独联体等这些数据本身不够全面的转型国家,所能够获取的数据仅为年度数据,无法获得所研究样本的季度或月度等高频数据,这使得本书的实证研究可能会错过一些重要的结论或特性,未来有待改进。二是国际资本流动方向和规模改变背后的直接控制者为各类型投资者,但本书由于数据收集等各方因素的限制,未能够对投资者的分类和行为进行更加深入的研究和探讨,尤其是关注其在金融危机期间和危机过后的不同行为表现等。三是未来还可以针对中国的实际情况进行研究,但限于本书的篇幅,本书未加以深入分析,未来可在这方面再进行深入研究。

第一章
文献综述

本章主要梳理和分析国际资本流动所涉及的相关理论和研究文献。2008年全球金融危机爆发以来,许多国家都先后经历了国际资本大规模流入和流出的考验,重新引起国内外许多学者的广泛关注,针对国际资本流动定义和相关理论以及对金融稳定的影响也不断得到完善和发展。因此,本章主要从国际资本流动的概念界定、分类、流动机制、其对金融稳定的影响以及如何防范和预警等几个方面对现有文献进行梳理和评价。

第一节 国际资本流动相关理论

自16世纪开始,国际上就有学者开始对国际资本流动理论进行研究,例如约翰·海尔斯(John Hales)、托马斯·孟(Thomas Mun)、戴维德·休谟(David Hume)以及亚当·斯密(Adam Smith)等,只是当时国际贸易理论还是学术界研究的主流,因此国际资本流动理论还只属于国际贸易理论,但这些早期的理论研究奠定了国际资本流动理论的发展基础。随着经济全球化的发展,国际资本流动的规模越来越大,对一国经济、金融等方面的影响也越来越深,因此,国际资本流动理论便开始成为一种成熟的理论体系。

一、国际资本流动的概念界定

对于什么是"国际资本流动",目前为止学术界还没有统一权威的定义,而不同学者根据其所研究的范围和理论假设,对国际资本流动有以下不同的理解:多恩布什(Dornbusch,1980)认为需从国际投资组合的角度来描述国际资本流动,他将其定义为"国内外债券间的可替代,并可对所希望的投资组合进行随时调整"。随后斯塔尔茨(Stultz,1981)对其进行了补充,他认为应该将风险性的名义资产(例如股票等)包含在国际资本流动的定义中。而奥伯特费尔德(Obetfeld,1986)认为,国际资本流动是指以安全名义资产的形式所进行的国际自由借贷。克鲁格曼(Krugman,1997)则是从贸易的角度来定义,他认为国际资本流动像是"跨期贸易(intertemporal trade)",是当前消费和未来消费之间的国际贸易。托马斯(Thomas,1997)认为国际资本流动是指"促使资本转移,并在广泛的地理范围内协调生产的一种的潜在能量"。而布伦丹·布朗(Brendan Brown,1992)在《新帕尔格雷夫经济学大辞典》中将国际资本流动定义为资本在以国家为主的不同经济区域之间的流动,当一国居民(资本输出者)向另一国居民(资本输入者)提供贷款或者购买财产所有权时就形成了国际资本流动,并利用国际收支恒等式区分实物资本流动和金融资本流动。

国内对国际资本流动的理解大都根据此定义展开。例如钱荣堃(1994)指出,国际资本流动是指资本从一国(或地区)转移到其他国家(或地区),它主要体现在该国 BoP 的资本与金融账户中。李慧芬(1998)认为,基于某种经济或政治的需要,资本则会从一个国家或地区流入(或流出)另一个国家或地区,这种资本的国际转移都反映在该国 BoP 的资本账户中。而裴平(1999)则认为资本之所以会从一个国家或地区流入(或流出)另一个国家或地区主要是基于盈利或平衡国际收支的目的,它是资本使用权的转让。

由此可知,所有关于国际资本流动的定义都只包含了它的一个侧面,并没有完整地表达国际资本流动的具体含义和特征。实际上它包含了很多有关金融学的知识,国际资本不仅包含金融资本还包含实物资本、知识资本、人力资本等,而国际资本流动不仅有直接投资,还有各种证券投资和国际贷款等金融资产的交易。因此,本书认为,国际资本流动主要是指国际(私人或官方)投资者为了盈利、避险、优化资产配置、平衡收支等一系列经济或政治目的,通过向他国以直接投资、证券投资、国际贷款以及各种资产组合等形式进行投资活动,进而使得生产资本、人力资本和技术资本等在国家间传递。

二、国际资本流动的分类

国际资本流动按照不同的划分标准具有不同的类型,国际和国内在研究国际资本流动时,对其各种类型做出了不同的界定,即分别根据资本流动的时间长短、流动性大小、流动的动机等对国际资本流动的不同类型进行划分。最普遍的分歧是对国际资本流动长短期划分的不一致性。

(一) 按照时间长短划分

按照借贷期限的长短划分国际资本流动,即将借贷期限在1年以上或未规定期限的流动资本定义为长期国际资本流动,例如国际直接投资、1年以上的证券投资等,而借贷期限在1年以下(包括1年)的流动资本称为短期国际资本流动,如短期证券投资、投机性资本流动、短期贷款等(田宝良,2004)。

(二) 按照投资动机划分

例如金德尔伯格(C.P.Kindleberger,1937)认为,国际短期资本流动和长期资本流动的主要区别是由于投资者意图不同而造成的,例如短期国际资本流动是指当出现有利时机,投资者就会改变或扭转资本流动方向而达到获取利润的国际资本,现实生活中如在证券市场上的投资就属于短期国际资本流动的范畴。而长期国际资本流动则是指那些因为看中东道国经济基本面而进行投资,目标是在未来某一段时间里获得报酬,并不会因为某种短期投机利润的出现而改变的流动资本,如国际直接投资、国际长期贷款等。然而,虽然这种划分比简单地按照借贷期限长短划分更具有合理性,但在统计上这种方法具有很大的难度,在实际操作中也不易实施,主要是因为对投机动机的划分比较模糊,没有明确的界限。

(三) 按照资本流动性划分

我国学者李翀(2005)认为,应该根据国际资本流动性强弱来划分长短期国际资本,如流动性弱的资本为长期资本,而流动性强的资本为短期资本。一般情况下,在 1 年时间内不发生流动方向逆转的流动资本可认为是流动性弱的资本,相反,在 1 年以内发生逆转的资本则是流动性强的资本。

根据以上所有关于国际资本流动的划分标准,本书认为可以从受金融危机影响或外部冲击后国际资本稳定性强弱,划分为长短期国际资本。若在遇到外部冲击出现较大波动而发生大规模逆转的国际资本可界定为短期国际资本流动,反之,稳定性较强且流动方向和规模没有发生巨幅改变的资本可界定为长期国际资本流动。

三、国际资本流动机制理论

按照国际资本流动理论发展路径,可将国际资本的流动机制理论分为早期国际资本流动机制理论、近代国际资本流动机制理论和现代国际资本流动机制理论。

(一) 早期国际资本流动机制理论

1. 重商主义时期

早期关于国际资本流动机制理论研究的是在重商主义时期,重商主义者认为货币是财富的主要形式,财富具体体现在贵金属(金银)上。因此,国家要富强,首先需要通过贸易不断地积累货币;而贵金属又是全球流通的货币,所以国际资本流动实际上就是贵金属(金银)的流动问题。主张贵金属应该单方向地流入国内,避免货币流出的现象发生。在对待顺差的态度上,重商主义又有不同,产生出货币差额论和贸易差额论这两种不同的理论。

货币差额论认为政府应该通过直接干预的手段控制本国贵金属的流出,使贵金属都留在国内;而贸易差额论认为贵金属在流动中才能不断增值,应该通过贸易不断地输出贵金属货币,以达到不断增值的目的。例如约翰·海尔斯(John Hales)认为本国应该通过行政手段尽量多卖少买而使贵金属货币留在国内。杰拉德·马林斯(Gerardde Malynes)也认为只有严禁贵金属外流,才能使国家致富,同时他还阐述了汇率变动会影响国际资本的流动。而安东尼·塞拉(Antonio Serra)认为在国际贸易中,为了购买商品后卖出而出现的贵金属货币的输出,或者因为将货币输出到他国比在本国获利多等,实际上都是因为货币在流动中发生了增值,可以赚取使得更多的货币流入国内,因此货币输出是必要的。托马斯·孟(Thomas Mun)也指出投资者可以根据各国在对外贸易中出现的汇率差异而进行"套汇"以获得收益。

2. 古典主义时期

古典学派认为自由贸易是必要的,对重商主义者所推崇的贸易差额论进行了猛烈的抨击,代表人物有大卫·休谟(David Hume)、大卫·李嘉图(David Ricardo)、约翰·穆勒(John Miller)等,如休谟认为货币只是一种用以交换的工具,并不是财富的唯一形式,主张推行自由贸易,使国际资本自由流动,这样一国在对外贸易中出现收支差额时可以通过汇率机制和货币的供给机制实现自动调节,而达到新的均衡。在此基础上,大卫·李嘉图(David Ricardo)运用比较优势理论来分析国际资本流动理论,他认为比较优势使资本出现跨国流动,使得投资者获得更高的利润。而约翰·穆勒(John Miller)在投资利润中加入投资风险因素,认为资本的跨国流动是投资利润和投资风险综合作用的结果,而资本在发达国家之间比在发展中国家之间流动更有利可图。

与此同时,有些学者是从利率和汇率综合作用的角度来分析国际资本流动,如西斯蒙第(Simonde de Sismondi)认为利率和汇率之间存在着联动机制,即当本国货币过多时,则会出现利率下降和货币贬值的情况,这又使得资本流出;反之,本币过少又引起利率上升和本币升值,资本流入。由此可见,资本总是从利率低的国家流向利率高的国家。在此基础上,托马斯·图克(Thomas Tooke)认为利率的提高使得本国出现资本缺口,从而可以吸引国外资本的流入;反之,低利率使得本国资本过剩,引起资本外流。

由上可知,重商主义和古典学派对国际资本流动的研究为后来的研究奠定了坚实的理论基础,尤其是利率汇率联动机制对国际资本流动的影响为后来的利率平价理论提供了理论支持。

(二) 近代国际资本流动机制理论

在19世纪后期至20世纪30年代,国际资本流动对全球经济和资本市场的稳定均产生了越来越大的影响。对国际资本流动机制的研究也进入了较为深入的阶段。很多学者从利率、汇率以及风险因素等方面研究引起国际资本流动的主要因素。例如沃尔特·巴奇哈特(Walter Bagehot)、维克塞尔(Knut Wicksell)、艾尔费雷德·马歇尔(Ifred Marshall)和欧文·费雪(Irving Fisher)等认为,利率是促使资本跨国流动的主要因素之一。如沃尔特·巴奇哈特认为,利率差异是引起国际信贷资金在全球范围内流动的主要因素。维克塞尔也指出一国的高利率不仅可以吸引国外资本的流入,而且还可以吸引在外的国内资本回流,而且随着利率的变化,国际资本的流动呈周期性趋势。马歇尔在此基础上还进一步指出信息获取的难易程度和投资收益的保障度也是影响国际资本流动的主要因素。欧文·费雪利用比较优势理论,认为利率差异是资本跨国流动的主要因素,但随着资本在国家间自由流动,世界各国的利率最终趋于相等,由此提出国际资本流动的利率理论模型。而瓦尔拉(Leon Walras)和波塞尔·俄林(Bertil Ohlin)认为汇率也是导致资本跨国流动的主要因素,如瓦尔拉指出"套汇"行为会使得国际汇率重新回归到均衡状态。俄林认为利率和汇率主要影响短期国际资本的流动,而资产的特征和投资者愿意承担风险的态度决定了长期国际资本流动的方向和规模。佛雷兹·马可罗普(Fritz Machlup)和艾弗森(Iverson)则认为投资者规避和分散风险的目的也是资本国际流动的主要因素,佛雷兹·马可罗普指出资本之所以会从利率高的国家流向利率低的国家,是因为投资者是为了规避风险,而不是为了获得更高的报酬。艾弗森认为除了利差外,投资组合的分散化倾向和各种政治因素以及个人偏好等也会促使国际资本流动。

(三) 现代国际资本流动机制理论

第二次世界大战后建立的布雷顿森林体系在投机资本的冲击下最终崩溃,而国际资本流动已经成为学术界和社会各界人士共同研究的重点。在此阶段,如缪尔达尔(Gunnar Myrdal)、雷吉纳·纳克斯(Ragnar Nurkse)、布兰逊(Branson)、詹姆斯·爱德华·米德(James Edward Meade)、罗伯特·蒙代尔(Robert Mundell)、马库斯·弗莱明(Marcus Fleming)、马丁·费尔德斯坦(Martin Fieldstan)、杰费里·福兰克尔(Jeffrey Frenkel)等都对国际资本流动机制理论的研究作出了贡献。缪尔达尔指出,流向发展中国家的跨国资本之所以会发生外逃的情况,是因为发展中国家的低效率生产、社会不稳定、利润转移以及政治腐败等因素。雷吉纳·纳克斯则认为发展中国家应该动用国内政策措施来吸引国际资本的流入,同时还应该用财政或货币政策增加国内储蓄。布兰逊在对国际资本流动做出长短期划分之后指出,利率、汇率和进出口都对短期国际资本的流动产生影响,而国内收入、利率和国外收入则主要影响长期国际资本的流动。米德认为在给定一国的价格和产出水平的情况下,本国利率上升会促使国际资本流入。同时蒙代尔也指出国内相对的高利率会有助于增加国际资本的流入,减少资本流出。弗莱明进一步强调在浮动汇率下,国际资本流动受利率的影响将会更加剧烈。费尔德斯坦指出,若一国投资率和储蓄率完全不相关,则资本完全流动；若二者呈现强相关，则资本流动的强度将大幅降低。然而福兰克尔则认为相对于储蓄和投资的相关系数，利率差异对资本流动的影响要强很多，能够更好地解释资本的跨国流动。

有些学者在承认利差影响资本跨国流动的同时，更多关注投资者风险规避对资本流动的影响。代表人物如马克维茨（Markowitz）、金（Kin）等。马克维茨提出资产组合理论，他认为在收益不变的情况下，投资于多种证券不仅可以提高收益还可以降低投资的风险，并强调了交易成本对国际资本流动具有很大的影响。金在此基础上构建出资本流动的交易成本模型，指出资本在流动过程中所产生的成本，如信息获得成本、转移成本等都会显著地影响资本的跨国流动。

同时也有部分学者指出一国的高利率并不总能吸引国际资本的流入。代表人物如卢卡斯（Lucas）、阿尔法罗（Alfaro）、卡勒姆利·奥斯坎（Kalemli Ozcan）、琼斯（Jones）、柯林斯（collins）和威廉姆森（Williamson）等。卢卡斯通过分析20世纪80年代国际资本流动情况，指出国际资本大量流入低利率的发达国家而非高利率的发展中国家，甚至还出现资本外逃出这些发展中国家的情况，即"卢卡斯悖论"，他认为主要原因是发展中国家人力资本水平较低的缘故。阿尔法罗等针对"卢卡斯悖论"作了实证研究，指出一国制度质量的好坏是解释"卢卡斯悖论"最好的原因。同时还有学者如琼斯（Jones）、柯林斯（collins）和威廉姆森（Williamson）等从资本品价格扭曲角度，以及博伊德（Boyd）和史密斯（Smith）等从逆向选择与验证成本的角度来解释"卢卡斯悖论"。

第二节　国际资本流动与金融稳定

自1997年亚洲金融危机过后，国内外许多学者将国际资本流动引入宏观经济模型中,具体探讨国际资本流动对一国金融稳定的影响。国际资本流动对一国金融稳定的影响有正负两个方面,以负面影响为主。在大多数情况下,国际资本流动对一国金融稳定的影响总是表现为对几种危机的影响,即对货币危机、银行危机和债务危机的影响,或同时存在,或相互蔓延等。

一、国际资本流动与银行稳定的关系

银行体系的稳定性是衡量一国金融市场健康与否的重要指标,自 1997 年亚洲金融危机以来,资本流动对一国银行体系的影响便成了重点研究对象。大部分学者从银行的稳定性和脆弱性、金融自由化、银行道德风险等角度对银行稳定性进行研究。

(一) 银行的稳定性与脆弱性

1. 银行稳定性研究

按照世界银行的定义,银行是指那些吸收活期存款、发放短期工商业贷款的金融机构。而对于银行稳定性至今没有完整且明确的定义,大部分学者都是从它的对立面即银行不稳定性方面进行研究,两者之间是对立统一的关系。银行不稳定是指整个银行系统清偿能力的丧失,且金融资源的配置效率极低甚至无效率,其资本净值接近或等于零,政府被迫提供大规模的援助,表现之一就是银行脆弱性增加,而最极端的表现形式即出现银行危机,又称为系统性银行危机。而大部分研究银行稳定性的学者都是沿着从银行不稳定到银行稳定的路线。银行脆弱性的根源是银行的高负债性和高传染性。Demirguc-Kunt Asli 和 Enrica Detragiache(1998)认为银行只要出现不良贷款和总资产的比值超过 10%、政府援助银行的成本超过 GDP 的 2%、银行出现大规模国有化现象以及出现大范围的银行挤兑或被迫冻结存款等情况之一,就被认为是发生了银行危机。卡尔·约翰·林捷瑞恩(Karl John Linteyn,1997)等学者认为,当整个银行体系中大部分银行的资产净值为正、具有盈利能力,且还能够继续保持这种盈利状态时,则认为该国银行体系是稳定的。

在国内,大部分学者是从银行所具有的清偿能力角度出发来研究银行稳定性,如王广谦(2003)认为银行的稳定性是指大部分银行具有抗风险能力和清偿能力。张旭(2004)在此基础上指出,由多数具有竞争能力和清偿力的银行构成的银行体系才是稳定的。其他学者则是从银行抵御风险的能力来定义银行稳定性(黎志成、王明华,2005)。

2. 银行脆弱性研究

对银行体系脆弱性研究最早可追溯到经济史学家和制度学派的研究,然而这些研究较为零散,都没有形成系统的理论框架。目前国际上比较认同的研究有,从经济周期的角度来解释银行危机产生的原因,代表人物为马克思、马歇尔和凯恩斯等。之后如明斯基和克瑞格等人从微观角度入手,分析了产生银行脆弱性的因素。这为后来斯蒂格利茨、韦斯等人在研究银行脆弱性时奠定了基础。

马克思对1877年经济危机中大量银行倒闭的现象进行分析,提出"银行体系内在脆弱性"假说,指出银行在加速私有资本转化为社会资本的同时,还使金融资本家占据了产业资本家和商业资本家的资本分配能力,促使银行危机的发生。由于金融资本家具有强烈的趋利性,使得虚拟资本运行的独立性大大增强,脱离实物资本,为信用崩溃埋下隐患。在《货币、信用与商业》一书中,马歇尔认为危机具有内在性和周期性,而信用的不合理扩张,直接导致了银行危机的发生。而凯恩斯则是从实体经济运行的角度来解释产生银行危机的原因,他指出"三大定律"导致经济中出现有效需求不足的现象,这又使得各经济体对货币的需求具有流动性偏好的特征,进而出现"流动性陷阱",而流动性偏好的改变直接导致了银行脆弱性的产生。

针对金融脆弱性假说,明斯基从微观主体的行为、微观主体现金流的运行方式、资产价格的内在不稳定性等方面研究了金融脆弱性产生的直接原因,他认为金融脆弱性是经济的内在现象,无法根除。银行和贷款人的内在特征导致他们经历了周期性危机和破产风潮,而这种困境又在各经济体之间不断传递,最终导致银行危机甚至金融危机的产生。他的这种理论又被称作"金融体系周期性震荡假说"。克瑞格(J.A.Kergel)补充了明斯基的理论,他指出银行是否贷款主要取决于借款人之前的记录信息,而对其未来预期的关注较少。当经济处在持续繁荣稳定阶段时,由于借款人的过去信用记录较好,银行便毫无怀疑地批准贷款。这种做法自然为银行危机埋下很大的隐患。一旦经济形势逆转,就会导致银行危机发生。

还有部分经济学家从信息不对称的角度分析银行脆弱性,代表人物有斯蒂格利茨等人,他们认为,由于信息不对称,银行或其他金融机构并不能高效地挑选出优质的借款人,常出现在经济繁荣时投资了较多的高风险项目,而在面临经济冲击时,产生大量不良贷款,给自己造成巨额损失的情况。而当这种信息被大量储户获知时,他们就会对银行失去信心,导致大量挤兑现象出现,给银行造成很大的困境,甚至出现危机。因此他们认为信息不对称是产生银行脆弱性最主要的原因。同时有些学者将信息不对称具体细化到银行的信贷配置上,Dimaond 和 Dybvig(1983)指出,银行经常将短期存款以长期贷款的形式放出去,使得金融市场出现失衡的现象,当储户在得知银行的这种失衡现象时,便会出现较高的挤兑愿望,促使挤兑风潮提前爆发。因此,储户对银行的信心是银行稳定的根基。

此外,Ferderics Mishkin(1996)指出,信息不对称、不适当的存款保险制度等都会导致和加剧银行脆弱性。即当存在信息不对称时,由于存在存款保险制度,使储户放松了对银行的监督。一旦银行放松警惕,对投资者发放贷款不够谨慎,同时投资者高涨的投资热情促使其追求各种高风险的项目,那么就会导致投资者过度投资的现象,加剧银行的脆弱性。

(二) 国际资本流动对银行稳定性的影响

自 1997 年亚洲金融危机之后,国际资本流动对银行稳定性的影响则成为学术界研究的重点,主要是从金融自由化、资本账户开放和银行的道德风险角度研究两者之间的关系。

1. 金融自由化与银行稳定

金融全球化使得一国经济的发展更容易获得外部资金的支持,银行部门也就更容易为贷款创造条件,然而外部资金的流入使得银行等金融机构的风险大大增加。许多经济学家在亚洲金融危机过后都转向研究金融自由化和资本账户的开放对一国银行部门乃至金融部门的影响。

有的学者认为在国际资本自由流动的前提下,资本账户开放有助于一国金融部门的稳定。代表人物为Hang M. Markowitz,他指出,在市场规律的指引下,国际资本的自由流动可以使资本得到最大化利用,同时通过资产组合的方法,金融自由化发展可以降低东道国金融风险,对该国金融稳定的发展具有促进作用。Stijn Claessens、Aslinemirgug-Kunt和Harry Huizinga通过研究发达和新兴市场国家的本国银行和外资银行的数据指出,在新兴市场国家中,银行开放程度越高,其稳定性就越好,银行机构的质量也越高,从而降低了银行部门的脆弱性。反之,银行部门开放度越低,则银行的脆弱性就越高。他们认为银行部门的开放可以有助于降低金融机构的脆弱性。Henry(2000)、Stulz(1999)等在国际资产定价模型的基础上,指出金融部门的开放,从而国际资本的自由流动有助于东道国利用国际金融市场的资金资源,提高资金的配置效率;同时在外资银行的参与下,本国银行部门的监管质量、技术水平都会得到较大提高。

然而大部分学者都认为金融自由化和资本账户的过早开放,会增加本国金融部门的脆弱性,甚至促使金融危机的产生。如Stiglitz(1998)指出,一国在时机和条件都不具备的条件下盲目地开放本国的金融市场,会加剧银行部门的脆弱性,给整个金融市场带来高风险,甚至引发金融危机。Bhgawati(1998)指出,盲目地开放资本账户,使得银行部门和企业等经济主体可以在国际市场融资,产生了大量的国外短期外债,是造成亚洲金融危机的最大原因。Barth、eaprio 和 Levine 也指出,亚洲金融危机的爆发与国际资本的自由流动是分不开的,且遭受危机的国家大都实行了金融自由化的政策。同样 Radelet 和 Sachs 指出,大量流入亚洲国家的国际资本流动是造成亚洲金融危机的核心。Asli Demirguc-kunt 和 Enrica Dereagiachet 在通过分析金融自由化与银行危机之间的关系时指出,实施金融自由化的国家更容易发生银行危机,当一国的经济环境较好时,金融自由化对银行机构的脆弱性影响较小;一国的腐败程度、相关法律的完善度以及履行情况等都对其有较大影响。魏勒(Christian E. Welle)在对新兴市场国家实行金融自由化后的结果中发现,国际资本在金融自由化后大量流入,导致汇率的高估,引发货币危机,同时还随时会导致银行危机的发生。Kaminsky 和 Reinhart 认为,金融自由化为银行危机的发生埋下了一颗定时炸弹,即当一国实行金融自由化后,该国的信用明显扩张,诸如股价和房地产市场都将会出现明显的价格上涨,导致泡沫的产生,而一旦泡沫破裂,资产市场将会崩溃,这又会导致银行等金融机构危机的大爆发。Williamson、Glick 和 Hutchison、Melike Altinkemer 等的研究也得出类似的结论。同时 Aizenman 也认为一国资本市场的开放会加剧该国本已存在的各种经济扭曲,最终导致危机的爆发。

另外,Kaminsky 和 Reinhart(1996)从债务的角度分析了金融自由化后国际资本流动对一国银行乃至金融部门的影响,他们指出金融自由化后,国际资本可以自由进出入本国的金融市场,当本国银行利用国际资本市场借入外币资金并带给本国企业或个人后,就会使借款者承担大量的外汇风险。若这些借款者没有相应的对冲措施,那么一旦外汇风险发生,本国借款者就会遭受很大的还债压力,甚至无力还债,这又会导致货币危机以及银行危机的发生。

Chari 和 Jagannathan(1998)分析了在金融自由化后银行部门所面临的复杂环境,他们认为在金融自由化过后,若没有发达的银行拆借市场作为支撑,则银行部门在面临短期流动性危机时会显得力不从心,除非存在着作为最后担保人的中央银行,否则流动性危机的传播将会给整个金融市场带来灾难性危机。Kunt 和 Dertgaiache(1999)也指出在复杂环境下,管理风险也会给银行的从业人员带来挑战,因为大部分银行从业人员都是在受管制的环境下成长起来的,因此十分缺乏在新环境下的管理方法和经验,面临复杂多变的国际环境,从业人员这方面的不足会给整个银行体系带来无法控制的风险。

国内在这方面的研究相对较晚,大都从银行体系脆弱性方面来研究。如戴任翔(1999)分析了一国资本账户开放后的影响,他认为资本账户的开放会导致金融部门某些宏观变量的变动,这又会影响银行体系的稳定性,同时中央银行在维护汇率稳定时也会采取一些危害到银行稳定的措施。鄂志寰(2000)认为国际资本的自由流动虽然可以推动一国的金融深化、提高资金配置效率、为本国经济发展提供资金支持,但同时也会导致银行等金融机构的波动性上升,若银行部门的资产负债表不合理,大量流入的国际资本还会导致银行流动性出现大幅波动,银行贷款出现膨胀和收缩的情况,威胁到银行的稳定性。余永定(2000)对中国是否放开资本账户进行分析,得出结论认为,在健全的金融体系下,我国才可以稳步、有序地推进资本账户的自由化。李子奈(2001)分析了新兴市场国家放开资本账户的情况,指出新兴市场国家普遍存在着资本短缺的现实,若允许外资流入,会弥补本国经济发展中的储蓄缺口,提高资本积累进程的速度。但是本国政府在实施金融自由化和放开资本账户的同时还要对外部资金的流入规模和方向加以控制,以防资金大量进入资产市场进行投机活动,造成资本产出率下降和巨幅的经常账户赤字。张荔、胡国、宋建江也赞同此观点,都反对资本账户过度自由化。伍志文对金融自由化和金融稳定性之间的关系进行实证研究,发现金融一体化一方面有利于金融稳定,另一方面,不同类型的国际资本对一国金融稳定的影响不同。例如证券投资与金融稳定呈负相关,最不利于金融稳定;直接投资对金融稳定的影响不显著;而所有国际资本流动的综合影响并不确定。

2. 道德风险与银行稳定

银行的道德风险也会对国际资本流动与银行稳定之间的关系产生影响。最早提出道德风险理论的是著名经济学家 Mckinnon,他指出若一国对国际资本流动实行严格的管制,当一国出现旺盛的资本需求时,会促使本国利率上升,投资成本增加,从而抑制一部分过度投资的欲望,若该国放开资本账户,银行等金融机构可以自由地在国际资本市场上融资,同时本国政府又对其投融资活动提供免费担保,则银行等金融机构就存在着道德风险,偏好于从事风险投资活动,同时也会使得各经济主体对本国经济过度乐观,进行大量借贷活动,导致外资过度流入本国,出现"过度借贷综合征",给本国银行部门留下较大的隐患。

在此基础上,克鲁格曼(Krugman,1997)建立了道德风险模型并指出,由于政府对银行部门的过分担保和保护,使得东南亚国家的金融市场出现严重的泡沫化现象,而当泡沫破灭时,政府和金融部门无力承受大量的不良贷款,加速了国际资本的流出,导致金融资产价格巨幅下跌,最终出现金融危机。Corsetti 等也指出,政府过分担保、"裙带主义"等使得银行部门产生了严重的道德风险,造成了对外过度借贷、过度投资和巨额经常项目赤字的结果。而后,米勒(Marcus Miller,2000)从银行道德风险产生的根源出发,研究国际资本流动与银行稳定之间的关系,认为存款保险与有限责任共同造成了银行道德风险的产生,当政府放松对银行的监管和有限责任的情况下,资本账户的放开会产生严重的道德风险,而一国在实行资本账户自由化时应该充分考虑本国银行体系的健康状况,循序渐进地推进资本账户自由化。

二、国际资本流动与货币危机

货币危机是指在投机因素的促使下,国际资本流动使得东道国的市场汇率迅速下跌或出现本币大幅贬值的现象,而政府为了稳定本币汇率防止进一步贬值被迫动用外汇储备来提高本国的利率水平。为了探求货币危机产生的机理以及与国际资本流动之间的传导机制,从20世纪70年代起,学术界先后出现了三代货币危机理论。

第一代货币危机理论是克鲁格曼(Krugman,1979)在萨兰特和汉德森(Salant、Henderson,1978)的理论研究基础上提出来的,后弗洛德和加勃(Flooder、Garber,1984)对其进行扩展和简化,形成成熟的第一代货币危机理论。其核心思想是指一国扩张性的经济政策与固定汇率制度之间存在着冲突,当一国政府实施一项扩张性的经济政策时,由于汇率固定,导致大量国际资本流入,增加本国的通胀压力,同时使本国的实际利率升值,由此又导致国际收支中的经常项目出现巨额赤字,而当本国经济基本面发生恶化时,资本所有者会预期到政府在权衡利弊的情况下一定会放弃固定汇率制度,因此会出现资本大量外流的情况,而政府在实施外汇干预无果的情况下只能放弃固定汇率制度,最终可能引发货币危机、债务危机甚至对整个金融市场产生严重影响,导致金融危机。该理论主要说明了在东道国经济基本面不断恶化的情况下,政府与投机者之间的博弈行为。这种由投机行为而引发的货币危机很好地解释了拉美国家的债务危机。

第二代货币危机理论又称自我实现货币危机理论,首先由弗洛德和加勃提出,而后经过奥博斯特菲尔德(Obstfeld,1994)的改进和发展。该理论主要是对第一代货币危机理论中"货币危机只可能在经济基本面恶化的国家产生"的情况提出质疑,奥博斯特菲尔德等人认为货币危机也可能在经济基本面良好的国家发生。因为在20世纪90年代相继爆发了欧洲汇率机制危机、墨西哥货币危机以及亚洲金融危机等,而这些危机的发生国并不都是经济基本面恶化的国家,危机的发生好像与该国经济基本面的好坏没有必然的联系。奥博斯特菲尔德等学者指出,即使政府实施了合适的政策,但投机行为仍然会发生,他们从投机者的主观预期和对东道国的投资信心的角度分析，认为"羊群行为"和传染效应对货币危机的影响显著，强调民众预期在货币危机中的重要作用，极大地拓展了国际资本流动对一国金融市场影响的理论。但唯一不足之处在于其没有解释是什么因素导致民众预期的产生以及投机冲击是何时开始的。

第三代货币危机理论由克鲁格曼等人提出，主要是因为第二代货币危机理论在解释东南亚货币危机时仍比较牵强。因此克鲁格曼等人从亲缘政治、隐性担保和过度金融等方面对货币危机的发生机理做了更加深入的探究，指出实际货币贬值、资本流动逆转以及经常账户长期逆差将会引发货币危机。同时，科萨特、波森提和罗宾里（Corsetti, Pesenti & Roubini, 1999）等人在研究货币危机发生时，引入了道德风险和流动性危机等因素，得出结论认为本国政府的隐形担保促使本国债务人向国外过度借贷，而国外投资者一旦停止或收回贷款，本国政府就只能充当最后兜底人的角色，解救深陷困境的国内金融机构，而此时投机冲击将不可避免地发生，以致发生货币危机。

三、国际资本流动逆转对金融稳定的影响

传统的经济增长理论认为，经济规律支配着国际资本流动的方向，资本总是偏好于从边际生产率低的地区流向高的地区，从而优化世界资源的使用效率。然而资本收益的不确定性和风险因素的存在都会使资本的流动方向产生不确定性，资本往往会在风险大量积聚的情况下倾向于从边际生产率高的发展中国家回流到边际生产率低的发达国家。同时在信息不完全以及由此引发的"羊群效应"因素的影响下，国际资本流入和流出的规模也被无限放大。国际上对资本流动逆转性的研究主要是在近 10 年间才逐渐繁荣起来的。

（一）国际资本流动的稳定性

在研究国际资本流动稳定性方面的研究中，多数是将国际资本流动划

分为不同类型,然后通过对各类型资本流动的波动性进行测量来研究这些资本流动的稳定性及其对一国金融稳定性的影响。从国内外研究现状来看,国外学者对国际资本流动稳定性以及对金融稳定的影响研究较深入,研究所采取的方法也较多。而我国对国际资本流动稳定性的研究并不多,特别是关于国际短期资本流动对转型国家影响的研究成果则更少,大部分都只是从理论上进行阐述,且研究主要还停留在金融脆弱性上,对国际短期资本流动稳定性与金融危机之间关系的实证研究较少。

在外国文献中,传统观点认为波动性越大的资本,在危机期间越容易发生逆转。在国际资本流动分类中,外国直接投资(FDI)波动性最小,且短期资本流动的波动性要大于长期资本流动的波动性。而证券投资通常被认为是波动性最大以及最危险的资本流。例如,Sarno 和 Taylor(1999)将资本流动划分为债券、股票、外国直接投资、官方资本流动和商业银行的信贷资金流动等几个部分,使用卡尔曼滤波方法指出,那些拥有较多波动成分的资本更倾向于出现突然逆转的现象。而 FDI 具有较多的稳定成分,因此相比来说更加稳定。证券投资具有较多的波动性成分,因此证券投资是最不稳定的资本流。IMF(1999)通过测量各类型流入资本的变异系数来评估这些资本的波动性,并指出虽然外国直接投资是各类型资本流动中波动幅度最小的,但长期资本流动和短期资本流动的波动性大致相同。Willett 等人(2004)通过研究认为,在亚洲金融危机中,银行贷款是发生逆转幅度最大的资本。与此类似的有,Bailey(2000)、Willett(2004)和 Williamson(2001)也都认为,在危机发生的时候,外资银行都倾向于收回他们在危机国家的贷款,以便减少损失。Levchenko 和 Mauro(2007)也指出外国直接投资的波动性是最小的。他们在进一步研究各类型资本流动的逆转幅度大小时认为,股权投资的逆转性对资本流动突然停止的贡献较小,债券投资的逆转性较大,但恢复得也较迅速,而其他类型的资本流动在经历大幅度的逆转后并没有立即恢复。有人具体分析了证券投资的不稳定性,例如 Calvo 和

Mendoza(2000)认为,由于存在着信息不对称的问题,证券投资很容易导致不理性的"羊群行为",因而具有很大的不稳定性。Haley(2001)认为由于共同基金的经理人较少,因此,它们在交易决策中很容易做出相类似的投资模式。例如它们有可能同时投资或离开某个市场,这就造成了金融市场的不稳定。

然而,还有部分学者得出与传统观点不一致的结论,如 Claessens 等(1995)通过使用如标准差和变异系数等方法发现,外国直接投资的波动性和其他类型的资本流差不多。在对 20 世纪 70 年代和 80 年代的短期、长期资本的波动性进行研究时指出,短期和长期资本流动的波动性没有太大的差别。Sarno 和 Taylor(1997)认为,虽然外国直接投资中的固定资产在危机期间是不容易变卖的,但是需要对 FDI 的不同部分作出区分,那些与投资相关的资金流动不一定不出现逆转的情况。同时,他们还认为,由于私人贷款的量相对较小,因此它们是这些资本流动中最不重要的部分。Gabriele 等(2000)也通过使用变异系数和标准差的方法发现,在 20 世纪 90 年代,各类型资本流动的波动性是递增的。在进一步使用 Granger 因果关系检验时发现,短期资本流动是最不稳定的,但所有类型的资本流动(包括外国直接投资)都对 20 世纪 90 年代的金融不稳定造成很大的影响。

(二)国际资本流动逆转对新兴经济体的影响

自 20 世纪 90 年代以来,随着全球经济和新兴经济体的迅速发展,大量的国际资本涌向新兴经济体,极大地促进了这些国家的经济增长和金融水平的提高。但同时大规模流入的国际资本也给新兴经济体带来了巨大的风险,从这些年所经历的不同程度的金融危机也可见一斑。由于新兴经济体的金融水平还不高,且脆弱性较为显著,资本的过度流入一方面人为地扭曲了市场经济的发展;另一方面还超越了正常的经济发展界限。而从历次金融危机的现象可以看出,金融危机的形成首先有国际资本流动方向的变化,即出现资本流动的逆转或突停。国际资本逆转性主要是指国际资本流动在速度、方向和规模上发生大规模的变化，这种变化容易在短时间里发生，且极易触发银行危机或金融危机，学术界又将这种现象称作"候鸟"行为。

Calvo 和 Mendoza(1999)在研究资本流动逆转时指出，新兴经济体或发展中国家与国际资本市场的不协调性造成了资本流动的"候鸟"行为。在此基础上，Calvo 等(2004)在研究资本流动逆转与金融危机的关系中进一步指出，发达国家和新兴经济体在经历资本流动逆转或突停后发生金融危机的概率是不同的。发达国家发生资本流动逆转或突停后紧接着发生金融危机的概率为 17%，而新兴经济体的概率为 63%。他们认为造成这种差别的最主要的原因是新兴经济体的债务美元化，当经历资本流动逆转或突停时，本国汇率会出现大幅波动，造成本币贬值，同时若本国所借债务大部分以美元计价时，本币贬值使本国借款者的还款压力剧增，这又进一步恶化了银行等金融机构的资产负债表，从而直接诱发金融危机。在 2008 年 Calvo 等在对样本量和时间段分别作了扩充和延长后，发现所得结论并没有发生变化。Broner 和 Rigobon(2005)认为流入新兴经济体中的国际资本发生逆转或突停的概率要比发达国家高 80%，其中最主要的原因是本国金融市场的发展水平较低以及外部危机的传染作用。

Aizenman 和 Noy(2004)认为贸易开放度越高的新兴经济体越容易受到外部环境的影响，当一国具有较高的贸易开放度时，本国金融市场的开放度也较高，这使得对国际资本流动的控制较为困难。而 Martin 和 Rey(2006)则认为贸易开放度的提高会降低一国受到金融冲击的可能，因为贸易开放能够使本国对外部冲击变得不那么的敏感，在不同程度上减少冲击对本国的影响。但是他们同时指出若新兴经济体仅仅开放了金融账户，则本国的金融市场很容易受到外部金融危机的影响。Cavallo 和 Frankel(2008)在研究贸易开放和国际资本流动逆转之间的关系时指出，贸易开放度的提高有助于减少本国发生国际资本流动逆转或突停的可能性。在相等的条件下，贸易占比每提高 10 个百分点，则发生资本流动逆转的可能性将减少1个百分点。Edwards(2004)在研究贸易开放和金融账户开放对资本流动逆转的影响中发现,贸易开放度越高,在外部环境发生金融危机时,其经历资本流动逆转或突停的可能性越会大大降低,然而金融账户开放度对其作用影响较不明显。Caner等人(2009)在对1993—2006年43个国家进行研究时发现,外部金融市场的脆弱性会加大国际资本流动逆转发生的可能性,从而造成资本流动中断危机,且还会使本国需要较长的时间从这种危机中恢复。

有学者认为本国金融机构的质量决定了国际资本流动发生逆转后是否会造成本国金融危机的关键。Gopinath(2004)在对小型开放经济体的研究中发现:当一国银行等金融机构的质量、效率和透明度较差时,则国外投资者会存在严重的信息不对称问题;若该国经济发展较好,则会加速外部资金流入。而一旦本国遭受外部负面冲击时,则国际资本会大量撤出,造成本国突然中断性银行危机或金融危机。Brei(2007)则认为一国银行系统的资本化水平越高以及外资银行的存在都会减少本国发生资本流动突然中断型危机的可能性。而Joyce和Nabar(2009)则认为若本国存在着一个能够抵御国际资本流动负面冲击影响的银行等金融机构,则资本流动突然中断或逆转都不会对本国的投资以及经济部门产生较大影响。

Reinhart和Reinhart(2008)利用了1980—2007年全球181个国家的数据研究国际资本流动逆转或突停与金融危机之间关系时发现,在资本大量流入阶段,中低等收入国家倾向于发生银行危机、债务危机和货币危机等,而对于发达国家这种关系并不显著,仅仅对其宏观经济变量,如GDP增长率、通胀率以及经常账户差额等有影响。同时他们还研究了在有资本流动逆转和无资本流入逆转情况下,中低等收入国家和高收入国家发生银行危机的概率差异,并指出在中低等收入国家中,有资本流入逆转与无资本流入逆转情况下发生银行危机的概率存在着较大差异,即存在资本流入逆转发生银行危机的概率比没有资本流入逆转发生银行危机的概率高出至少8

个百分点。

国内对国际资本流动逆转或突停的研究较少,主要是因为一方面这些理论提出得较晚;另一方面中国一直是对国际资本流动存在着较高程度的管控,而资本流动逆转或突停对我国金融市场影响较小,因此没能引起本国学术界足够的重视。

徐震宇和潘沁(2007)在对国际资本流动负面冲击的研究中指出,大规模的国际资本流入并非都能促进我国的经济发展,而我国在逐渐放松资本账户管制和汇率制度的过程中还应该制定一些预防资本流动逆转或突停的政策措施,以防对我国金融市场产生不利的影响。梁权熙和田存志(2011)在研究新兴经济体中的资本流动逆转和银行危机对一国宏观经济的影响时指出:若本国不发生银行危机或金融危机,那么,国际资本流动大幅逆转不会影响宏观经济产出;但若银行危机和资本流动大幅逆转同时发生时,本国经济增长率就会出现大幅下滑,他认为一个稳健的金融体系有利于本国在面临国际资本流动冲击时的金融安全。

第三节 国际资本流动管理和风险预警

一、国际资本流动管理

为了防止国际资本流动异常变动情况的发生,减少对东道国国内宏观经济和金融产生的剧烈影响,各国政府纷纷研究并采用各种解决措施。例如,资本流动管制、增加外汇储备、实施各种货币政策和财政政策以及采用更加合适的汇率制度。同时,国内外学者也对如何选择和使用更好的政策工具进行了深入研究。

一是采用资本管制措施,但作用相对有限甚至无效。

由于大多数发展中国家汇率制度不是浮动的,因而,在管理国际资本流动的过程中大都采用资本管制的措施。Calvo(2000)等人研究发现,资本流动管制虽然可以影响流入资本类型,即削减一部分短期资本流入量,但在发生金融危机时仍不能显著降低国际资本流出东道国的规模。Kaminsky(2008)指出资本管制也不是完全没有效果。在短期内实施资本管制政策较为有效;但从长期来看,其会对东道国经济和金融发展产生巨大的负面影响,如增加金融脆弱性程度、降低公司治理水平,甚至影响到该国长期经济增长率。另外,Calvo 和 Talvi(2005)的研究结论指出,资本管制措施对影响国际资本流进和流出规模几乎没有效果。

二是增加东道国外汇储备,能够降低国际资本大规模流出量。

在经历几次国际资本流动大规模流入和撤出剧烈影响后,许多新兴市场国际开始着手增加大量外汇储备来应对突如其来的资本外逃的冲击。Kim(2008)综合采用了 Shin(2006)的理论模型,计算和推导出东道国在给定外汇储备下发生大规模国际资本流出的概率以及预防这种事件发生时所需最优外汇储备量,通过选取 1993—2006 年拥有大量外汇储备的发展中国家的实证数据进行验证,得出结论认为这些国家发生国际资本大规模流出量的概率相对较小。同时,Mendoza(2006)也指出,虽然许多国家(尤其是新兴市场国家)大都以储备大量外汇作为预防国际资本对本国的负面影响,但从长期来看,持有这种大规模的外汇储备本身也是有成本的,易造成东道国资本利用率显著降低。

三是采用传统的货币政策和财政政策,但效果复杂。

学术界对这些政策效果大小也难以有统一的定论,如 Hutchison 等人(2010)指出,东道国在发生大规模国际资本流出或流入中断时,采用紧缩的货币或财政政策会对国内经济产生进一步的破坏作用,造成产出损失。若该国处于经济危机阶段时,这种影响将会更剧烈。Calvo(2004)指出要根据东道国发生经济危机的类型分情况采用货币政策和财政政策,如当该国经济危机为系统性时,采用这些政策不仅没有效果,还会产生巨大的后遗症。

然而,当危机为区域性时,适当地采用这些政策会对国际资本流出起到一定的作用。

总体而言,要想充分利用好国际资本这把"双刃剑",最主要的还是发展和改善东道国自身的金融市场体制,及时发现经济体系中的脆弱性因素,减少金融摩擦。同时,拥有和保持适当的外汇储备和汇率制度也是有效降低资本大规模撤出风险不可或缺的工具。

二、国际资本流动的风险预警机制

随着2008年全球金融危机的爆发,各经济体又开始注意到国际资本流动所带来的潜在威胁。为了维护经济稳定发展、避免金融危机的再次发生,建立国际资本流动的风险预警机制就显得至关重要。国际上对国际资本流动的金融风险预警体系研究较少,而大部分的研究都集中在金融危机的风险预警机制上。在国外比较经典的金融风险预警体系主要分为以下四种:

第一,FR概率模型。

该模型由J.Frankel和A.Rose在1995年提出,他们所研究的样本为1971—1992年发生货币危机的国家,利用这些国家的年度数据建立了一个估计货币危机发生概率的模型。Frankel和Rose指出,引发货币危机的因素有很多个,而当本国经济增长率趋缓且国内信贷增长较快,而国外利率较高且外国直接投资与本国债务之比较低时,本国发生货币危机的概率大大增加。此外,本国外汇储备和实际汇率的大小都会影响到货币危机的发生率。

第二,STV横截面回归模型。

该模型的提出者为J. Sachs、A. Tornell和A. Velasco(1996),他们选取了20个新兴经济体的截面数据,着重研究了发生于1995年的墨西哥货币危机对其他新兴经济体的影响,力图找到决定货币危机的主导因素,主要利用实际汇率贬值率、国内贷款增长率以及国际储备与M2的比值等变量来判断一国金融危机的发生率。最后得出结论认为,当一国银行等金融机构脆弱性较高,汇率高估且外汇储备水平较低时,较容易遭受国际资本流动的冲击,从而发生金融危机。此后,Sachs 等(1998)分别用该模型预测了在 1997 年间马来西亚、泰国、巴西和阿根廷的情况,所得结论与实际情况一致。

第三,KLR 信号分析法。

其主要提出者为 G.Kaminsky、S.Lizondo 和 C.M.Reinhart 等(1998)。该方法的主要思想是先将造成货币危机的主要因素确定,以此决定产生货币危机的经济变量,接着运用历史数据进行验证分析,以确定与货币危机相关联的变量,并将这些变量作为先行指标。因此,他们是在以往的危机理论基础上,通过收集月度或年度数据来确定相关指标。

第四,主观概率法。

该模型的提出者为 Kumar、Moorthy 和 Perraudin(2003),主要是由汇率变化而引发的汇率贬值所建立的预测模型,该模型分为未预期到的汇率贬值冲击和总汇率贬值冲击两种类型。他们利用该模型对 1985—1999 年 32 个发展中国家的月度数据进行检验,结论认为当贬值水平较高时,贬值冲击的发生率都在 1994 年 1 月之后。在对阿根廷危机、墨西哥危机、亚洲金融危机、俄罗斯以及巴西货币危机的解释都是较为符合实际情况的。同时结论还指出,危机发生的最主要因素是外汇储备的减少、出口的下降和一国较弱的经济发展水平。此外,货币危机之间的高传染性也直接导致了危机的发生。

国内对金融风险预警机制的研究都是在以上几个模型基础上,针对各国的具体情况进行的拓展。其中最主要的代表人物为李翀(2004),他在 KLR 模型的基础上,建立了短期投机资本冲击预警模型,他将该模型分为直接预警和间接预警两个体系。但该预警模型只是确定了预警指标,却没有确定这些指标的取值范围,且也没用实际数据来检验该预警模型。因此,还需要进一步深入地研究国际资本流动的预警体系。

第二章
中东欧和独联体国家国际资本流动现状和危机前经济脆弱性分析

第一节 中东欧和独联体国家国际资本流动及其构成

一、中东欧和独联体国家国际资本流动的总体分析

国际资本流动通常是指资本为了寻找新的投资机会而跨国移动,例如通过国际间的借贷、有价证券的买卖或其他财产所有权的交易等来完成资本的跨国移动。按照不同的标准可将其划分为不同的类型,如按照国际资本流动方向可分为国际资本流入和国际资本流出,按照国际资本流动规模可分为国际资本流动总额和国际资本流动净额,按照国际资本流动期限可分为长期国际资本流动和短期国际资本流动,而按照国际资本流动性质又可分为官方国际资本流动和私人国际资本流动。然而,由于本书研究对象为中东欧和独联体等转型国家,这些国家大都是以国际资本流入为主,因而研究国际资本流入是本书主要的落脚点。国际资本流入主要是指外国资本流入东道国,表现为外部资本输入该东道国,反映在国际收支平衡中,即外国投资者在该东道国资产的减少和该东道国对外负债的增加。另外,为了分析中东欧和独联体国家国际资本流入规模及其构成,本书将按照IMF的

《国际收支手册》第 6 版的划分标准,将国际收支平衡表中金融账户①(Financial Account)中各类型的国际资本流入量定义为国际资本流动规模。在金融账户中,国际资本流动可划分为国际直接投资、国际证券投资、其他投资和储备资产 4 个类别,由于其他投资的形式繁多、类型复杂,主要包括短期和长期商业信用、存款和贷款等项目,且这些项目都是通过银行系统进行流动,因而本书为了研究的方便,将其压缩并定义为银行贷款。另外,由于储备资产主要是各国官方持有的储备资产和对外债务等,其作用主要起到平衡国际收支以及维护汇率稳定,故本书未将这一块纳入分析范围。因此本书所研究的国际资本流动构成部分主要包括国际直接投资、国际证券投资以及银行贷款这三个类型。

自 20 世纪 90 年代以来,国际资本流动进入了一个全新的发展阶段,流入中东欧和独联体国家的国际资本规模呈现出前所未有的增长态势,这主要归功于两个方面:一是金融自由化发展促进国际资本全球流动。早在 20 世纪 60 年代和 70 年代,金融自由化政策便开始在发达国家之间实施,到 90 年代这种现象已经普遍发展,其形式和内容都得到大范围的拓展。这使得国际资本流动突破了地域和空间的限制,在全球范围内寻找更加有利可图的投资机会。同时全球对国际资本的需求也突飞猛进,最终导致国际资本在全球范围内大规模自由流动。二是中东欧和独联体等国在 20 世纪 90 年代初开始进行大规模的政治、经济、社会等各方面的改革,建立了市场经济制度,摆脱了中央计划经济制度,这在一定程度上强化了该地区的经济发展水平。尤其是中东欧国家,由于其良好的基础设施、廉价的劳动力、与欧盟国家关系密切以及加入欧盟的预期等,使得该地区具有强有力的经济增长潜力,促使大量西欧发达国家纷纷将视线转向这些国家,拓展市场空间和寻找高额利润,于是国际资本大量涌入这些转型国家,这又极大地推动了中东

---

① 收支平衡表中金融账户记录的是所有在机构之间或机构和国外之间涉及金融资产和负债变动的交易。

欧和独联体国家的经济转型和发展。

（一）中东欧和独联体国家国际资本流动的总体概况及其构成

1. 国际资本流动规模总体概况

在表2-1中，从国际资本流动总体来看，在1994—2007年，国际资本流入量一直呈现大幅上涨态势，在2007年达到顶峰。如从1994年的22.87

表2-1　1994—2011年中东欧和独联体国家
国际资本流入量及其占GDP比重　（单位：万亿美元）

年份	总体 数额（万亿）	总体 占GDP（%）	中东欧国家 数额（万亿）	中东欧国家 占GDP（%）	独联体国家 数额（万亿）	独联体国家 占GDP（%）
1994	22.87	2.85	15.60	5.95	7.27	1.34
1995	36.37	4.64	27.90	9.33	8.47	1.75
1996	45.09	5.27	26.39	7.02	18.71	3.90
1997	76.49	8.73	31.56	7.85	44.93	9.49
1998	42.29	4.73	31.50	7.86	10.79	2.19
1999	39.92	5.04	36.10	8.21	3.82	1.09
2000	30.37	4.44	37.67	8.83	−7.30	−2.83
2001	47.79	6.41	37.57	8.91	10.22	3.15
2002	67.17	7.96	41.87	9.06	25.30	6.64
2003	92.95	9.79	51.14	9.84	41.80	9.74
2004	153.92	13.31	92.41	14.80	61.52	11.56
2005	213.89	14.51	114.74	15.33	99.15	13.66
2006	309.38	17.07	150.34	17.28	159.05	16.88
2007	551.14	24.99	264.98	26.96	286.16	23.42
2008	393.25	13.87	231.68	18.78	161.57	10.09
2009	53.54	1.51	32.49	2.18	21.05	1.03
2010	123.89	4.49	23.35	1.88	100.53	6.64
2011	207.83	6.67	79.39	6.21	128.44	6.99

注：1. 以上数据为中东欧11国和独联体5国总体数值及其占总体GDP的比值。
　　2. 按照IMF的定义，负数表示国际资产负债表中的借方，即该国资产的增加、负债的减少，也即国际资本流出。
　　3. 本表数据均来自IMF的 *International Financial Statistics*（IFS），后经作者计算得来。

万亿美元直线上升到2007年的551.14万亿美元,增长了23.09倍,其占GDP比重也由2.85%上升到24.99%。其中,中东欧国家流入量达到264.98万亿美元,约占GDP比重为26.96%,独联体国家流入量为286.16万亿美元,占GDP比重为23.42%。然而,随着2008年全球金融危机和2009年欧洲主权债务危机的接连爆发,中东欧和独联体国家的国际资本流入量开始出现巨幅下滑,在2009年跌入低谷。如在该年其流入量跌至53.54万亿美元,占GDP比重仅为1.51%。其中,中东欧和独联体国家各自流入量分别仅为32.49万亿美元和21.05万亿美元,分别占GDP比重为2.18%和1.03%。但从2010年开始国际资本流入量便开始重现复苏态势,截至2011年底,国际资本净流入量已达到207.83万亿美元,约占总体GDP的6.67%,其中中东欧国家79.39万亿美元,独联体国家128.44万亿美元,占各自GDP比重分别为6.21%和6.99%。可见这场金融危机对中东欧和独联体国家国际资本流动的影响都十分剧烈,但是独联体国家国际资本流入量的复苏情况显然好于中东欧国家。从中东欧和独联体国家间的比较来看(见图2-1),1994—2011年,中东欧国家国际资本流入量占GDP比重普遍大于独联体国家(除了1997年、2010年外),尤其是在1994—2001年。但危机过后,情况却与之相反,流入独联体国家国际资本规模却高于中东欧国家。

由上分析可知,中东欧和独联体国家在1994—2011年,国际资本流动规模呈现出三个不同阶段,即1994—2002年、2003—2007年和2008—2011年间这三个阶段,且在这三个阶段中国际资本流动规模也呈现较大差异。如在1994—2002年国际资本流入量出现缓慢增长态势,在2003—2007年则出现快速增长态势。由于深受金融危机的影响,国际资本在2008—2011年呈现衰退增长态势。

2. 国际资本流动构成分析

根据前文理论分析可知,本书将国际资本流动划分为外国直接投资(FDI)、

第二章 中东欧和独联体国家国际资本流动现状和危机前经济脆弱性分析 | 39

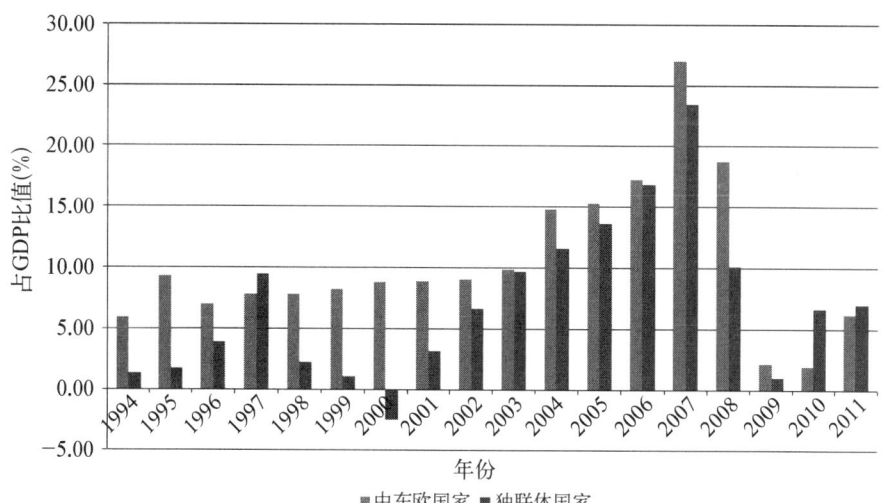

图 2-1 1994—2011 年中东欧和独联体国家国际资本流入量占 GDP 比值①

数据来源：IMF 的 *International Financial Statistics*（IFS），后经作者计算得来。

国际证券投资（International Portfolio Investment）和银行贷款（Bank Loans）三个类型。由于国际资本流动不同分解部分在东道国的行为表现具有巨大差异，本节将主要分析在中东欧和独联体国家中国际资本分解部分的流动规模。表2-2给出了1994—2011年中东欧和独联体国家总体国际资本流动分解部分流入量的统计数据。

表 2-2 1994—2011 年中东欧和独联体国际资本流动分解部分及其占 GDP 比重 （单位：万亿美元）

年 份	FDI 数额（万亿）	FDI 占GDP（%）	国际证券投资 数额（万亿）	国际证券投资 占GDP（%）	银 行 贷 款 数额（万亿）	银 行 贷 款 占GDP（%）
1994	6.70	0.83	4.24	0.53	11.93	1.48
1995	15.83	2.02	4.48	0.57	16.06	2.05

---

① 本文选取中东欧11国、独联体5国作为样本进行研究，由于所选国家个数不同，在研究两者在国际资本流动规模上的差异时，不宜直接对比两者国际资本流动的绝对量，故本书选择其国际资本流动量占其GDP比值这一相对量来进行比较研究。

续　表

年　份	FDI 数额（万亿）	FDI 占GDP（%）	国际证券投资 数额（万亿）	国际证券投资 占GDP（%）	银行贷款 数额（万亿）	银行贷款 占GDP（%）
1996	15.71	1.84	7.08	0.83	22.30	2.61
1997	21.46	2.45	23.53	2.69	31.50	3.60
1998	24.63	2.76	10.82	1.21	6.85	0.77
1999	27.76	3.51	2.82	0.36	9.34	1.18
2000	28.43	4.15	−6.34	−0.93	8.28	1.21
2001	30.02	4.03	5.73	0.77	12.04	1.62
2002	31.91	3.78	12.48	1.48	22.79	2.70
2003	28.81	3.04	9.47	1.00	54.67	5.76
2004	60.13	5.20	34.85	3.01	58.94	5.10
2005	72.97	4.95	24.21	1.64	116.72	7.92
2006	120.03	6.62	34.83	1.92	154.52	8.53
2007	223.76	10.15	27.78	1.26	299.60	13.59
2008	236.39	8.34	−34.46	−1.22	191.32	6.75
2009	90.27	2.55	36.78	1.04	−73.51	−2.08
2010	43.13	1.56	68.50	2.48	12.00	0.44
2011	133.44	4.28	27.57	0.88	46.81	1.50

注：1. 以上数据为中东欧和独联体国家国际资本流动分解部分流入量占 GDP 的百分比。

2. 本表数据均来自 IMF 的 *International Financial Statistics*（IFS）数据库，后经作者计算得来。

由图 2－2 可知，在 1994—2011 年，FDI、国际证券投资和银行贷款的相对流入量处在不断变化之中。在 1994—2002 年，FDI 一直占据最大份额，银行贷款居其次，国际证券投资流入量最小，几乎可以忽略不计。但在 2003—2007 年，银行贷款的流入量出现大规模上涨，而且超过 FDI 成为国际资本流入主体，虽然国际证券投资在此阶段也呈现上升态势，但增长幅度相当有限。在 2007 年，银行贷款、FDI 和国际证券投资的流入量分别达到

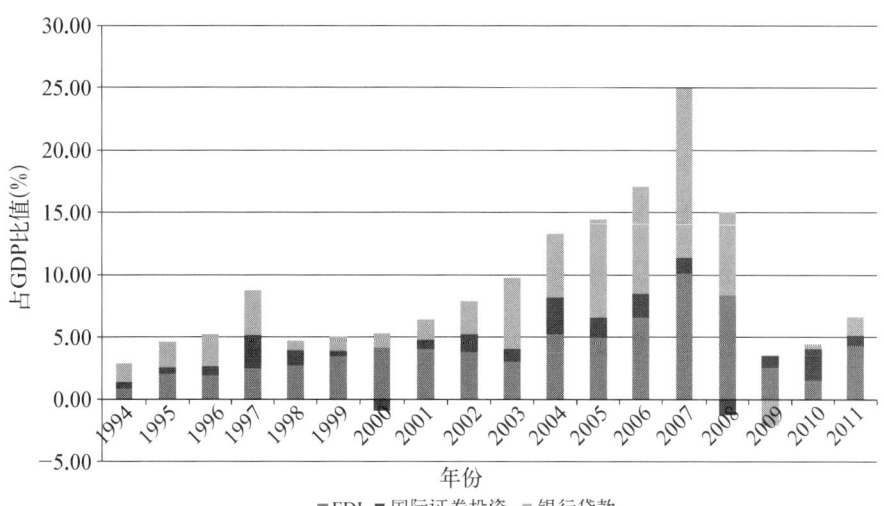

图 2-2　1994—2011 年中东欧和独联体国家国际资本流入量占 GDP 比值
数据来源：IMF 的 *International Financial Statistics*（IFS），后经作者计算得来。

299.60 万亿美元、223.76 万亿美元和 27.78 万亿美元，分别占 GDP 比重为 13.59％、10.15％和 1.26％。随着金融危机的爆发，在 2008—2011 年，银行贷款、FDI 和国际证券投资的流入量都出现大幅下滑。其中最严重的是银行贷款，由 2008 年的 191.32 万亿美元巨幅下降为 2009 年的 -73.51 万亿美元，降幅高达 136.58％；国际证券投资降幅也很明显，在 2008 年就一度降为负值，但随后在 2009 年又立即恢复为正值。由于受欧盟等各种挽救政策和美国危机的缓解，在 2009 年之后，各类型国际资本流入，尤其是 FDI，都出现复苏态势，但是银行贷款的恢复仍然十分有限。如截至 2011 年底，FDI、银行贷款和国际证券投资流入量分别为 133.44 万亿美元、46.81 万亿美元和 27.57 万亿美元。

由此可见，在中东欧和独联体国家中，银行贷款虽然在金融危机前期（即 2003—2007 年）一直呈现高速流入态势，但其在受到金融危机影响时又出现大幅度缩减甚至降为负值，可见其波动之剧烈和具有极强的不稳定性。另外，虽然 FDI 一直被认为是最稳定的国际资本，但在中东欧和独联体国家，其反而在金融危机中出现大规模流出的现象。由此可见,东道国并不能完全将FDI视作最安全的国际资本,应当给予关注,尤其是在金融危机期间。由于在这些转型国家中,国际证券投资规模很小,其流进、流出量对东道国金融市场的影响相对有限,但也不能忽视这类资本的导向作用,其最容易引发"羊群效应"。

二、中东欧国家国际资本流动规模分析

由前文分析可知,在中东欧和独联体国家中,国际资本流动规模在1994—2002年、2003—2007年以及2008—2011年这三个阶段呈现出不同的特征。据此,为了分析方便,本书将其分别定义为国际资本流动的缓慢增长期、快速增长期和衰退增长期。中东欧国家自20世纪90年代初经历不同程度的转型改革以来,其经济发展经历了飞速增长的阶段,尤其是在2008年全球金融危机前期。因此,根据不同阶段来分析其国际资本流动的特点具有重要意义。

(一) 总体概况

由表2-3可以看出,在1994—2002年(即国际资本缓慢增长期),中东欧11国国际资本流入量相对较小,平均流入量仅为2.89万亿美元,除了爱沙尼亚、拉脱维亚、捷克和匈牙利外,其他国家的流入量占GDP比重都小于10%,均值仅为9.57%。然而,在2003—2007年(即国际资本快速增长期),中东欧11国国际资本流入量开始突飞猛进,流入量均值高达12.25万亿美元,占GDP比重的均值也高达22.52%,尤其是拉脱维亚、保加利亚、爱沙尼亚和匈牙利,国际资本流入量占GDP比重都高于30%,分别为40.63%、35.28%、35.24%和32.21%。可见,在此阶段这些中东欧国家都纷纷经历了国际资本大规模流入。同时,这个时期也是这些国家经济飞速发展阶段,刚刚从转型的"阵痛"中恢复过来,各种私有化改革也逐渐成型,外资的大量进入给这些国家的经济发展及时输入了新鲜血液,持续的高速经济增长成为全球新兴市场中一道亮丽的风景线。但是2008年全球金融危机打破了这

一欣欣向荣的景象,由于受金融危机和欧债危机的双重影响,国内外需求减少和西欧银行的"无暇东顾"使得这些国家国际资本流入量开始出现大规模缩减,国内金融银行业岌岌可危。如在2008—2011年(即国际资本衰退增长期),国际资本平均流入量为8.34万亿美元,占GDP比重仅为5.82%。外资的急速"逃离"使得几乎所有中东欧和独联体国家的国际资本流入量小于或接近1994—2002年水平(见图2-3)。对比之前经历大规模国际资本流入的国家,在此时都遭受了国际资本流入急速缩减的现象,而且前期流入规模越大的国家资本流出现象越严重,如拉脱维亚、爱沙尼亚、立陶宛、匈牙利和保加利亚等。这也再次证明了东道国严重依赖外资将带来恶果。

表2-3 中东欧11国国际资本流入量及其占GDP比重

(单位:万亿美元)

流入量	1994—2002 数额(万亿)	1994—2002 占GDP(%)	2003—2007 数额(万亿)	2003—2007 占GDP(%)	2008—2011 数额(万亿)	2008—2011 占GDP(%)
中东欧11国	2.89	9.57	12.25	22.52	8.34	5.82
保加利亚	0.87	6.87	9.66	35.28	5.52	12.79
克罗地亚	1.98	8.88	6.56	16.95	5.44	8.65
爱沙尼亚	0.73	17.29	4.44	35.24	0.35	1.50
匈牙利	5.42	11.88	33.16	32.21	16.29	11.58
拉脱维亚	0.93	14.87	6.30	40.63	−0.44	−1.00
立陶宛	0.87	8.82	4.88	20.30	1.24	3.46
罗马尼亚	1.67	4.70	16.28	18.40	8.85	5.27
斯洛伐克	2.25	8.40	6.00	10.87	1.50	2.05
斯洛文尼亚	1.13	5.67	5.57	16.38	2.62	5.42
捷克	6.72	11.94	12.25	10.60	10.84	5.59
波兰	9.21	5.91	29.61	10.86	39.52	8.69

注:1. 以上数据为中东欧11国分别在1994—2002年、2003—2007年和2008—2011年间的均值。
2. 按照IMF的定义,负数表示国际资产负债表中的借方,即资产的增加、负债的减少,也表示国际资本流动方向——正值表示流入东道国,负值表示流出。
3. 本表数据均来自IMF的 International Financial Statistics(IFS),后经作者计算得来。

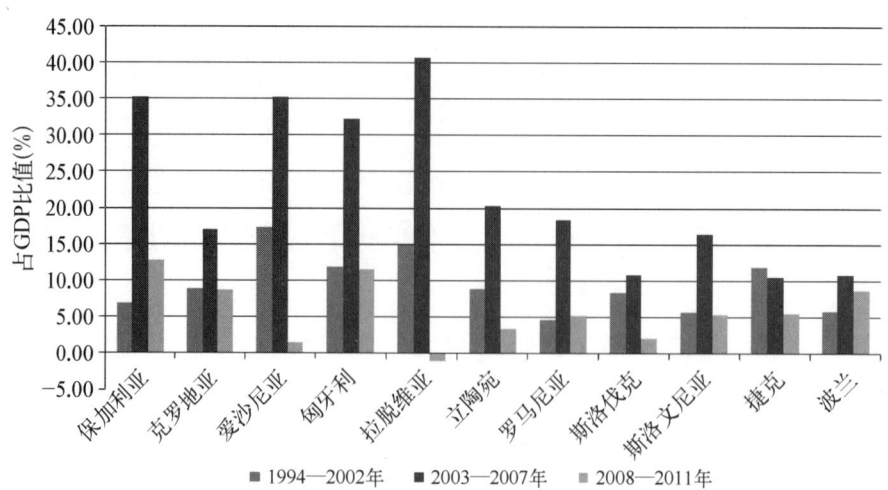

图 2-3 中东欧 11 国国际资本流入量占 GDP 比值

数据来源：IMF 的 *International Financial Statistics*（IFS），后经作者计算得来。

另外，在金融危机过后，从国际资本流入的恢复期来看（见图 2-4），中东欧各国差异较大。其中，匈牙利和立陶宛复苏势头最为凶猛，如匈牙利国际资本流入量占 GDP 比重由 2010 年的 -38.21% 一跃上升为 2011 年的 18.00%；立陶宛则由 -1.55% 上升为 5.04%。其次再如拉脱维亚、克罗地亚

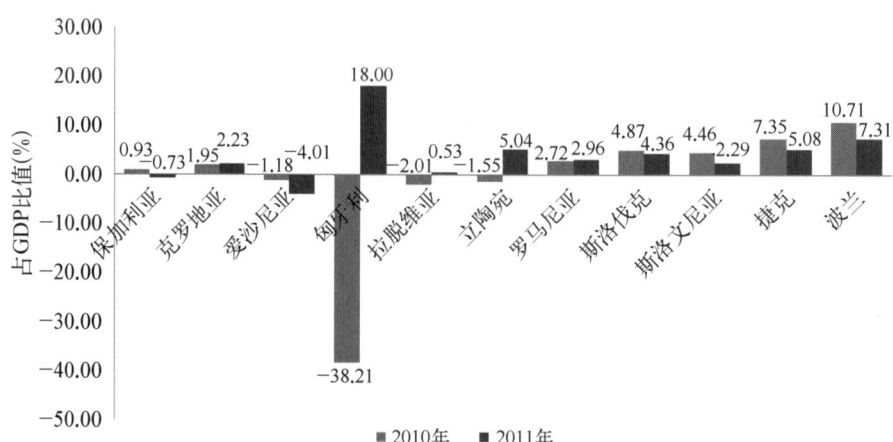

图 2-4 2010 和 2011 年中东欧 11 国国际资本流入量占 GDP 比值

数据来源：IMF 的 *International Financial Statistics* 数据库（IFS）。

和罗马尼亚也都在 2011 年出现复苏势头，流入量占 GDP 比重都较 2010 年高。然而，其他国家如爱沙尼亚、保加利亚、斯洛伐克、斯洛文尼亚、捷克、波兰等在 2011 年流入量都小于 2010 年，国际资本恢复趋势并不明显。

（二）构成部分

从国际资本各构成部分来看，流入中东欧 11 国的 FDI、国际证券投资和银行贷款在 1994—2002 年、2003—2007 年和 2008—2011 年（即国际资本流动缓慢增长期、快速增长期和衰退增长期）变化较大，如图 2-5 至图 2-7 所示。在国际资本流动缓慢增长期（见图 2-5），中东欧 11 国中除了拉脱维亚、克罗地亚和斯洛文尼亚外，FDI 流入量占据最大份额，尤其是爱沙尼亚，其流入量占 GDP 比重达到 8.22%。而在拉脱维亚、克罗地亚和斯洛文尼亚，银行贷款占据最大份额，例如其流入量占 GDP 比重分别为 8.94%、3.96% 和 2.79%。除此之外，其他国家银行贷款流入量也仅次于 FDI，而国际证券投资流入各国的规模最小。但总体来看，在该阶段各类型国际资本流入规模都相对较小，说明在这个时期，国际资本流入中东欧 11 国尚处于起步阶段。最主要的原因是这些国家刚刚进行市场化经济改革，处于所谓

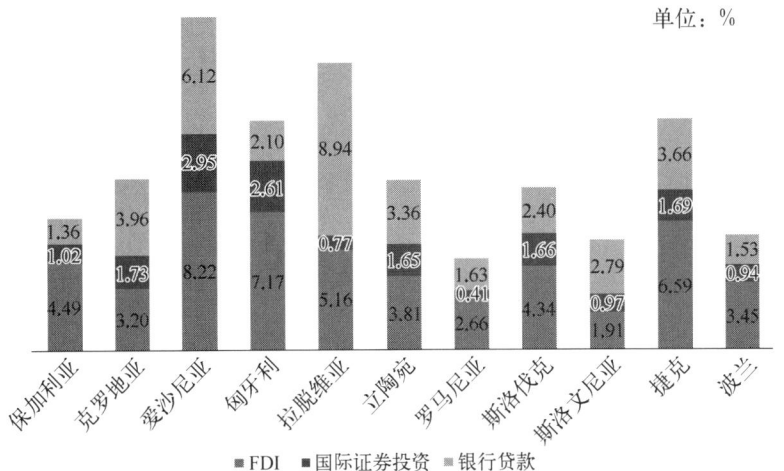

图 2-5 1994—2002 年中东欧 11 国各类型国际资本流入量占 GDP 比重均值

数据来源：IMF 的 *International Financial Statistics* 数据库（IFS），后经作者计算得来。

的经济转型的"休克期"。"一边倒"式的激进化改革导致中东欧等转型国家国内经济的剧烈波动和衰退。

然而,经历了经济转型的"休克疗法"之后,中东欧等转型国家的经济开始从严重下滑中逐渐恢复过来,基本走上了大体适合其国情的经济发展道路,最重要的是随之而来的外部资本的流入,给这些国家的经济发展铺平了道路。因而,在此阶段最重要的现象是国际资本的大规模流入,即经历国际资本快速增长期,如图2-6。在此阶段,除了国际证券投资外,FDI和银行贷款流入量都出现了爆发式增长,但同时FDI和银行贷款在相对规模上也出现了与以往不同的变化。如在中东欧11国中,以往占据主要地位的FDI流入量却逐渐小于银行贷款,而且两者的差距还在不断拉大。其中最典型的要数波罗的海三国(即拉脱维亚、爱沙尼亚和立陶宛)以及斯洛文尼亚等国。在这些国家中,银行贷款流入量占GDP比重分别高达32.29%、18.37%、13.23%和12.84%,而FDI却分别为7.23%、15.18%、4.76%和2.30%。但是在保加利亚和匈牙利,FDI还是始终占据主要地位,如其流入

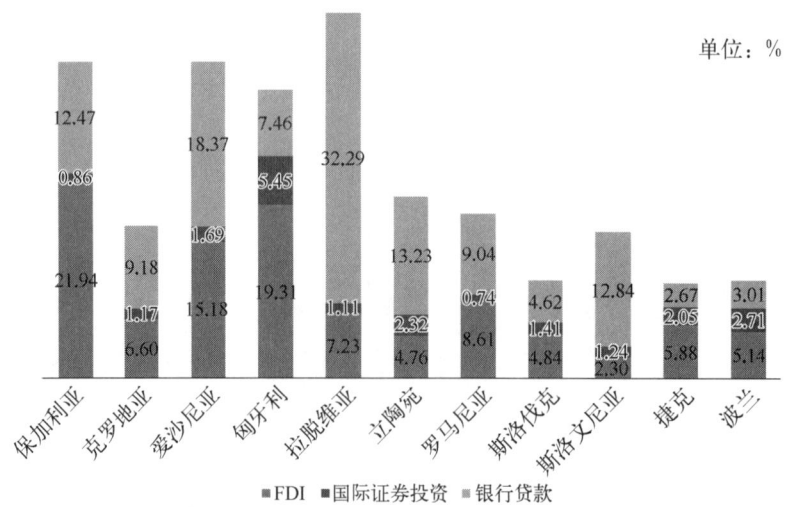

图2-6 2003—2007年中东欧11国在各类型国际资本流入量占GDP比重均值

数据来源：IMF的 *International Financial Statistics* 数据库(IFS),后经作者计算得来。

第二章　中东欧和独联体国家国际资本流动现状和危机前经济脆弱性分析 | 47

量占GDP比重分别为21.94%和19.31%。另外，与其他国家不同的是，在匈牙利，国际证券投资流入规模也相对较大，占GDP比重高达5.45%。除此以外，其他国家国际证券投资流入规模仍相对较小。

在2008年全球金融危机和2009年欧洲主权债务危机的影响下，FDI和银行贷款的流入规模都出现不同程度的萎缩，尤其是银行贷款（见图2-7）。其中最严重的仍旧是波罗的海三国（即拉脱维亚、爱沙尼亚和立陶宛），而在快速增长期，这些国家都纷纷经历了大规模银行贷款流入。然而，在经历危机之后，这些国家的银行贷款流入量竟然都降为负数，如其占GDP比重分别为-4.54%、-2.94%和-2.87%。类似的还有斯洛文尼亚和斯洛伐克，银行贷款的流入量也为负数。另外，匈牙利的银行贷款流入量也降幅惊人，占GDP比重不到1个百分点。相对来说，FDI流入量降幅相对平稳。然而，国际证券投资流入规模却出现增长态势，如在斯洛文尼亚、立陶宛、波兰等国，国际证券投资流入量在所有类型的国际资本中占据最大份额。由此可见，危机过后这些转型国家国际资本流入结构正在发生变化。而这种情况在2011年表现得更为明显（见图2-8），如在2011年，银行贷款

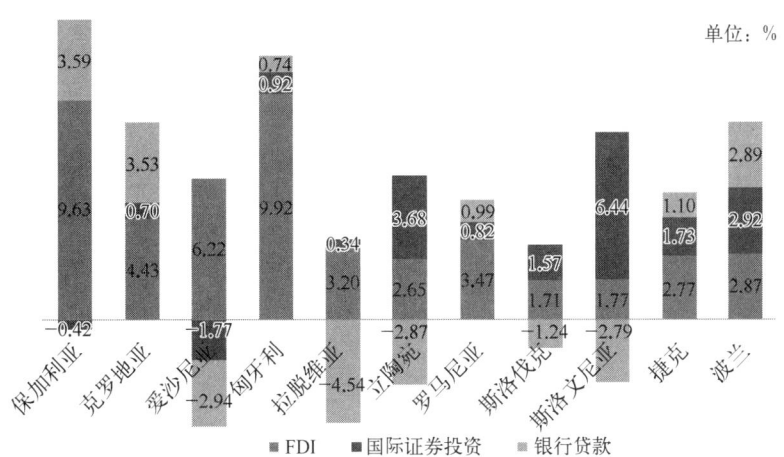

图2-7　2008—2011年中东欧11国各类型国际资本流入量占GDP比重均值
数据来源：IMF的 *International Financial Statistics* 数据库(IFS)，后经作者计算得来。

流入量还在进一步下降,除了捷克和波兰外,所有国家银行贷款流入量占GDP比重都为负数,即使在捷克和波兰,其银行贷款流入规模仍然很小(具体国家情况见附录1)。

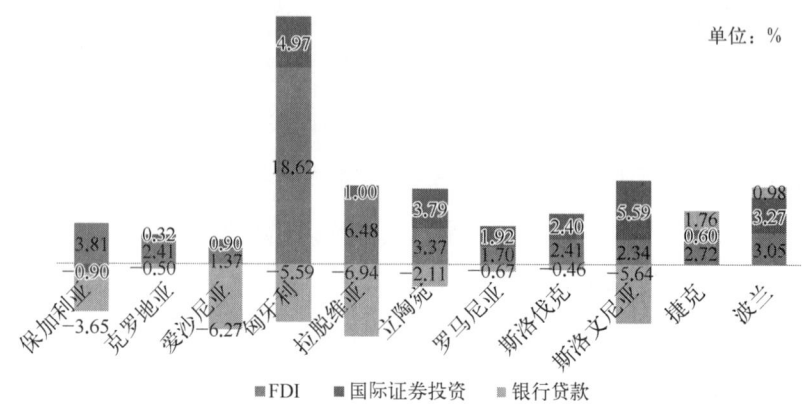

图2-8 2011年中东欧11国各类型国际资本流入量占GDP比重

数据来源:IMF 的 *International Financial Statistics* 数据库(IFS),后经作者计算得来。

三、独联体国家国际资本流动规模分析

(一)总体概况

总体上看(见表2-4),独联体5国在2003—2007年也同样经历了国际资本快速增长,国际资本流入总量高达25.91万亿美元,平均占GDP比重为17.32%;在2008—2011年其流入量仍旧较高,达到20.58万亿美元。相对来说,在1994—2002年,国际资本流入量就小很多,仅为2.72万亿美元。但是,与中东欧国家不同的是,独联体5国之间情况相差较大(见图2-9)。如哈萨克斯坦、俄罗斯和乌克兰在2003—2007年间经历了大规模国际资本流入,尤其是哈萨克斯坦,流入量占GDP比重竟高达34.02%。在俄罗斯,国际资本流入量占GDP比重虽然不高,但其流入规模却最大,达到92.60万亿美元。但亚美尼亚和白俄罗斯的情况却与此不同,这两个国家在2008—2011年间国际资本流入规模最大,如其流入量分别高达1.11万亿美

表 2-4　独联体 5 国国际资本流入量及其占 GDP 比重　（单位：美元）

流 入 量	1994—2002 数额（万亿）	1994—2002 占 GDP（%）	2003—2007 数额（万亿）	2003—2007 占 GDP（%）	2008—2011 数额（万亿）	2008—2011 占 GDP（%）
独联体 5 国	2.72	6.03	25.91	17.32	20.58	9.73
亚美尼亚	0.17	10.29	0.49	11.17	1.11	11.71
白俄罗斯	0.38	2.79	1.85	6.52	5.47	10.40
哈萨克斯坦	2.11	10.22	17.33	34.02	11.65	9.49
俄罗斯	8.86	2.14	92.60	13.28	68.84	5.12
乌克兰	2.05	4.71	17.27	21.60	15.83	11.92

注：1. 以上数据为独联体 5 国分别在 1994—2002 年、2003—2007 年和 2008—2011 年间的均值。
2. 按照 IMF 的定义，负数表示国际资产负债表中的借方，即资产的增加、负债的减少，也表示国际资本流动方向——正值表示流入东道国，负值表示流出。
3. 本表数据均来自 IMF 的 *International Financial Statistics*（IFS），后经作者计算得来。

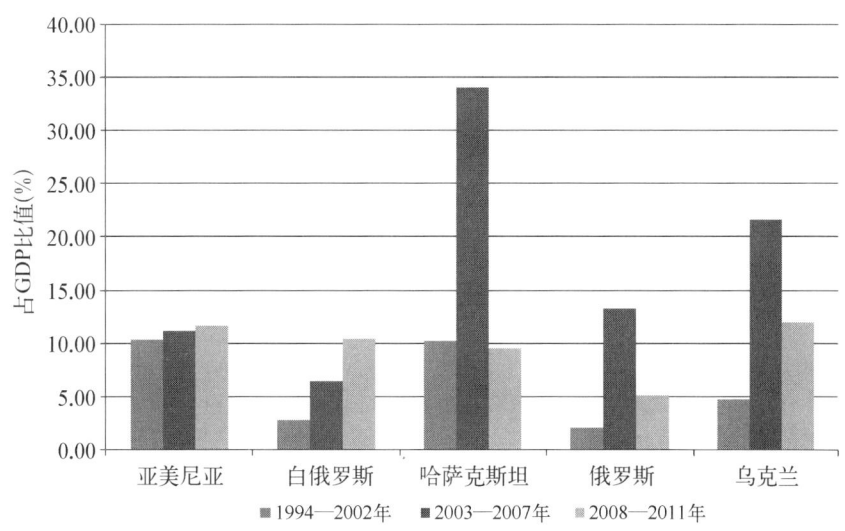

图 2-9　独联体 5 国国际资本流入量占 GDP 比值

数据来源：IMF 的 *International Financial Statistics*（IFS），后经作者计算得来。

元和 5.47 万亿美元，占 GDP 比重分别为 11.71% 和 10.40%。相对来说，比其他两个阶段都高，这说明，在这两个国家中，全球金融危机对其国际资本流动的影响相对较小，而对如哈萨克斯坦、俄罗斯和乌克兰的影响却较大。因为，这些国家大都拥有着丰富的自然资源，对外资具有较大的吸引力，能依靠能源出口赚取大量外汇收入。然而突如其来的全球金融危机使得全球对能源的需求大幅度降低，造成了俄罗斯、哈萨克斯坦等独联体国家国际资本流入的大幅度减少。

从 2010 年和 2011 年国际资本流入情况来看（见图 2-10），除了俄罗斯外，独联体 5 国在金融危机过后仍可以享受占 GDP 比重接近甚至超过 10% 的国际资本流入，虽然部分国家如亚美尼亚、哈萨克斯坦和乌克兰在 2011 年流入量相对下降，但降幅却很小。可见，金融危机过后，独联体国家国际资本流入规模恢复较好，相对中东欧 11 国来说，具有很大的优势。

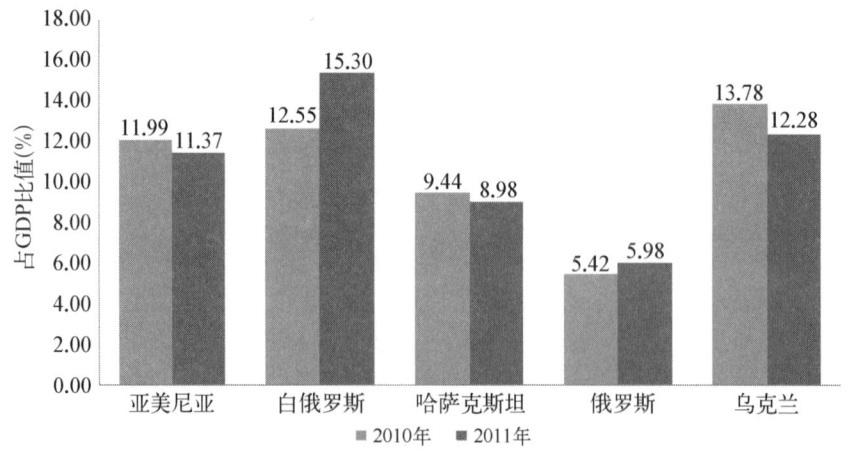

图 2-10　2010 年和 2011 年独联体 5 国国际资本流入量占 GDP 比值
数据来源：IMF 的 *International Financial Statistics* 数据库（IFS）。

（二）构成部分

从国际资本各组成部分来看（见图 2-11），在 1994—2002 年，哈萨克斯坦和亚美尼亚的 FDI 流入量占据主要地位，流入量占 GDP 比重分别为

第二章 中东欧和独联体国家国际资本流动现状和危机前经济脆弱性分析 | 51

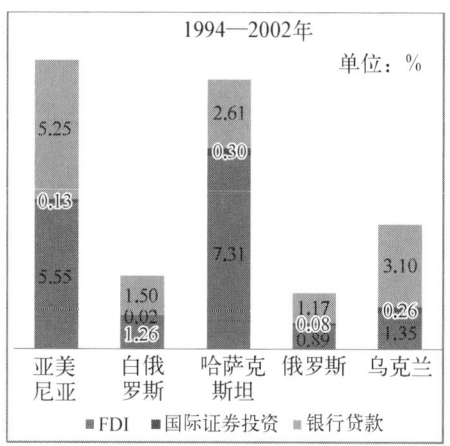
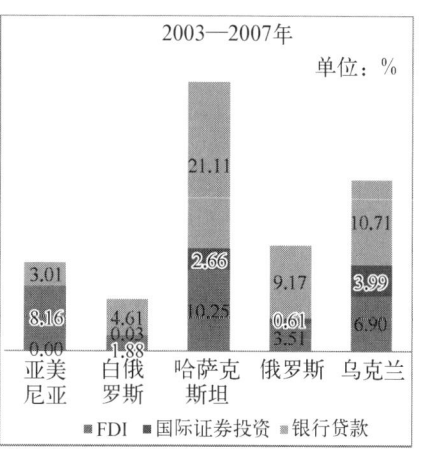
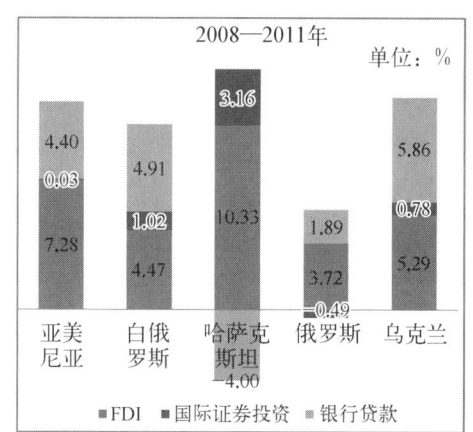

图 2‑11　1994—2002 年、2003—2007 年和 2008—2011 年间独联体 5 国各类型国际资本流入量占 GDP 比重均值

数据来源：IMF 的 *International Financial Statistics* 数据库（IFS）。

7.31％和 5.55％。而余下国家，如乌克兰、俄罗斯和白俄罗斯中银行贷款流入量占据主要地位，占 GDP 比重分别为 3.10％、1.17％和 1.50％，国际证券投资仍占据着极小份额，几乎可以忽略不计。由于金融改革路径的差异，导致独联体国家在金融市场开放程度上要低于中东欧国家。在 2003—2007年，除亚美尼亚外，所有国家的国际资本流入规模均有较大提高。其中哈萨克斯坦的国际资本流入构成发生较大变化，银行贷款流入量巨幅提升，成为最主要的国际资本流入。其占GDP比重高达21.11%,这主要与哈萨克斯坦的经济结构有关,因其具有丰富的自然资源,尤其是石油资源,且在金融危机前得益于国际能源价格的高位运行,所以哈萨克斯坦对外贸易占据优势,通过银行部门流入国内的资本量迅速攀升。另外,与此类似的还有俄罗斯,其银行贷款流入规模也处于首要位置,流入量是对外直接投资的2倍多。然而国际证券投资在乌克兰和哈萨克斯坦都有长足的发展,如其流入量占GDP比重由1994—2002年的微不足道,上升到2003—2007年的3.99%和2.66%,可见这两个国家的金融市场对外开放度都有大幅度提升。然而由于受到全球金融危机的影响,在2008—2011年,各国国际资本流入规模都有显著降低,且组成部分也出现相应变化。尤其是哈萨克斯坦,其银行贷款流入量降为负数,如占GDP比重为-4.00%,但国际证券投资流入规模却不降反升,如占GDP比重由2003—2007年的2.66%上升为2008—2011年的3.16%。另外,银行贷款降幅明显的还有俄罗斯和乌克兰。但从总体上看,FDI流入量变化很小,保持较为稳定的流入量(具体国家情况见附录2)。

第二节 金融危机前期中东欧和独联体国家国际资本流动与经济脆弱性

第二章主要分析了中东欧和独联体国家的国际资本流动现状,由分析可知,这些国家在1994—2011年都经历了国际资本大规模流入,尤其是在2008年全球金融危机前期。大量国际资本流入虽然促使这些转型国家在经济和金融上取得了巨大的成就,然而,在经济发展水平向欧盟靠拢的过程中,这些国家国内经济和金融市场逐渐积累了越来越多的风险性因素,又称作脆弱性因素(本书采取这种说法),如经常账户长期巨额赤字、本国私人信贷膨胀、资本市场过热导致资产价格大幅上涨以及金融机构资产负债表恶化(如货币错配、贷款期限错配)等,这些都给一直处于经济转型发展的中东欧和独联体国家的经济健康发展带来威胁。一旦这些脆弱性因素演变成一场金融危机时,那后果将是灾难性的。而 2008 年全球金融危机的爆发也给这些国家敲响了警钟,虽然危机爆发于欧美等发达国家,但因为这些转型国家与其有着紧密的联系,所以不可避免地也遭受到相对于其他新兴市场国家更为严重的打击。外国学者对传统经济脆弱性指标的研究表明,中东欧如今取得的成就在长期看来是不可持续的(Maechler & Tiffin,2007)。虽然加入欧盟可以使这些转型国家在未来发展过程中维持这些脆弱性因素而不至于发展成一场危机,但由于中东欧和独联体国家在经济发展水平、金融机构健康状况以及结构改革状况存在巨大差异,导致其在加入欧盟或即将加入欧盟的过程中所获得的收益也大相径庭。因此,在经济不断向西欧靠拢的过程中,密切关注其脆弱性指标就显得尤为重要。

因而,本节主要研究在 2008 年全球金融危机爆发前期,中东欧和独联体国家国际资本流入给其经济和金融市场发展带来的脆弱性表现。本节通过对这些脆弱性的研究,力图解答以下几个问题:一、在这些转型国家中,大规模国际资本流入带来的脆弱性表现。二、危机前脆弱性的累计会对经济产生何种不良影响。三、大量外资银行的进入是否会导致东道国经济脆弱性的产生以及这种脆弱性是如何产生的。这次全球金融危机的爆发给许多长期依赖国际资本的发展中国家带来警告和启示,因为在危机前期,大量脆弱性因素正在累积,而东道国政府和各金融机构对此的忽视也使得危机不可避免的扩大,造成了巨大的损失。

一、经常账户巨额赤字与 GDP 高速增长并存

中东欧和独联体国家为了能够加入欧盟,努力达到欧盟设定的各种

指标,包括不断进行宏观经济和金融市场改革,开放本国资本市场,提高私有化水平,大量引进国际资本,以带动其经济飞速增长,尤其是在2008年全球金融危机爆发前。由表2-5可知,中东欧和独联体国家在2003—2008年GDP增长率都保持在较高水平,有的甚至达到两位数增长。在中东欧国家中,尤以市场开放度最高的波罗的海三国(爱沙尼亚、拉脱维亚和立陶宛)最为明显。如拉脱维亚在2005—2007年,GDP增长率均匀保持在10%左右,甚至在2006年达到12.23%的高值;爱沙尼亚在2006年GDP增长率也达到10.10%。中东欧11国在2003—2008年GDP增长率均值为5.76%。而独联体国家经济增长速度更为惊人,如亚美尼亚、白俄罗斯、哈萨克斯坦、俄罗斯和乌克兰,在2003—2008年GDP增长率均值分别为12.04%、9.47%、8.58%、7.13%和6.95%,而其整体GDP增长率均值水平高达8.83%。

然而,与此相反的是,虽然这些国家在2003—2008年经历了经济的飞速增长,但其经常账户却一直维持着高水平的赤字。如在中东欧和独联体国家,除了俄罗斯、乌克兰以及哈萨克斯坦外(这些国家经常账户余额占GDP比值总体上为正),经常账户余额占GDP比值均为负值,尤以2008年金融危机前的这段时间段为甚(2006—2008年)。有的国家甚至一直保持高达两位数的负值水平,如在中东欧国家经常账户赤字最高的仍是波罗的海三国。其中拉脱维亚在2003—2007年经常账户余额占GDP的百分比始终超过−50%,而在2003—2006年其经常账户余额占GDP比值分别为−72.15%、−78.75%、−59.86%和−52.24%,可见该国经常账户赤字之高。同时,爱沙尼亚经常账户赤字水平也不容小觑,如在2003—2008年其经常账户余额占GDP的比值一直保持在−20%以上的水平,在2008年的赤字水平占GDP百分比甚至达到−27.66%。其次,罗马尼亚和立陶宛以及克罗地亚在2003—2008年经常账户余额占GDP比值也达负两位数,其值分别为−12.50%、−12.31%和−12.16%。另外,斯洛伐克、斯洛文尼亚

表 2-5 经常账户余额占 GDP 比值与 GDP 增长率比较

(单位：%)

国 家	2003 年 经常账户余额/GDP	2003 年 GDP增长率	2004 年 经常账户余额/GDP	2004 年 GDP增长率	2005 年 经常账户余额/GDP	2005 年 GDP增长率	2006 年 经常账户余额/GDP	2006 年 GDP增长率	2007 年 经常账户余额/GDP	2007 年 GDP增长率	2008 年 经常账户余额/GDP	2008 年 GDP增长率
保加利亚	−2.55	5.51	−1.73	6.75	−2.26	6.36	−2.32	6.56	−3.47	6.40	−4.79	6.20
克罗地亚	−3.85	5.37	−4.89	4.13	−8.16	4.28	−13.08	4.94	−22.94	5.06	−20.01	2.17
爱沙尼亚	−28.45	7.77	−18.08	6.34	−20.46	8.85	−23.25	10.10	−25.76	7.49	−27.66	−3.67
匈牙利	−1.68	3.85	−1.64	4.80	−1.36	3.96	−2.34	3.90	−3.11	0.11	−1.63	0.89
拉脱维亚	−72.15	7.20	−78.75	8.68	−59.86	10.60	−52.24	12.23	−49.97	9.98	−38.65	−4.24
立陶宛	−9.03	10.25	−9.27	7.35	−8.12	7.80	−12.40	7.84	−18.92	9.84	−16.14	2.93
罗马尼亚	−7.23	5.20	−10.72	8.40	−11.26	4.17	−12.93	7.90	−18.82	6.00	−14.01	9.43
斯洛伐克	−0.81	4.78	−7.19	5.06	−7.14	6.66	−6.42	8.35	−5.95	10.49	−7.35	5.75
斯洛文尼亚	−0.93	2.93	−3.06	4.40	−2.01	4.01	−3.05	5.85	−5.90	6.87	−7.09	3.59
捷 克	−7.38	3.77	−6.03	4.74	−1.06	6.75	−2.41	7.02	−5.35	5.74	−2.64	3.10
波 兰	−2.76	3.87	−6.12	5.34	−2.87	3.62	−4.33	6.23	−7.76	6.79	−8.22	5.13
亚美尼亚	−7.97	14.04	−0.70	10.47	−1.45	13.87	−2.39	13.20	−9.23	13.75	−15.02	6.90
白俄罗斯	−2.92	7.04	−6.69	11.45	1.88	9.44	−4.79	10.00	−8.22	8.65	−11.02	10.25
哈萨克斯坦	−1.11	9.30	1.09	9.60	−2.45	9.70	−3.50	10.70	−10.27	8.90	6.03	3.30
俄罗斯	10.26	7.30	13.83	7.18	14.31	6.38	12.39	8.15	7.86	8.54	7.97	5.25
乌克兰	6.82	9.40	13.78	12.10	3.90	2.70	−1.88	7.30	−4.89	7.90	−8.94	2.30

数据来源：世界银行的 WDI 数据库。

和波兰虽然没有达到两位数的赤字,但这些国家在 2008 年金融危机爆发前均有经常账户赤字上涨的迹象。相对来说,保加利亚和捷克的经常账户赤字水平较低,在 2003—2008 年间经常账户余额占 GDP 的比值都未超过 −5%。

另外,通过图 2-12 和图 2-13 可以更加直观地看出经常账户赤字水平和 GDP 增长率之间的关系。两者线性关系的斜率大体为负,说明随着 GDP 增长速度的提高,经常账户赤字水平却一直在扩大。如中东欧国家的拉脱维亚、爱沙尼亚和立陶宛等国最为显著。另外,由两图对比可知,中东欧国家经常账户赤字水平比独联体国家要高很多,这与中东欧和独联体国家经济发展结构有关,如独联体国家(尤以俄罗斯为首)大都以丰富的能源出口赚取巨额外汇收入,改善了国内经常账户水平,甚至出现经常账户盈余的现象。然而,中东欧国家大都依靠外资发展经济,对外融资的过度依赖,导致其长期维持着高赤字状态。

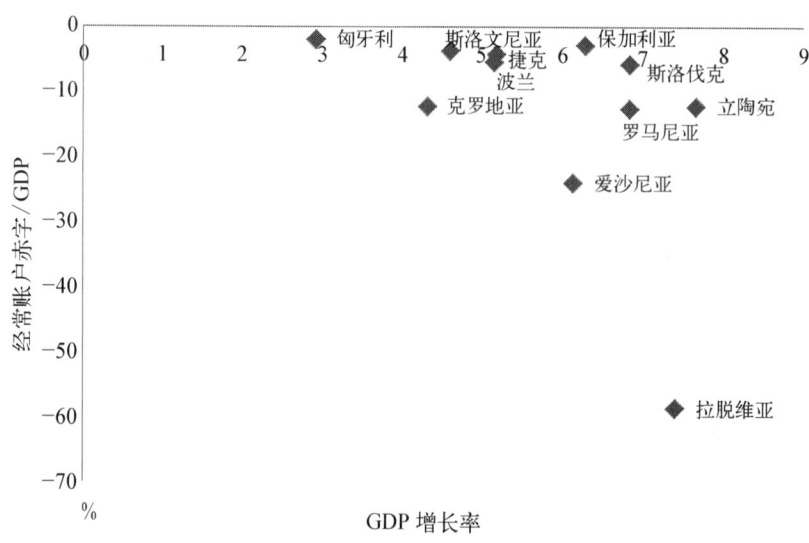

图 2-12 中东欧国家经常账户赤字与 GDP 增长率

数据来源:世界银行的 WDI 数据库。

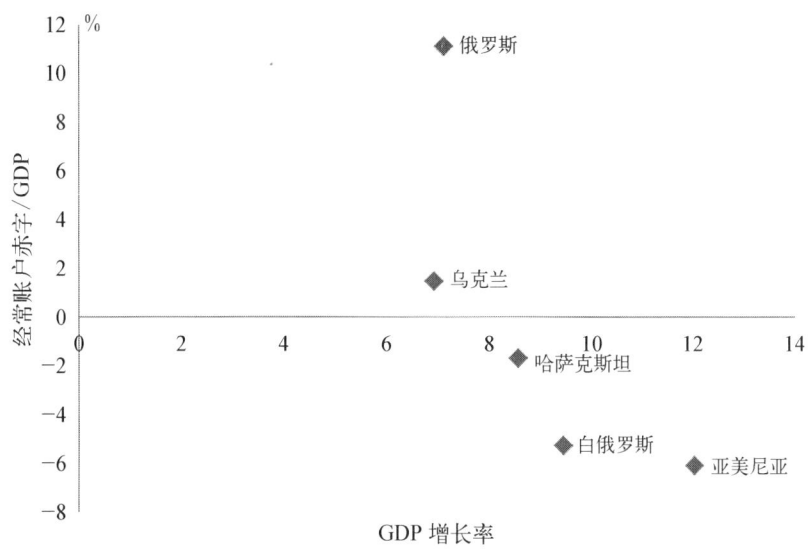

图 2‑13 独联体国家经常账户赤字与 GDP 增长率

数据来源：世界银行的 WDI 数据库。

二、货物和服务的进口增加、出口减少，出口创汇压力增加

早在 2008 年全球金融危机爆发前，中东欧和独联体国家的宏观经济就已经显现出较大的风险。如随着国际资本大规模流入，这些国家货物和服务进出口份额正在不断地发生变化。从总体上看，进口额高于出口额，净出口为负的状态在危机前期一直维持着（如图 2‑14）。具体来看，在表 2‑6 中，除了捷克外的所有中东欧国家在 2003—2008 年的净出口额占 GDP 的比值都为负值，其中出口和进口差距最大的国家为拉脱维亚、保加利亚、罗马尼亚和立陶宛，差值占 GDP 的百分比分别为 －16.29%、－15.78%、－10.20% 和 －9.23%。匈牙利、斯洛文尼亚、斯洛伐克和波兰的这一数值相对较小。相比较而言，独联体国家的情况要好于中东欧国家，但各国情况差别较大，如哈萨克斯坦、俄罗斯的出口额占 GDP 比值要大于进口额占 GDP 比值，其净出口额占 GDP 比值分别为 10.04% 和 11.32%。然而，亚美

尼亚的情况却截然相反,进口额要远大于出口额,其净出口额占 GDP 比值却为－18.22%。乌克兰的情况要相对缓和一些,进出口之间的差额较小。在 2008 年全球金融危机爆发前期(即 2006—2008 年),中东欧和独联体国家进口大于出口的情况更为显著,尤其是在中东欧国家中,如进口与出口的差额占 GDP 的比值甚至达两位数,如保加利亚、拉脱维亚、立陶宛和罗马尼亚,其净出口额分别高达－19.27%、－18.38%、－11.78%和－11.42%。另外,在独联体国家,仅亚美尼亚的进口额远高于出口额,如其净出口额高达－18.22%。

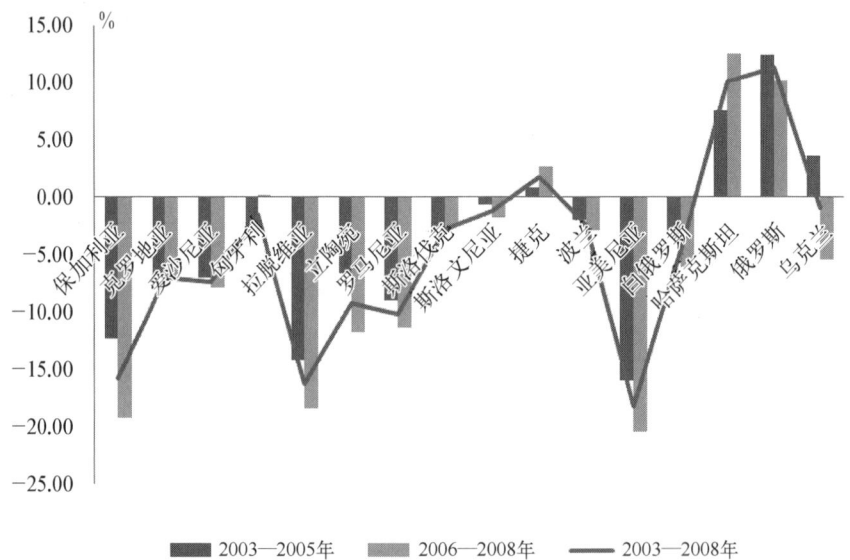

图 2-14 中东欧和独联体国家净出口额占 GDP 比值
数据来源:世界银行的 WDI 数据库。

由此可见,中东欧和独联体国家(尤其是中东欧国家)在 2008 年金融危机前期,货物和服务的进口就开始逐渐大于出口,这一方面反映出这些国家对外消费需求的增加;另一方面也反映了大规模国际资本流入可能促使其国内出现消费繁荣的情况。而这种消费繁荣的背后是较高的风险,因为在没有出口创汇作为保障的前提下,国内过热的消费倾

第二章　中东欧和独联体国家国际资本流动现状和危机前经济脆弱性分析 | 59

表 2-6　中东欧和独联体国家货物和服务的出口、进口和净出口额占 GDP 比值

（单位：%）

国家	2003—2005 年 出口/GDP	2003—2005 年 进口/GDP	2003—2005 年 净出口/GDP	2006—2008 年 出口/GDP	2006—2008 年 进口/GDP	2006—2008 年 净出口/GDP	2003—2008 年 出口/GDP	2003—2008 年 进口/GDP	2003—2008 年 净出口/GDP
保加利亚	47.00	59.29	−12.29	59.63	78.90	−19.27	53.31	69.10	−15.78
克罗地亚	42.62	49.32	−6.71	42.40	49.64	−7.25	42.51	49.48	−6.98
爱沙尼亚	73.33	80.34	−7.01	70.27	78.11	−7.84	71.80	79.23	−7.43
匈牙利	63.57	66.75	−3.18	80.24	80.09	0.14	71.90	73.42	−1.52
拉脱维亚	44.63	58.82	−14.19	43.35	61.73	−18.38	43.99	60.27	−16.29
立陶宛	53.58	60.25	−6.67	57.68	69.46	−11.78	55.63	64.86	−9.23
罗马尼亚	34.51	43.51	−8.99	30.24	41.65	−11.42	32.38	42.58	−10.20
斯洛伐克	75.55	78.67	−3.12	84.94	87.45	−2.51	80.24	83.06	−2.81
斯洛文尼亚	57.93	58.57	−0.64	67.75	69.57	−1.82	62.84	64.07	−1.23
捷克	62.17	61.37	0.80	66.55	63.86	2.69	64.36	62.61	1.75
波兰	35.96	37.89	−1.93	40.34	43.22	−2.88	38.15	40.56	−2.41
亚美尼亚	30.23	46.19	−15.96	19.20	39.69	−20.49	24.71	42.94	−18.22
白俄罗斯	64.28	67.44	−3.16	60.65	66.70	−6.05	62.46	67.07	−4.61
哈萨克斯坦	51.49	43.89	7.59	52.61	40.12	12.49	52.05	42.01	10.04
俄罗斯	34.96	22.52	12.44	31.73	21.54	10.20	33.35	22.03	11.32
乌克兰	56.81	53.17	3.64	46.13	51.58	−5.45	51.47	52.38	−0.91

数据来源：世界银行的 WDI 数据库。

向最终是不可持续的,一旦国内宏观经济出现恶化,或外资流入减少、突停,这些国家将会经历严峻的考验,正如2008年全球金融危机所产生的后果一样。

三、国内外债总额庞大且高速增长、短期外债占比过高

在中东欧和独联体等转型国家中,外债始终是一个棘手的问题,这些国家在向市场经济转型之前大都处于中等负债水平,然而在开始经济转型之后,尤其是在2008年全球经济危机爆发前期,国内负债开始急速攀升。对外负债过高也是导致这些国家成为此次金融危机重灾区的主要原因之一,许多国家在金融危机前期拥有惊人的外债总额以及超高的环比增速(见表2-7)。如中东欧11国在危机前都维持两位数的环比增速,尤以拉脱维亚最严重,其在2007年外债的环比增速竟然高达63.91%,外债总额达到389.49亿美元,再如保加利亚、立陶宛、斯洛文尼亚、罗马尼亚和爱沙尼亚在2007年环比增速都高于50%,外债额分别高达453.14、300.71、475.91、821.02和262.38亿美元。另外,波兰和匈牙利的情况也不容乐观,2007年两者外债数额分别达到2 347.77美元和1 317.47亿美元,增速为38.54%和29.36%。在独联体国家,仅哈萨克斯坦的外债一直保持高速增长,其在2003—2008年的环比增速高达40%左右。其他国家如白俄罗斯、乌克兰和俄罗斯都是在危机发生前一年外债飞速上涨。然而,在2008年所有国家外债的高增速现象戛然而止,如爱沙尼亚的环比增速竟降为3.86%,还有拉脱维亚、立陶宛、波兰以及哈萨克斯坦和俄罗斯等国,外债增速也都降为个位数。再如图2-15和2-16所示,在2003—2007年,中东欧和独联体国家外债占GDP比重一直呈现上涨态势,在2007年这一比率都普遍高于50%,有些国家甚至高于100%,如拉脱维亚、爱沙尼亚、保加利亚和匈牙利等国。

第二章 中东欧和独联体国家国际资本流动现状和危机前经济脆弱性分析 | 61

表2-7 2003—2008年中东欧和独联体国家外债总额和环比增速

(单位：亿美元,%)

国家	2003年 数额	2003年 增速	2004年 数额	2004年 增速	2005年 数额	2005年 增速	2006年 数额	2006年 增速	2007年 数额	2007年 增速	2008年 数额	2008年 增速
保加利亚	138.89	19.89	177.24	27.61	200.53	13.14	285.60	42.42	453.14	58.66	536.39	18.37
克罗地亚	258.81	57.63	328.03	26.75	369.33	12.59	373.41	1.11	460.45	23.31	576.07	25.11
爱沙尼亚	72.43	53.68	103.42	42.79	120.56	16.57	172.02	42.68	262.38	52.53	272.50	3.86
匈牙利	540.49	44.86	760.37	40.68	832.93	9.54	1 018.43	22.27	1 317.47	29.36	1 764.43	33.93
拉脱维亚	93.97	33.44	134.04	42.64	151.92	13.34	237.63	56.42	389.49	63.91	417.50	7.19
立陶宛	83.55	34.68	105.09	25.78	125.14	19.08	189.56	51.48	300.71	58.64	325.57	8.27
罗马尼亚	206.49	28.75	264.97	28.32	326.41	23.19	526.13	61.19	821.02	56.05	980.35	19.41
斯洛伐克	251.65	35.04	317.37	26.12	349.57	10.15	320.86	−8.21	443.25	38.15	521.85	17.73
斯洛文尼亚	174.04	39.30	215.88	24.04	240.02	11.18	301.82	25.75	475.91	57.68	577.19	21.28
捷克	518.39	18.67	641.69	23.78	734.80	14.51	855.95	16.49	1 066.82	24.64	1 201.64	12.64
波兰	1 073.16	24.49	1 296.70	20.83	1 328.10	2.42	1 694.68	27.60	2 347.77	38.54	2 445.83	4.18
亚美尼亚	10.98	6.91	11.91	8.51	11.07	−7.01	20.56	85.63	22.00	7.03	19.48	−11.49
白俄罗斯	16.22	−1.64	13.42	−17.26	13.90	3.54	68.01	389.40	127.22	87.07	149.48	17.49
哈萨克斯坦	229.09	25.49	319.32	39.38	422.72	32.38	741.19	75.34	966.75	30.43	1 043.51	7.94
俄罗斯	1 996.81	17.60	2 281.32	14.25	2 567.04	12.52	3 138.08	22.24	4 730.93	50.76	4 783.24	1.11
乌克兰	238.13	86.62	306.90	28.88	396.25	29.12	545.23	37.60	822.06	50.77	1 015.16	23.49

数据来源：世界银行的WDI数据库。

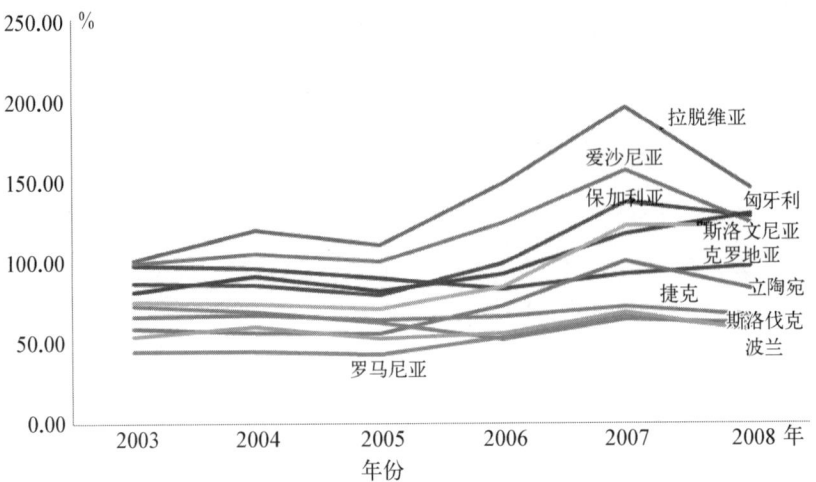

图 2‑15　2003—2008 年中东欧 11 国外债占 GDP 比值

数据来源：世界银行的 WDI 数据库。

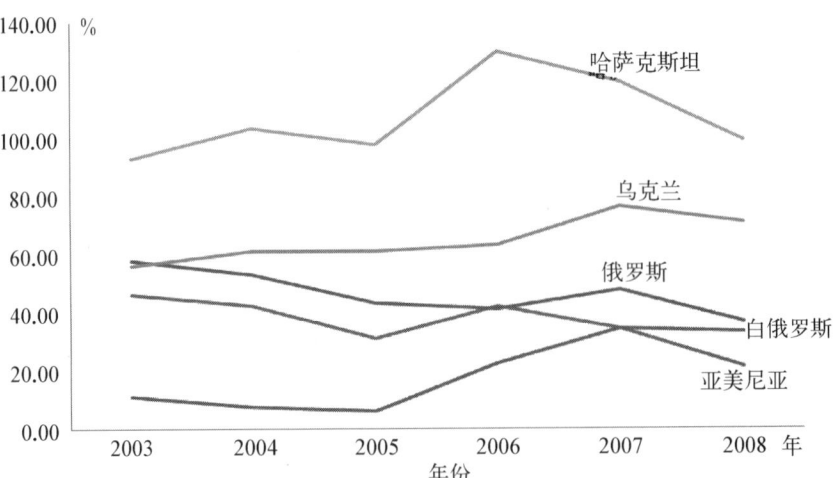

图 2‑16　2003—2008 年独联体 5 国外债占 GDP 比值

数据来源：世界银行的 WDI 数据库。

第二章　中东欧和独联体国家国际资本流动现状和危机前经济脆弱性分析 | 63

如前所述，在中东欧和独联体国家中，金融危机前期其外债总量不仅规模庞大，而且还在高速增长。更甚的是，这些转型国家较高份额的短期外债又给金融危机爆发前期的经济增长埋下一颗定时炸弹。由于部分中东欧国家数据的缺失，故表 2-8 仅给出了 2003—2008 年中东欧 4 国和独联体 5 国的短期外债占总外债的百分比。由表可知，在金融危机前期，这些国家普遍拥有较高份额的短期外债，从均值来看，中东欧国家短期外债占总外债的比重总体上都超过 20%，而独联体国家差别很大，如白俄罗斯短期外债占总外债的均值竟高达 124%，另外乌克兰也保持较高比例，短期外债占比接近 30%。哈萨克斯坦和俄罗斯相对低一些，但也都保持在 10% 以上。短期外债过高一方面会产生投机性风险；另一方面在市场环境发生变化的情况下容易给企业带来巨大的偿债压力，给银行等金融机构带来巨大的违约风险，影响金融市场的稳定。

表 2-8　2003—2008 年中东欧和独联体国家短期外债占总外债比重

（单位：%）

国　家	2003 年	2004 年	2005 年	2006 年	2007 年	2008 年	均　值
保加利亚	19.17	18.41	22.15	28.15	30.98	34.18	25.51
拉脱维亚	59.93	57.50	49.32	44.08	42.89	33.88	47.93
立陶宛	39.22	35.84	42.55	30.10	25.82	25.11	33.11
罗马尼亚	12.14	16.53	22.71	31.49	35.72	29.23	24.64
亚美尼亚	36.81	34.42	26.89	14.93	20.86	23.25	26.20
白俄罗斯	121.75	218.75	252.08	53.73	54.06	46.55	124.49
哈萨克斯坦	12.28	12.35	19.28	14.67	11.99	9.11	13.28
俄罗斯	15.25	11.59	10.57	12.94	21.19	15.51	14.51
乌克兰	37.86	34.02	30.44	28.17	27.87	20.33	29.78

数据来源：IMF 的 IFS 数据库，后经作者计算得来。

可见，中东欧和独联体国家数额庞大的外债规模使得其面临极大的货币风险、利率风险以及债务展期风险，尤其是当这些国家的资产负债表出现期限错配时,这些风险将会被进一步放大。例如,当金融市场出现动荡时,东道国债务还未得到展期,此时产生的资金缺口就需要动用外汇储备或提高利率来解决,导致外汇储备的急速减少,影响东道国的国际竞争力,易诱发连锁反应。因此,转型国家在后危机时期若要保持经济稳定和恢复快速增长势头,在很大程度上需成功地降低其过高的负债率并维持在合理水平,优化其负债结构,降低短期外债比率。

四、私人信贷膨胀,资本形成总额低

中东欧和独联体等转型国家自20世纪90年代初开始由计划经济向市场经济转型,虽然起初也经历过种种挑战,但总体上风险还是在可控范围内,且亚洲经济危机和区域震荡也未对这些国家造成严重的打击,这也足以证明这些国家国内经济结构的合理性。如在1995—2008年,该地区平均实际国内生产总值增长了将近125%(按购买力平价计算)。然而,随着这些国家在2008年全球金融危机过后,都纷纷经历了信贷的"繁荣—衰退"周期(Boom-Bust Cycle),经济增长状况急转直下。Lane和Milesi-Ferretti(2011)曾指出,在2008—2009年东道国经济衰退程度与其在危机前经历大规模信贷膨胀有着直接的关系。另外,国内私人信贷膨胀的基础是对外负债过高,且大部分债务以欧元或美元等形式存在,导致本国债务人面临较高的货币贬值风险。由此可知,在众多利好因素的刺激下,国际资本大规模流入,很容易导致东道国国内出现信贷膨胀,产生经济过热现象。

图2-17为中东欧国家国际资本流入量和国内私人信贷量分别占GDP的比值,图中国际资本流入规模和国内私人信贷规模均为2003—2008年的平均值。由图可知,2003—2008年,国内私人信贷量占GDP的均值普遍高于国际资本流入量,这说明中东欧国家存在着不同程度的私人信贷膨胀现象。其中信贷规模最大的国家为爱沙尼亚,国内私人信贷量占GDP比重接

近80%;其次为拉脱维亚、斯洛文尼亚、匈牙利和立陶宛;除了斯洛伐克、斯洛文尼亚、捷克和波兰外,所有国家在国内出现私人信贷繁荣时,同时存在着大规模国际资本流入的情况。这从一个侧面也说明了,在这些中东欧国家,国际资本流入对国内信贷繁荣的产生有着推波助澜的作用。另外,在斯洛文尼亚,相对于国际资本流入量来说,国内私人信贷规模更为庞大,这可能是由于该国私人信贷繁荣并不主要是通过国际资本流入推动的。而独联体国家(如图2-17和图2-18)在2003—2008年国内私人信贷均值也超过流入这些国家的国际资本的平均值(除亚美尼亚外)。尤其是乌克兰,其国内私人信贷占GDP的比值接近45%,而流入的国际资本仅为21.81%;同样情况的还有俄罗斯,流入本国的国际资本占GDP比重的均值为12.49%,而国内私人信贷占GDP的比重却达到31.09%。另外,哈萨克斯坦国内私人信贷占GDP比重的均值与国际资本流入均值相差不大,但总体规模都比其他国家高。这可能是哈萨克斯坦盛产和出口大量石油、天然气等能源产品,因而会有大规模国际资本流入。

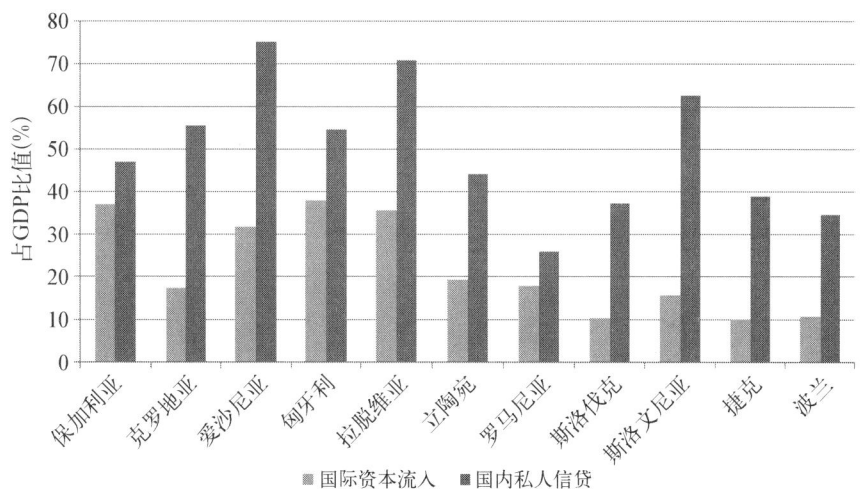

图2-17 2003—2008年中东欧国家国内私人信贷与国际资本流入量占GDP比值
数据来源:世界银行的WDI数据库,后经作者计算得来。

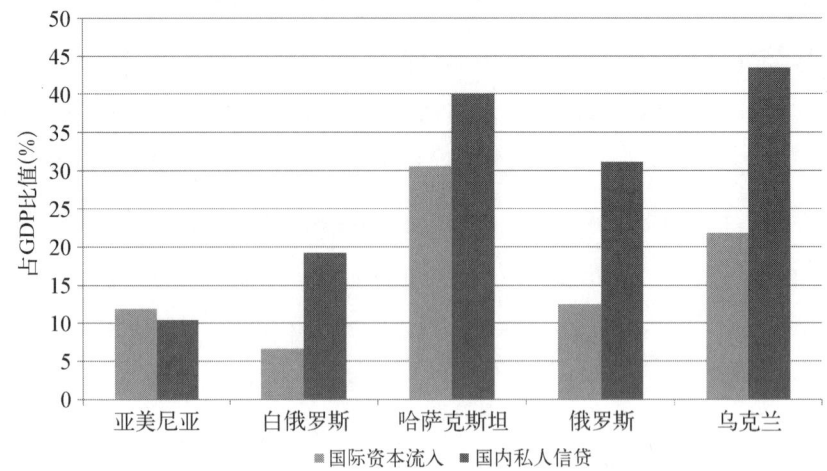

图 2-18　2003—2008 年独联体国家国内私人信贷与
国际资本流入量占 GDP 比值

数据来源：世界银行的 WDI 数据库，后经作者计算得来。

单独看中东欧国家在 2003—2008 年国内私人信贷规模增长情况（如图 2-19），可知所有国家国内私人信贷均是大幅上涨态势，尤其是波罗的海三国中的爱沙尼亚和拉脱维亚，不仅一直呈现上涨势头，且国内私人信贷规模占 GDP 的比重一直处于高于 50% 的状态，尤其是在 2008 年达到顶峰，即私人信贷规模占 GDP 的比值分别为 96.40% 和 90.50%。其中斯洛文尼亚、克罗地亚和匈牙利国内信贷占 GDP 的比值也较大，在 2008 年分别达到 85.28%、64.70% 和 69.80%。而增长幅度相对较小的国家为罗马尼亚和波兰。在独联体国家（如图 2-20），乌克兰、哈萨克斯坦、俄罗斯国内私人信贷增长幅度最大，白俄罗斯和亚美尼亚增长幅度相对较小。

然而，过快的信贷增长极容易点燃东道国国内的消费热情，若此时流入的国际资本并没有形成较高的生产资本时，过快的信贷增长可能会给该国带来信贷风险。从发展经济学可知，一国或地区在经济发展中，其国内的资本形成至关重要，尤其是那些经济尚处于转型过程中的经济体，资本形成在很大程度上又是由国内储蓄向投资转化的高低决定的，然而过多的消费必

第二章 中东欧和独联体国家国际资本流动现状和危机前经济脆弱性分析 | 67

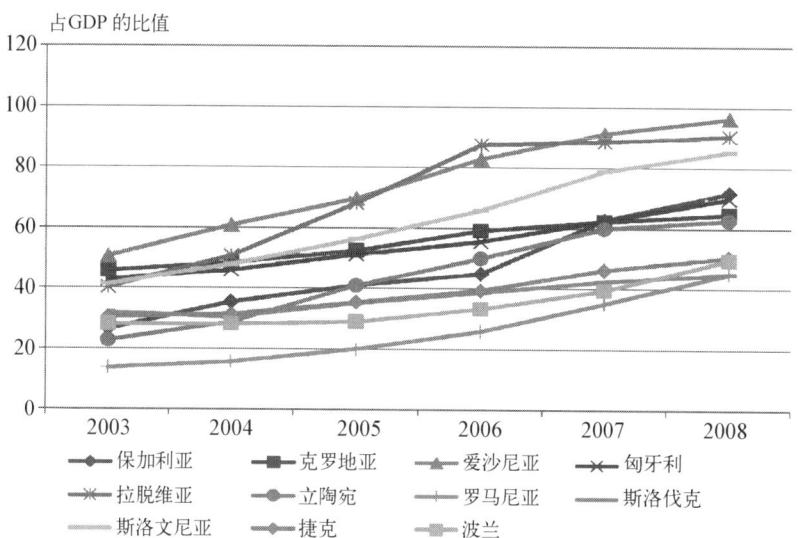

图 2-19 中东欧国家在 2003—2008 年间国内私人信贷规模占 GDP 比重
数据来源：世界银行的 WDI 数据库，后经作者计算得来。

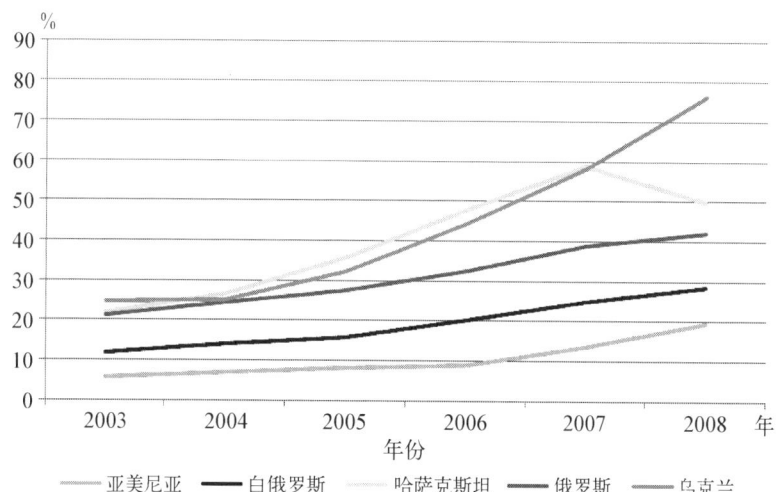

图 2-20 独联体国家在 2003—2008 年国内私人信贷规模占 GDP 比重
数据来源：世界银行的 WDI 数据库，后经作者计算得来。

将会降低国内储蓄,降低储蓄向投资转化的效率。投资效率是关乎一国经济增长是否可持续的关键因素,一旦该国大量信贷被用以消费而不能够带来高增长,那么该国未来经济竞争力和综合国力都将会受到挑战。由此可见,国内消费需求的高低与资本形成总额的高低也呈现方向一致的相关性。

表2-9给出了中东欧和独联体国家在2003—2008年国内居民消费支出增长率和资本形成总额增长率。由表可知,在中东欧和独联体国家中,金融危机前期其国内消费水平随着国际资本大量流入开始大幅度提升,尤其是在2007年。国内居民最终消费支出年增长率甚至高达两位数,如在中东欧11国中,拉脱维亚、立陶宛和罗马尼亚消费增长率分别为14.76%、12.13%和10.30%,其他国家如爱沙尼亚、保加利亚和克罗地亚等也都超过6%,仅匈牙利较低,为0.80%。而独联体5国均维持高水平的消费增长率,其中最显著的是俄罗斯,其在2007年的增长率竟高达19.56%,可见消费需求的旺盛。而从资本形成总额增长率来看,这些国家恰巧在这个时间段的资本形成增长率是不断降低的,尤其是那些国内消费增长率过高的国家(如波罗的海三国等)。这也为这些转型国家未来发展带来不稳定因素。如在2008年全球金融危机期间及之后,因为过多信贷被用于消费支出,导致其国内实体经济部门利用资金的空间大大缩小,资本形成总额过低,大量资金用以消费而非生产,这也是中东欧和独联体国家信用风险和经济脆弱性产生的根源。

然而,过快的信贷增长又会进一步增加银行的不良贷款率,产生信贷风险,这是衡量转型经济体银行部门脆弱与否的最佳指标。因为,当银行由于可获得资金增加而大量提高信贷量时,其会降低对借款人各种资信条件的审查标准,这将造成银行部门坏账率的提高,威胁银行部门的稳定性。

五、银行部门中外资银行占比过高,易产生金融传染风险

自20世纪90年代中后期开始,中东欧和独联体国家(尤其是中东欧国

第二章 中东欧和独联体国家国际资本流动现状和危机前经济脆弱性分析 | 69

表 2-9 2003—2008 年中东欧和独联体国家居民最终消费支出①和资本形成总额②年增长率

(单位：%)

国家	居民最终消费支出年增长率						资本形成总额年增长率					
	2003	2004	2005	2006	2007	2008	2003	2004	2005	2006	2007	2008
保加利亚	6.83	7.67	6.19	9.28	8.71	3.50	30.71	17.46	26.90	32.18	19.70	12.65
克罗地亚	3.81	4.00	3.92	3.23	6.48	1.34	16.92	14.80	25.95	21.41	12.96	16.26
爱沙尼亚	9.00	7.97	9.35	13.46	8.79	-5.45	25.85	29.31	13.16	32.33	16.35	28.32
匈牙利	7.95	1.94	2.53	1.69	0.80	-0.85	-0.88	6.77	4.29	10.17	15.52	1.94
拉脱维亚	8.22	9.53	11.54	21.25	14.76	-5.20	14.48	8.44	13.57	25.96	10.77	-21.25
立陶宛	10.33	12.19	13.59	10.94	12.13	4.17	14.74	3.95	7.03	13.51	6.12	8.96
罗马尼亚	7.61	10.79	6.87	-1.87	10.30	8.40	1.06	14.95	-1.56	-0.29	-1.53	3.70
斯洛伐克	2.28	4.70	6.42	5.92	6.62	6.19	6.40	15.10	35.00	31.70	23.40	-12.80
斯洛文尼亚	3.31	3.15	2.15	2.80	6.04	3.71	24.84	19.89	-1.33	9.38	27.04	-0.35
捷克	5.24	3.80	3.36	4.39	4.01	2.70	22.05	23.00	8.46	18.20	11.69	-23.58
波兰	1.89	4.48	2.11	4.99	4.90	5.78	3.29	14.72	1.42	16.13	24.28	3.95
亚美尼亚	11.55	4.59	8.39	8.31	17.77	50.73	9.20	10.00	4.68	12.53	30.10	19.11
白俄罗斯	7.83	14.38	9.42	16.45	6.95	15.85	14.30	12.20	9.50	17.70	22.00	10.50
哈萨克斯坦	-0.08	8.90	8.62	4.44	10.45	5.78	-8.95	15.79	16.40	6.07	9.71	4.69
俄罗斯	7.02	12.43	13.42	15.98	19.56	14.51	10.24	10.20	0.10	12.48	19.24	3.73
乌克兰	12.35	12.17	19.34	14.78	15.72	12.85	11.90	4.96	-2.37	19.48	26.48	1.80

数据来源：世界银行的 WDI 数据库。其中，居民最终消费支出的年增长率是基于本币市不变价格计算的。支出总额基于 2000 年不变价美元。

① 居民最终消费支出（以前称为私人消费）是指居民购买的所有货物和服务（包括耐用品，例如汽车、洗衣机、家用电脑等）的市场价值。不包括购买住房的支出，但包括业主自住房屋的估算租金。也包括为取得许可证和执照向政府支付的费用。此处居民消费支出包括为居民服务的非营利机构支出，无论国家是否另行公布。此项目也包括资源使用量相对于资源供给量的任何统计偏差。
② 资本形成总额（以前称为国内投资总额）由经济体的新增固定资产支出加上存货变动构成。固定资产包括土地改良（固栏、水渠、排水沟等）；厂房，机器和设备的购置；建设公路、铁路以及学校、医院、私人住宅和工商业建筑等。库存货品为企业为应付生产或销售时需要或意外波动而暂时持有的货物，以及在制品。

家)便进行了由计划经济向市场经济转型的改革,尤其是集中在其金融部门,普遍实施对外开放的政策,大量开放本国金融市场,一方面进行大规模私有化改革;另一方面大量引进外资银行,取消外资银行的进入壁垒,整顿国有银行。如匈牙利外资银行数量占银行总数量比重竟高达93%,资产占比也都超过60%,其他国家如爱沙尼亚、保加利亚、捷克、波兰等都拥有超高规模的外资银行(见表2-10)。这虽然给这些国家未来20多年的经济发展带来实质性利好,但事有利弊,这种大规模私有化和大量外资银行的引进,给其国内金融市场发展带来巨大隐患,尤其是在金融危机期间,为风险传播创造了多种传染渠道,给未直接爆发金融危机的这些转型国家带来巨大打击。

究其原因有三:

一是母国银行对东道国子银行金融风险的错误定价。因为在西欧等国,国内十分有限的投资机会,使得母国银行将其视线转向具有较高投资回报的中东欧和独联体等转型国家,期待使用较少份额的资产赚取更多的利润,例如西欧国家的母国银行大都对其子银行设定了较高的股本回报率,税前利润通常设定为20%—25%,而这一指标在西欧国家之间最高也仅能够达到14%。因此,为了达到这个目标及其市场份额,子银行的经理人通常会降低风险评估来取得信贷规模的快速上升,而东道国较弱的制度环境,如不良的会计和审计标准、不可靠的财务信息披露、不完整的信用档案等,导致外资银行往往缺少借款人的信用数据。另外,外资银行在东道国通常无法使用惯常标准的风险测量工具,本地经理人也只能依靠个人判断来确定风险的高低,母银行无法对子银行进行正确的风险定价。这在无形之中增加外资银行资产负债表的信贷风险的同时,还会导致母国银行在面对子银行的高额回报时往往陷入盲目乐观之中,降低对其金融风险的定价。

二是母国银行集中风险管理制度又会进一步扭曲东道国子银行的风险定价。因为集中风险管理往往只是通盘考虑整个银行系统而非对某个东道

表 2-10　2003—2008 年中东欧和独联体国家外资银行数量与资产所占比重

（单位：%）

国　家	外资银行数量占银行总数量比重						外资银行资产占银行总资产比重					
	2003	2004	2005	2006	2007	2008	2004	2005	2006	2007	2008
保加利亚	54.00	54.00	61.00	70.00	67.00	67.00	72.00	71.00	77.00	76.00	80.00
克罗地亚	26.00	28.00	32.00	35.00	43.00	43.00	88.00	92.00	90.00	90.00	90.00
爱沙尼亚	43.00	57.00	71.00	71.00	71.00	71.00	95.00	99.00	98.00	97.00	99.00
匈牙利	86.00	85.00	85.00	90.00	93.00	93.00	65.00	63.00	61.00	64.00	67.00
拉脱维亚	32.00	41.00	45.00	50.00	57.00	62.00	51.00	58.00	64.00	65.00	66.00
立陶宛	67.00	67.00	67.00	67.00	70.00	70.00	91.00	92.00	92.00	92.00	93.00
罗马尼亚	70.00	70.00	74.00	81.00	85.00	81.00	54.00	55.00	87.00	89.00	89.00
斯洛伐克	94.00	89.00	89.00	88.00	88.00	88.00	95.00	94.00	93.00	92.00	92.00
斯洛文尼亚	32.00	33.00	35.00	35.00	35.00	35.00	21.00	25.00	25.00	24.00	26.00
捷　克	57.00	57.00	55.00	59.00	64.00	67.00	84.00	83.00	84.00	85.00	84.00
波　兰	69.00	69.00	75.00	73.00	69.00	68.00	72.00	76.00	75.00	74.00	72.00
亚美尼亚	42.00	46.00	54.00	69.00	69.00	73.00	na	46.00	58.00	65.00	70.00
白俄罗斯	36.00	36.00	45.00	45.00	53.00	55.00	na	14.00	12.00	19.00	19.00
哈萨克斯坦	32.00	32.00	36.00	36.00	39.00	39.00	27.00	24.00	5.00	13.00	15.00
俄罗斯	13.00	14.00	15.00	16.00	17.00	19.00	na	7.00	10.00	11.00	13.00
乌克兰	19.00	23.00	28.00	34.00	37.00	43.00	28.00	28.00	42.00	46.00	58.00

注：1. 本表数据来源于全球金融发展数据库。
　　2. 由于外资银行资产占银行总资产比重在 2003 年数据缺失，故本表未纳入。

国内的子银行进行单独考量。而许多母国银行对各子银行实施贷款和资金运作的中央管理(GFSR,2007[①])又会进一步导致母银行低估子银行的风险,因为母银行所设定的风险管理标准是依据整个银行系统的吸收能力设定的,而非某个子银行。而这种缺乏针对东道国国情设定的风险管理标准会随着风险不对称性的加剧而失去应有的警示作用,这给东道国金融市场带来巨大威胁。如对东道国来说是一次很大的风险冲击对整个银行集团来说可能冲击微乎其微;或者当东道国子银行(尤其是规模较小的子银行)由于金融危机或自身状况不佳而陷入困境时,母国银行很可能会作出错误的决定,甚至放弃援救该子银行,这对东道国金融系统来说,很可能就是一场灾难。整个银行系统的统一监管可能只关注母银行整体的风险,而非站在东道国的角度来考虑。子银行的监管者往往只依靠母银行对其子银行风险监管的变化来考察其子银行的风险状况。而母银行监管者只是考虑整个银行系统对风险的吸收能力设定风险标准,而非站在子银行的角度。因此,母银行监管者不会采取及时行动或向东道国监管者提供及时有效的信息,给东道国国内金融系统留下风险隐患。

三是母国银行进行集中融资的做法还会使金融危机向东道国传染。因为东道国子银行只服从母国银行的支配,母银行由于管理的便利只会针对银行整体利润的变化进行资金的融通和借贷,而这种融资结构导致子银行大都偏好进行外币资产和负债业务,例如,外资银行的子银行更偏好于使用外币开展银行业务如欧元或美元贷款等,主要是为了减少其资产负债表中货币错配的情况。这使得东道国国内借款者面临大量货币风险,也会进一步恶化国内银行的资产负债表结构。另外,由于诸如欧元、美元等外国货币相对于本币来说具有更强的保值和抗击风险能力,加之与外资银行业务衔接的便利性,东道国本国银行通常也偏好进行以外币为主的各种业务,这

[①] Global Financial Stability Report: Market Developments and Issues, April 2007. http://www.imf.org/External/Pubs/FT/GFSR/2007/01/index.htm.

导致东道国国内银行部门也逐渐拥有大量的外币贷款和存款,而当这些外币贷款又转贷给本国借款人时,这些国内借款人将直接面临外汇风险,而没有任何抗风险工具。这使得银行部门的货币错配风险直接转嫁到东道国本地借款者身上,如企业和家庭部门。然而,这些无任何风险抵押措施的本地借款人的收入大都是以本币衡量和支付的,假如本国货币出现贬值,外国货币相对升值,那么这些借款者将面临极高的还款成本,甚至导致其因无力还款而面临破产,最终形成银行部门的呆账和坏账。

第三节 本章小结

本章主要研究中东欧和独联体国家的国际资本及其分解部分流动现状以及这些国家在2008年全球金融危机前期经济的脆弱性表现。首先,根据前文分析可知,1994—2011年间,中东欧和独联体等转型国家国际资本流动规模和构成都有着较大的变化,大致经历了三个发展阶段,即国际资本缓慢增长期(1994—2002年)、快速增长期(2003—2007年)和衰退增长期(2008—2011年)。虽然深受2008年全球金融危机的影响,但独联体国家国际资本流动受到的影响较中东欧国家小一些。下面本书根据分析给出这些转型国家国际资本流动的几个特征:

第一,国际资本流入规模总体在扩大,投资活动活跃。无论是中东欧国家还是独联体国家,国际资本流入总量都与日俱增,一方面表明在这些转型国家中,随着全球金融一体化程度提高,及其金融市场开放度的提高,国际资本流入成为转型国家经济发展不可或缺的重要资源。另一方面,可以看出全球过剩的流动性最终会引发这些转型国家国内经济发展的繁荣,而这种繁荣又极易受到全球金融危机的强烈影响,带来众多不稳定因素。

第二,2008年全球金融危机前后,国际资本流入结构改变,国际证券投资流入总量大幅提升,外国直接投资轻微下滑,银行贷款波动剧烈。例如,国际证券投资在中东欧和独联体的某些国家开始出现大规模上升,而 FDI 却出现了不同程度的下滑,银行贷款甚至降为负值,这主要与全球经济发展不确定性和欧洲主权债务危机的阴影尚未完全散去有关,这些转型国家一方面面临大量外资银行撤资回母国的窘境,另一方面又无法吸引 FDI 流入,使得国际投机氛围增强。

第三,国际资本流动复苏势头疲弱。虽然中东欧国家在未来将会继续享受国际资本的流入,但增速趋缓,大规模国际资本流入的时代可能一去不复返了。例如,2013 年欧洲复兴开发银行的转型报告就曾指出,在后危机时期,各国的融资条件普遍提高,对外融资的成本将会增加。就中期来看,FDI 和银行贷款仍将保持低位流入格局。因此,这些转型国家需要根据自身状况减少对外资的依赖,尤其是银行贷款,加强内功修炼,增强自身抗风险能力。

另外,本章在分析 2008 年全球金融危机发生前期,大规模国际资本流入后给中东欧和独联体国家宏观经济带来的脆弱性时,发现危机前在这些国家中,大都存在以下几个方面的脆弱性:一是国内经常账户出现巨额赤字,虽然 GDP 仍高速增长;二是货物和服务的进口增加、出口减少,由此带来潜在的出口创汇压力;三是国内外债总额庞大且高速增长,其中短期外债占比过高;四是私人信贷膨胀,消费热情高涨;五是银行部门中外资银行占比过高,导致这些国家对外风险敞口增大。

第二章 中东欧和独联体国家国际资本流动现状和危机前经济脆弱性分析 | 75

附录 1　1994—2011 年中东欧 11 国各类型国际资本流入量占 GDP 比重

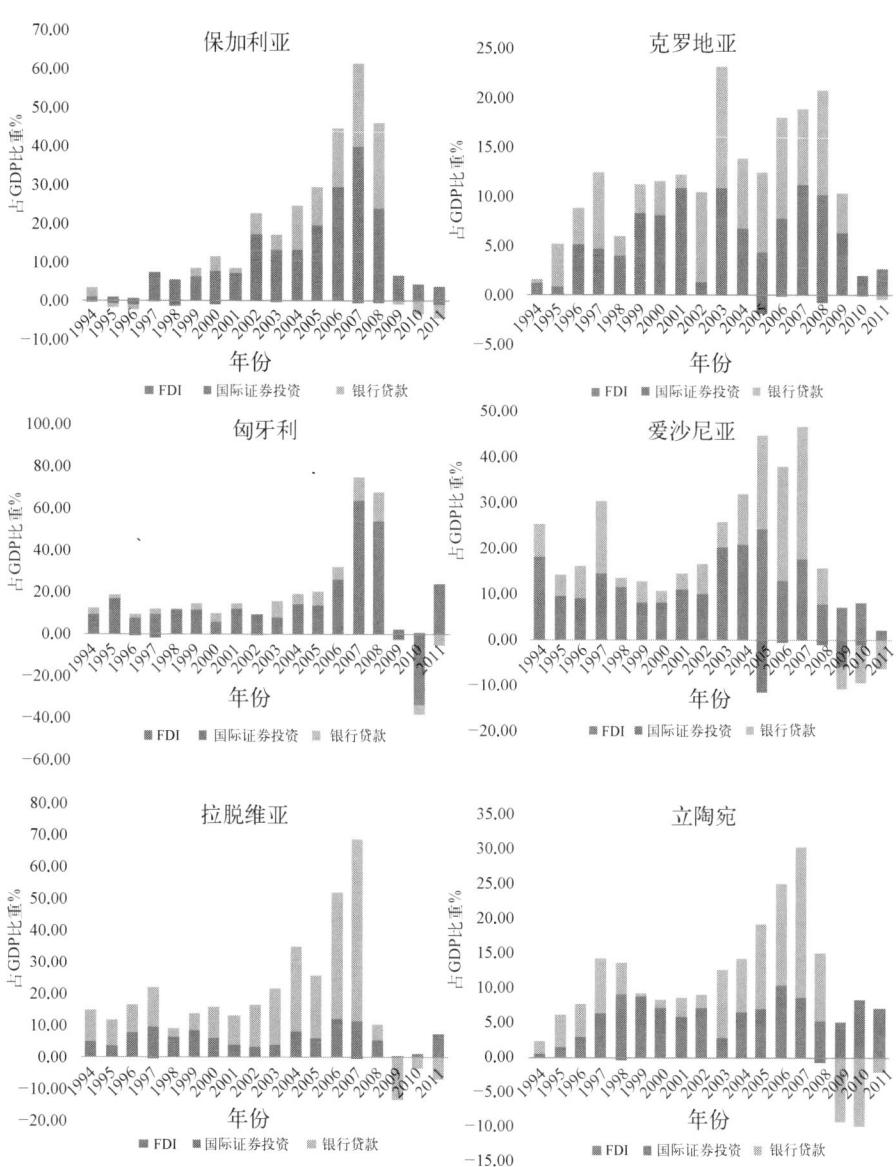

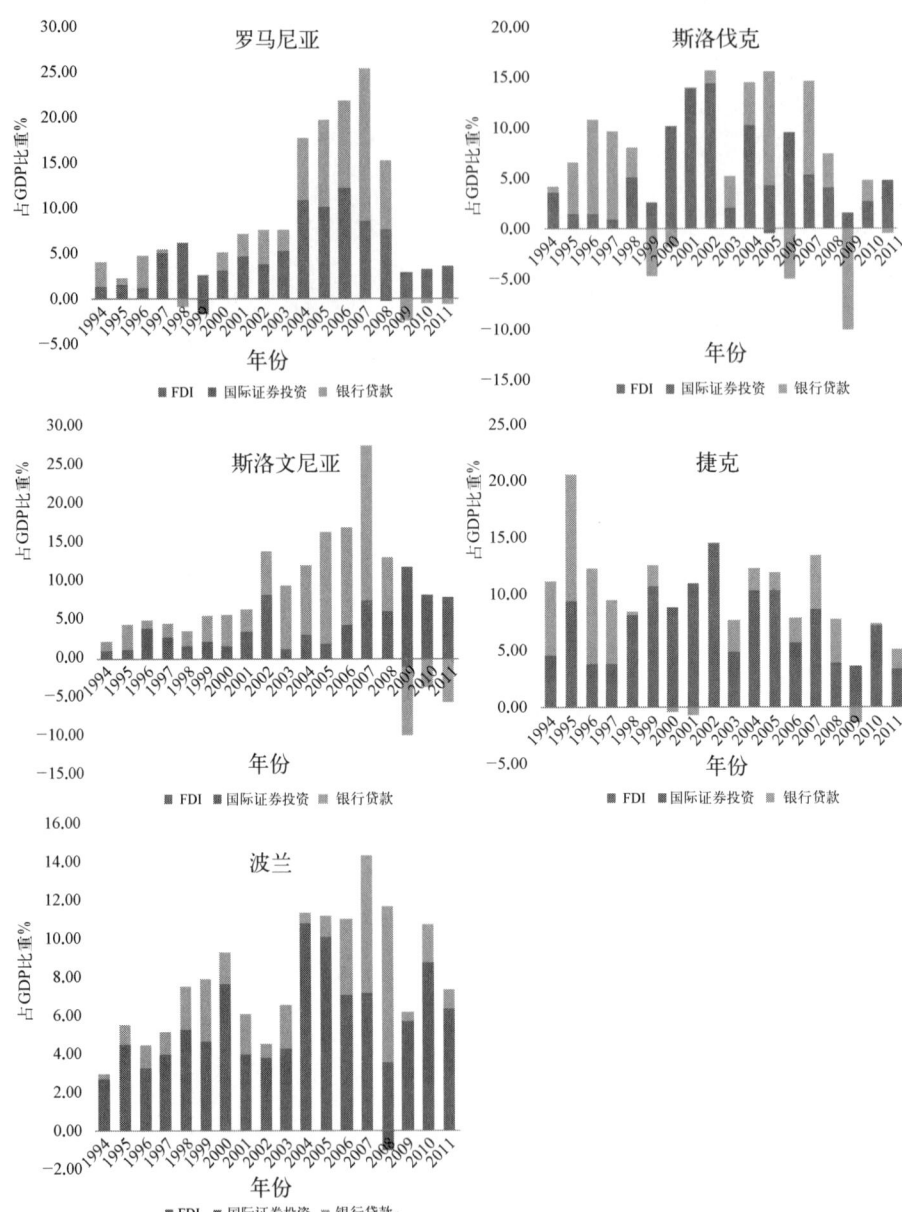

数据来源：IMF 的 *International Financial Statistics*（IFS）数据库，后经作者计算得来。

第二章 中东欧和独联体国家国际资本流动现状和危机前经济脆弱性分析 | 77

附录 2　1994—2011 年独联体 5 国各类型国际资本流入量占 GDP 比重

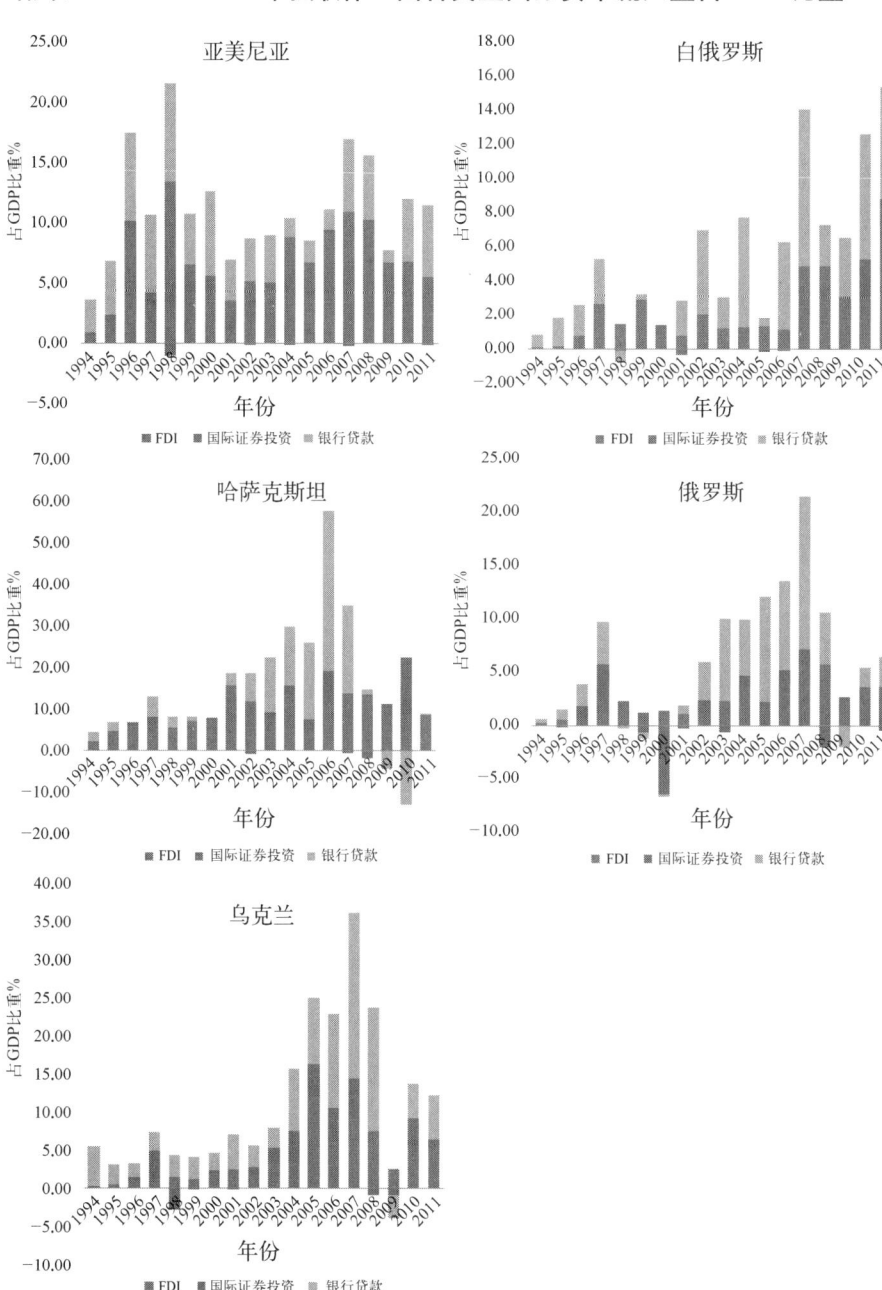

数据来源：IMF 的 *International Financial Statistics* (IFS) 数据库，后经作者计算得来。

第三章
国际资本流动影响因素的理论和实证分析

第一节 国际资本流动影响因素的理论分析

国际资本流动主要是指投资资本的一种跨国运动,这种资本在流动的过程中主要受收益、风险以及投资环境的影响。为此,本书在分析国际资本流动的影响因素时主要从这三个方面入手,细化其中的具体影响因素,并进行理论分析。纵观国内外研究国际资本流动影响因素的文献可以发现,在经历数次经济危机之后,分析国际资本流动及其影响因素已然成为国内外经济学者们争相关注的焦点,这也成为推动国际资本流动理论不断向前发展演进的动力。从各种代表性的理论分析中可知,影响国际资本流动的主要因素大体可分为以下几个方面:利率决定说、各类资本流量/存量理论及其演化的理论模型(如马克维茨-托宾模型和蒙代尔-费莱明模型等)、资产组合理论、货币分析理论、交易成本理论以及近代从内外部因素进行分析的理论研究等。但是,这些理论一方面丰富和拓展了理论界对国际资本流动的进一步认识;另一方面也增加了人们掌握国际资本的理论工具。但就当下瞬息万变的国际金融市场而言,这些理论还需要添加一些新的内容,因为以往的理论从一开始就只注重国际资本流动的单因素分析,即使后来一些理论也展开了多因素分析,但大都缺乏全面且透彻的论述和令人信服的结论,又或者部分理论在实际检验中无法被运用等。因此,本书在总结前人研究的基础上,将国际资本的所有影响因素囊括其中,并重新进行归类、整理,得出一个关于国际资本流动影响因素的较为完整和全面的理论分析。具体说来,影响国际资本流动的因素可分为三大类,即全球"推力"因素(global push factors)、国内"拉力"因素(domestic pull factors)和传染效应(contagion)。下面本书就将针对这三大主导因素进行分析。

一、全球"推力"因素

从凯恩斯的需求管理理论来看,在一般均衡条件下,国际资本流动的方向和规模主要反映世界各国对全球资金的需求和供给情况上。以往学者在研究国际资本流动的影响因素时发现,东道国国际资本流动的外部因素(即资金的供给方)和内部因素(即资金的需求方)都对国际资本流动产生影响,不同的是这两者所产生影响的大小有差异(Calvo et al.,1993;Eduardo Fernandez-Arias,1996;Taylor & Sarno,1997;Griffin et al.,2004;IMF,2011;Fratzscher,2012)。因此,在研究国际资本流动的影响因素时,全球视角下的因素分析显得尤为重要,它反映了世界范围内资金供给、需求情况和资本所有者的预期和心理变化等。全球"推力"因素主要是指能够反映东道国外部环境且不受东道国国内经济条件影响的因素,主要表现为全球资本流动性的宽裕程度和金融风险情况。仿佛一种无形的力量推动着国际资本在全球流动,而主导这一力量的是那些能够以较低价格供给东道国资金的国际投资者和金融机构等微观主体。例如,在全球投资环境或风险情况发生变化时,这些投资者和金融机构就会将资金输入或撤出某一东道国,而这种行为又会进一步影响国际投资环境和风险意识发生变化,形成"螺旋桨式"的联动效应。而促进国际资本大规模流动的原因可能有:一是发达国家金融创新的出现,如新金融机构的出现,打破原有金融机构无法到海外投资的能力限制。二是发达国家对外投资审慎政策的出现,促使发达国家的金融机构能够更大范围地在发展中国家或新兴市场国家进行投资,如发达国家存款保险制度的出现,规避了发达国家金融机构自身的金融风险,增强了这些金融机构对外投资的能力等(Levy Yeyati,1999)。又或者是国际层面上的担保行为,如"七国集团担保基金",直接或间接地保护投资于发展中国家或新兴市场的发达国家金融机构或投资者。

但是最主要的推力因素却是宏观层面上的,如发达经济体的货币政策立场,以及国际金融市场的不确定性程度。发达经济体扩张的货币政策会降低其金融资产回报率,促使资金寻找其他具有更高回报率的市场,如发展中国家或新兴市场。发达国家一旦出现经济衰退或发展低迷,发展中国家的市场收益率将会提高,促使投资者更加偏爱去国外投资,这时就会发生国际资本流动,这种现象也被经济学家称作"资产替代效应"。同时,当全球金融市场不确定性提高时,资金更愿意回流到经济和金融条件发展较为成熟的发达国家,寻找更加安全的"避风港",如美国和西欧的发达国家等。而发达国家和发展中国家的利率和汇率差、标准普尔500指数的波动率、世界商品价格变化情况等全球市场不确定性因素是影响国际资本流动的典型代表,下面本书将深入分析这些影响因素的作用机制。

(一)利差和汇率对国际资本流动的影响

在资本逐利的前提下,国际资本会在全球范围内不断进出各东道国寻找投资利润。由于发达国家一般拥有充裕的资本,因而低利率会刺激这些国际资本大规模流入资本稀缺的发展中国家寻找投资机会,促使资本从低收益国家流向高收益国家,而一旦发达国家国内市场利率上升时,即使东道国国内经济依然表现良好,国际资本也会从该东道国撤出流向发达国家。发达国家低廉的资本价格也极大地诱发了发展中国家向其进行举债融资的热情,因为低利率不仅降低了发展中国家的偿债负担,减少其偿债成本,还能够弥补其国内的"储蓄—投资"缺口。国际资本流动的经典理论也都认为国与国之间的利率差是导致国际资本流动的主要原因,并指出,在一般情况下,利率差异与投资回报率之间呈高度正相关。如蒙代尔和弗莱明在利率平价理论的基础上,就国际短期资本流动和利率差之间的相关性作了很全面的解释,指出在预期汇率不变的前提下,国际短期资本流动与发达国家和东道国的利率差呈正相关,即当发达国家和东道国的市场利率差较大时,国际资本就会大量流入该东道国,反之则相反。在欧美等发达国家市场利率较高时,意味着资本在这些国家的回报率是较为可观的,流入发展中国家或新兴市场的国际资本规模将会降低。由此可见,各国之间利率水平的高低对国际资本流动的方向和规模都会产生较大影响,尤其是在如今各种电子技术水平高速发展以及全球金融市场紧密相关的情况下,国际资本流动对利率的敏感性也大大提高,这也加快了国际资本在全球范围内的流动速度。下面就将对反映这一逻辑规律的利率平价理论(Interest Rate Parity)进行简要剖析:

假设东道国 j 在 t 时期的名义利差为 i_{jt}^d,根据利率平价条件可得:

$$i_{jt}^d = i_{jt} - (i_t^* + (e_{jt+1} - e_{jt})) \tag{1}$$

其中,i_{jt} 为东道国 j 的国内市场利率,i_t^* 为发达国家平均市场利率,e_{jt} 代表该国名义汇率的自然对数,其中 e_{jt} 的数值增加意味着东道国的汇率贬值。(1)式两边同时减去通货膨胀率,经变换可得:

$$\begin{aligned} r_{jt}^d = & i_{jt} - (p_{jt+1} - p_{jt}) - \{i_t^* - (p_{t+1}^* - p_t^*) \\ & + (p_{t+1}^* + e_{jt+1} - p_{jt+1}) - (p_t^* + e_{jt} - p_{jt})\} \end{aligned} \tag{2}$$

简化为:
$$r_{jt}^d = r_{jt} - r_t^* - \Delta q_{jt+1}^e \tag{3}$$

其中,r_{jt}^d 为发达国家与发展中国家的实际利率差,p_t 和 p_t^* 分别为东道国国内和发达国家的商品价格指数,r_{jt} 和 r_t^* 分别为东道国国内和发达国家的实际市场利率，Δq_{jt+1}^e 为预期实际汇率贬值，假设预期实际汇率贬值等于实际有效汇率与其长期趋势的对数之差，即 $\Delta q_{jt+1}^e = \widetilde{q}_j - q_{jt}$，那么式(3)可变为：

$$r_{jt}^d = r_{jt} - (\widetilde{q}_j - q_{jt}) - r_t^* \tag{4}$$

那么式(4)即为代表利率平价理论的方程式。由此式可以看出，影响国际资本流动的因素主要有以下三个：实际利率差、汇率预期变化、利率和汇率之间的相互关系。这说明国际资本流动不仅取决于实际利率差异和汇率水平，还取决于利率和汇率之间的共同影响。另外，国际资本流动的方向和规模与国际市场利率和汇率水平都高度相关，由于在国际资本市场中，作为资本使用者机会成本的实际利率——这只"看不见的手"，成为影响国际资本流动的最重要因素之一。因此，若国际资本市场呈完全竞争状态，只要一国国内市场利率相对于他国存在差异，就必将引起国际资本的跨国流动。当然，在现实情况中，各国资本市场存在着各种各样的限制和进入壁垒，如资本市场管制、托宾税等，这些外在的干扰因素限制了市场利率差的作用。

通过以上对利率平价理论的简单说明可知，汇率也是影响国际资本流动的一个很重要的因素，它主要是通过影响东道国国内货币与外汇之间的预期收益之差来实现的，即本币与外币之间预期汇率水平的变化。其具体的表现形式即为通过影响短期套汇资金的流动来影响投资者的预期回报率。在东道国和他国市场利率不变的前提下，投资者将根据东道国和他国货币的升值预期来决定在东道国货币和他国货币之间进行投资选择和配置。当其预期到东道国货币未来会升值，即未来东道国货币的海外购买力将会提高，他国货币的购买力将会降低时，为了追求投资收益，投资者将会有抛售其他货币购买东道国货币的倾向，导致国际资本大规模流入东道国，进而影响其国内的资本供给。

(二) 国际风险感知程度

这种因素其实与国际短期投资者和金融机构的风险情绪有关，如在金融危机期间及之后,全球金融市场的风险不确定性程度增加,流动性紧缺,国际金融市场波动程度较大(表现为标准普尔500指数波动率较高),国际投资者和金融机构的投资谨慎,为了降低可能存在的投资风险给自己带来的损失,其会重新确定国际投资布局,减少对发展中国家的投资量,或将原本留在发展中国家的资本撤回发达国家。这是因为一般情况下,发达国家具有成熟的金融市场、完善的法律机制、合理的产业结构以及各种完善的金融工具等,在抵抗不确定风险时具有很大的制度优势,因而会被认为是较为安全的资金"避风港"(flight to safety)。当全球不确定性降低、世界经济发展处于繁荣阶段时,国际资本尤其是发达国家资本充裕,世界商品价格步步攀升,而由于其有利的投资机会已经被瓜分殆尽,投资回报较低,此时国际投资者和金融机构会将目光全部投向具有较高经济增长率和投资回报的发展中国家或新兴市场,将资本大规模流向这些国家,寻求更多的投资超额利润。由此可见,随着全球金融一体化程度不断提高,各国之间金融联系日益紧密,国际风险感知程度与国际资本流动尤其是短期资本(如国际证券投资等)的流动规模和方向有着紧密的联系,甚至成为某些国际资本流动的"指挥棒"。

二、国内"拉力"因素

所谓的"国内拉力因素"主要是指发展中国家或新兴市场由于具有较强的融资需求而能够提高国际资本需求价格的一些影响因素。这些因素大都来源于东道国的国内经济基础、政府效率及其未来增长潜力等各个方面:当一个发展中国家由于某种原因而改善了本国经济发展和经济结构以及风险收益率等,将会吸引国际资本大规模流入;反之将会出现相反变化,即国际资本将会大规模撤出,重新寻找他国有利的投资机会。因而,这种影响因素也是各国吸引国际资本程度不同的重要原因。本书认为国内拉力因素主要体现在两个方面:(一)国内各种影响、代表宏观经济基础和该国政府发展水平及其风险程度的因素,如代表宏观经济基础好坏的经常账户余额、GDP增长率、人均资本水平、年劳比等,代表政府发展水平和风险程度的国际储备、政府赤字水平、国家信用改进程度等。(二)国内各种促进金融改革和发展的措施,如国内银行和证券市场改革程度、资本市场开放度以及与发达国家金融市场关联程度等。具体分析如下:

(一) 经常账户余额

一般情况下,经常账户余额与国际资本流动是一个硬币的两面,当一国经常账户余额为负值(即经常账户赤字)时,反映该国存在大规模国际资本流入的情况,赤字程度越高,说明国际资本流入量也越大;但同时,当国际资本流入一国时,该国可以通过动用宏观政策工具,如外汇储备的增减,来消除国际资本流动的影响。可见,经常账户余额一方面衡量了一国国际资本净流入情况,即经常账户余额增加反映了国际资本净流出,减少反映净流入。另一方面还反映了一国储蓄与资本的缺口大小,即反映了该国对外融资需求的高低。因而,其与国际资本流动之间的因果关系较为复杂,在早期研究国际资本流动的文献中,大都使用经常账户余额来代表东道国国内对外的融资需求(Kouri & Porter,1974),认为其是吸引国际资本流动的关键因素。但是,本书认为,促进国际资本流动的原因一方面可能是由于国内强烈的融资需求的驱动;另一方面是国际资本大规模流入东道国后还会进一步造成该国经常账户赤字。因此,鉴于两者因果关系的不明确,本书使用Ghosh(1995)的经常账户跨期优化模型(Intertemporal Optimizing Model of the Current Account)来分析经常账户余额对国际资本流动的影响。假设一国国内生产总值(GDP)用Q_t表示,经常账户余额为CAD_t、投资水平为I_t、政府消费支出为G_t,则一国最优经常账户水平为:

$$CAD_t^* = \sum_{n=1}^{\infty} \frac{E\{\Delta(Q_{t+n} - I_{t+n} - G_{t+n})\}}{(1+r)^n} \tag{5}$$

根据 Ghosh 的消费平滑模型(5),国际资本流入一国与该国经常账户赤字具有较高的一致性,即流入一国的国际资本流动规模与该国现金流预期变化的贴现值相等,用具体的指标表示就是国际资本流动规模等于该国国内生产总值减去国内投资和政府消费支出后余额的贴现值。一般情况下,当一国国内生产总值较低,而且(或者)国内投资水平过高、政府消费支出较大时,则该国存在强烈的对外融资需求(即最优经常账户 CAD_t^* 出现赤字),资本缺口会通过引进外部资本来弥补,这样便会吸引大规模国际资本流入。

(二)国内经济基础的发展情况

东道国国内经济发展状况是影响国际资本流动的重要因素,例如马克维茨的投资组合理论指出,一国宏观经济水平是影响国际短期投资者进行投资决策的重要参考因素,因而影响国际短期投资最重要的因素是东道国的国内风险水平,若一东道国具有稳定的政治环境、强劲的经济增长率、活跃的投资氛围以及善于平衡收支的高效率政府时,其将会被投资者视为具有低风险的最佳投资目的地。因为国际资本总是逐利避害的,东道国宏观经济基础的好坏将直接影响国际资本流动规模。在某种程度上,具有较高经济增长率的发展中国家,通常都具有良好的经济运转效率,意味着其风险水平也较低,因为较高的经济增长率不仅意味着该国国内具有较高的融资需求,而且该国还具有较高的增长潜力和经济效益以及更加良好的制度质量等(Alfaro et al., 2008)。若该国经济增长长期保持较高水平,则流入该国的国际资本大都以长期直接投资为主,因为国际投资者更加看好该国未来长期投资回报前景;反之,若该国国内经济基础的发展状况很不稳定,则流入该国的国际资本大都以短期投机性资本为主,即使存在着大规模国际资本流入,在将来也未必就会带来该国经济增长的提高。因此,一国宏观经济基础水平间接地反映了该国投资风险程度,若该国经济活动活跃、经济增长长期强劲、投资途径众多等,那么国际资本必将大规模流入。

（三）金融市场发展水平

金融市场发展水平反映一国金融市场成熟程度，它主要是指以市场为导向的金融体系的建立和加强，在吸引大量国际资本流入的同时，也是该国未来金融市场发展程度和质量提高的先导。金融市场发展在一般情况下包括两个方面的内容：一是金融自由化程度，二是金融深化程度（Agca, De Nicolo & Detragiache, 2007）。本书在研究金融发展水平时，不仅研究量化指标如金融自由化和金融深化，还要包括无法用数量来衡量的结构性指标，如金融改革程度等，故本书的金融发展水平包括三个方面：金融改革、金融深化以及金融自由化水平这三个方面，金融改革是指以银行和资本市场为主的改革；金融深化主要是指政府对金融的干预程度明显降低，放松对金融机构进入壁垒的限制，以市场为导向的金融机构按照市场规律发放信贷，同时，利率和汇率也能够按照市场化原则进行调整，主要反映在国内货币化程度（M2/GDP）和国内私人信贷水平上；金融自由化与金融深化的含义类似，主要反映在一国资本开放度上。

当一国在进行以市场为导向的金融市场改革后，则其金融市场开放程度将会提高，即金融自由化和金融深化水平提高。一方面，金融市场开放程度提高，有效降低了国际投资者的信息不对称问题，该国金融环境和制度质量等信息更容易被投资者所了解，使得投资者更容易发现高收益、低成本的项目，更容易作出风险最小化、收益最大化的投资决策，从而降低其交易成本；另一方面，随着金融市场开放程度的提高，外资的进入壁垒和机会都将大大增加，这都将极大地促进国际资本的流入。其中，Demirguc-Kunt 和 Maksimovic（1998，2002）的研究也指出金融市场改革和发展在满足市场主体融资需求的同时，还解决了投资者未能获取足够的市场信息而进行投资决策的难题，这都进一步促进了国际资本的流入。

但是金融市场改革在提高一国金融市场开放度和市场参与度的同时也会减少国际资本的流入。因为随着一国金融市场改革程度的提高，该国金融市场在进行有效的改革过后,必将提高该国金融业的制度环境和金融机构的经营效益,促进该国国内储蓄和投资,充足的储蓄将进一步减少本国对外的融资需求,从而减少国际资本的流入。

三、传染效应

传染效应主要是指当资本输出国或地区发生大规模国际资本流入、突停或逆转等情况时,该国际资本输入国或地区出现类似情况的概率将大大提升,即极有可能也出现国际资本大规模流入、突停或逆转等,且在金融危机时期这种情况的发生概率要远远大于非危机时期。例如,若某一资本输出国由于某种冲击而发生金融危机,那么与该国具有紧密联系的资本输入国必将会受到该危机的影响,资本输入减少或撤资等,当这种负面影响长期无法消除时,资本输入国甚至还会爆发金融危机。这种由于某种因素(如区域位置、经贸和金融联系等)而具有紧密联系的国与国之间,在经济和金融表现异常时期极容易发生相关一致性的变化,本书称之为传染效应。这种传染效应具有原因多样、传染渠道复杂、传染速度迅猛以及造成后果严重的特点。首先传染效应在经济体之间具有多种传染渠道,大体可分为贸易渠道传染、金融渠道传染以及心理预期渠道传染这三个大类。

(一) 贸易渠道传染

贸易渠道传染已被学术界认为是金融危机或外部冲击传染的主要路径之一,它一般发生在地理位置较为相近的国家或地区之间。由于两者之间有着紧密的经贸往来,而导致它们之间在经济和金融等各个方面都有着千丝万缕的联系,一旦一方由于某种冲击而发生金融危机,那么另一方会因贸易方面的影响而受到牵连,而具体实现途径则是通过贸易渠道传染给对方。其主要传染机制为:当贸易进口国爆发金融危机时,其国内货币出现贬值,国内需求降低,同时本国商品相对他国较为便宜,故该危机国就会大幅度降低对贸易出口国的商品需求,使得贸易出口国出现贸易赤字,导致其外汇收入大幅降低,影响国内经济增长。假如这种情况一直持续下去,那么与危机国有着经贸关系的贸易出口国的经济很有可能陷入衰退。另外,若该危机发源国为贸易出口国最主要的贸易伙伴,那么这种通过贸易渠道的传染效应将会更大,甚至导致该贸易出口国的经济陷入严重的衰退。

(二) 金融渠道传染

金融渠道传染主要是指金融危机发生国会通过对外直接投资、国际银行及其分支机构以及证券机构等将危机直接或间接传染给对方,而这种传染方式具有传染迅猛和波及范围广的特性,因而会对资本输入国造成严重的影响。金融渠道传染可细分为直接传染和间接传染两大类:直接传染是指两国之间有着直接的金融投资关系。若一国受到金融冲击或发生危机时,必将从与其有紧密投资联系的国家减少或撤回大规模的资本,以挽救本国的金融机构或企业。这会导致该输入国金融机构和企业部门在毫无防备的情况下出现流动性不足或急缺,影响其国内的金融稳定。间接渠道传染是指两个资本输入国均与某一资本输出国家有着大量金融业务和投资联系。虽然两个资本输入国之间没有必然的金融投资相关的联系,但是由于都受制于资本输出国金融机构的制约,这两国实际上已经形成了隐形的金融关系。一旦资本输出国的金融机构在其中一个资本输入国的投资遭受损失或发生金融危机时,该国的金融机构为了避免更大的损失或挽救某一个分支机构而不得不重新调整投资组合以降低风险,这就必然导致其从与之有着金融投资关系的另一个资本输入国大量调回资本,从而间接影响这一资本输入国的金融市场稳定,情况严重时甚至会爆发金融危机。

其中最典型的代表为共同贷款人效应(Common Lender Effect),这一效应主要发生在发达国家与发展中国家之间,尤其是在该发展中国家与发达国家有着较为紧密的金融联系时。因为一般情况下,发达国家的跨国银行遍布很多个发展中国家,而当该发达国家爆发金融危机或其子银行所在东道国爆发金融危机时,其银行将会面临增加流动性、调整资本充足率、提高银行保证金等风险调整要求,使得该银行的母银行重新调整贷款规模和方向,缩减对其他东道国子银行的信贷量,进而使与其有着贷款联系的第三个国家在国内宏观经济运行良好、金融市场稳健的情况下遭受信贷锐减、流动性紧缩的冲击。在这种影响下第三个东道国就成了无辜的危机受害者,究其原因只有一个,即该东道国为该发达国家子银行的进驻国和信贷需求国。

(三) 心理预期渠道传染

与前两个传染渠道相比,心理预期传染渠道具有非介质传染特性,这种传染并不需要借助于某种载体,而是由于市场中微观主体(如国际投资者)的心理预期和投资信心的变化而导致的传染。如当全球经济低迷或衰退时,国际投资者常常具有悲观失望的心理,对全球投资也缺乏应有的信心,从而会减少跨国投资,甚至撤回全部资金以规避风险,给资本流入国造成雪上加霜的沉重打击。因为在金融市场中最重要的支撑因素之一就是投资者的信心和心理预期,随着国际金融机构中各种衍生金融工具的不断创新和互联网、通信技术等高科技便捷载体的不断增多,国际投资者每天可以将海量资金进行迅速交易,投资者的行为、心理预期以及对所投资领域的信心就成为各国之间金融风险的载体。国际投资者根据自己对现实情况的判断在全球范围内进行投资组合的重新配置,一旦投资者丧失对某一国或地区的投资信心,就会造成大量国际资本从该国撤出,造成该国资产价格的剧烈波动,甚至爆发金融危机。

而在这一领域最为著名的理论包括示范效应和羊群效应等。示范效应主要是指当一国受到外部冲击或发生金融危机时,国际投资者通过将其所投资的国家与受到冲击或发生危机的国家进行对比分析,找出两者的异同,而当投资者发现其所投资的国家具有与发生危机国家较高的相似性后,会重新评估其所投资国家的风险,改变自己的投资组合,将资本从该国撤出,另行投向其所认为风险较低的其他国家,这就给经济表现即使依然良好的国家造成冲击。羊群效应主要是指由于信息不对称和信息成本的存在,导致国际投资者在全球资本市场上选择的投资决策并不是完全根据自己的理性判断,而是依据具有某种权威影响力的投资机构或投资者的行为进行盲目跟风,表现为一种从众心理。这导致某一国家在未有任何征兆时遭受某种投资行为的严重影响,例如从该国大量撤资。

第二节 国际资本流动规模影响因素的实证分析

一、数据说明

本书在前人的基础上系统研究了国际资本流动规模及其影响因素的理论,建立实证框架分析在中东欧和独联体等转型国家中,影响这些国家国际资本流动规模的因素,并按照IMF《国际收支手册》第6版的定义将国际资本流动分解为外国直接投资(FDI)、国际证券组合投资(International Portfolio Investment)以及银行贷款(Bank Loans)。并针对不同的分解因素进行实证分析,力图找到影响这些转型国家国际资本流动规模的影响因素及其对金融市场产生不稳定影响的来源。因为,自20世纪80年代以来,中东欧和独联体国家便开始实施不同程度的市场经济改革,力图在最短的时间内达到最理想的效果,而后在欧盟等国家的帮助下取得了可喜的成果,先后于20世纪90年代中期和后期经济开始复苏。依托国内丰富的资源和全球充裕的资金,以及在地理位置上与西欧发达国家毗邻,这些国家在经济转型的道路上虽然也经历过挫折,但总体来说经济发展称得上是一路高歌猛进。但是,2008年发源于美国的全球金融危机打破了这些国家高速发展的势头,并随着西欧等国家爆发的欧洲主权债务危机,其经济大都跌入低谷,一向作为国际资本大规模涌进的首选地区,现在却因为国际资本大规模撤出而面临流动性紧缺的局面。因此，找到影响这些国家国际资本流入的影响因素显得尤为必要，同时，也给正在转型路途中的中国一些启示。基于以上的实际情况，本书选取了 1994—2011 年中东欧和独联体 16 个转型国家的面板数据进行研究，数据来自以下几个数据库：国际金融统计数据库（IFS）、世界发展统计数据库（WDI）、欧洲复兴开发银行的《转型报告》（EBRD Transition Report）。

二、模型设计和变量定义

（一）模型设计

1. 大规模国际资本流入阶段的定义和测量

本书采用 Cardarelli 等人（2010）和 David Furceri 等人（2011）对大规模国际资本流入阶段的测量标准，计算出中东欧和独联体国家在 1994—2011 年经历了大规模国际资本流入阶段。具体计算方法为，按照国际资本流入量（占 GDP 的比重）与其历史趋势的差值大小来衡量国际资本是否发生了大规模流入，若这个差值超过其自身的 1 个标准差，且国际资本流入量与 GDP 的比值超过一个百分点时，则认定该年为大规模国际资本流入年，否则为国际资本流入正常年份。具体定义如下：

假设 $TDev_{it}$ 为国际资本流入量与其历史趋势的差值，即 $TDev_{jt} = \frac{CF_{jt}}{GDP_{jt}} - Trend_{jt}$，其中 CF_{jt} 为国际资本流入量，$Trend_{jt}$ 为国际资本历史流入趋势，j 为国家，t 为时间，若国家 j 在 t 年的国际资本流入量满足以下式子，则说明该国在该年发生大规模国际资本流入，即当 $TDev_{jt} > \delta_{TDev_{jt}}$ 且 $\frac{CF_{jt}}{GDP_{jt}} > 1\%$ 时，存在大规模国际资本流入，否则，则为正常流入。

国际资本流动分解因素中 FDI、国际证券投资和国际银行贷款的测量标准为：若 $TDev_{jt} > \delta_{TDev_j}$ 且 $\frac{F_{jt}}{GDP_{jt}} > \overline{\frac{F_{jt}}{GDP_{jt}}}$ 时，该分解因素存在着国际

资本大规模流入。其中，F_{jt} 代表国际资本流动的分解因素，$\overline{\dfrac{F_{jt}}{GDP_{jt}}}$ 为整个样本的均值。

2. 计量模型的选择

本书选择 Atish R. Ghosh 等人(2012)使用的计量模型，并根据本书所研究对象的特性对其进行改进，用以检验国际资本及其分解因素的影响因素。Atish R. Ghosh 等人通过研究 1980—2009 年影响新兴市场国家国际资本流动的因素时发现，全球因素(即美国利率和全球风险意识)对决定国际资本的流向和规模大小起着决定性作用，而东道国国内因素如国内融资需求、宏观经济基础等虽然也起着一定的影响作用，但这种作用很小。但是 Atish R. Ghosh 等人并没有就东道国国内金融发展和改革方面的因素进行研究，因为很多发展中国家或新兴市场国家大都处于经济、金融转型或改革之中，而这方面恰巧在决定国际资本流动方向和规模上起着重要作用，尤其是在金融危机时期，东道国国内金融市场的发展程度在一定程度上会左右国际投资者和投资机构对该国的投资信心。本书在 Atish R. Ghosh 等人的基础上，加入这方面的影响因素，更全面地反映东道国国内金融发展改革情况对国际资本流动方向和规模的影响。同时，在全球金融自由化程度极高的今天，单纯地研究国际资本流动的内外因素，而不涉及国与国之间的传染因素，显得不合常理和缺乏信服力。因此，本书又将传染因素加入本章模型，构造一个能够全面反映东道国国际资本流动的影响因素模型。具体表达式为：

$$\begin{aligned}Capital\_Flow_{jit} = {} & \alpha_j + \beta^1_{jit} SP\_Volatility + \beta^2_{jit} EA\_Real\_Rate \\ & + \beta^3_{jit} Rate\_Difference + \beta^4_{jit} World\_Price \\ & + \gamma^1_{jit} CAD^* + \gamma^2_{jit} Total\_Reserve + \gamma^3_{jit} GDP\_Groth \\ & + \gamma^4_{jit} GDP\_per\_capita + \gamma^5_{jit} Gov\_Banlance \\ & + \gamma^6_{jit} Bank\_Index + \gamma^7_{jit} Security\_Index\end{aligned}$$

$$+\gamma_{jit}^{8}Cap\_Openness+\gamma_{jit}^{9}M2/GDP+\gamma_{jit}^{10}Private\_Credit$$
$$+\varphi_{jit}^{1}Trade\_Contagion+\varphi_{jit}^{1}Fin\_Contagion+\varepsilon_{jit} \quad (6)$$

其中，被解释变量为国际资本及其分解因素的相对流入量（即 $Capital\_Flow_{jit}$），其值等于国际资本及其分解因素的流入量占前一年 GDP 的比重[①]。根据前文的理论分析可知，解释变量主要分为三大类，即全球推力因素（Global Push Factors）、国内拉力因素（Domestic Pull Factors）以及传染效应（Contagion）。本书选取美国的标准普尔 500 指数变动率（SP_Volatility）、发达国家实际市场利率（EA_Real_Rate）、实际利差（Rate_Difference）和世界商品价格指数（World_Price）作为全球推力因素的代表；选取最优经常账户余额（CAD*）、GDP 增长率（GDP_Groth）、人均资本（GDP_per_capita）、政府赤字水平（Gov_Banlance）、除去黄金储备的总储备水平（Total_Reserve）、金融发展和改革指标等作为国内引力因素的代表，其中金融改革指标包括银行业改革指数（Bank_Index）、证券市场改革指数（Security_Index），金融发展指标包括资本账户开放度（Cap_Openness）、金融深化水平（Private_Credit）；选取进出口贸易总额占 GDP 的比重（Trade_Contagion）作为贸易传染指标、所研究样本国家所在地区中其他国家经历大规模国际资本流入所占的比例（Fin_Contagion）作为金融传染指标。j 为国家，i 为国际资本类型，t 为时间，ε 为残差项。

（二）变量的定义

1. 全球推力因素的指标

标准普尔 500 指数年变动率（SP_Volatility）：美国股票市场波动程度的指标，由芝加哥期权交易所编制，用以衡量全球金融市场不确定性和风险

[①] 假如当年有大量国际资本流入，由于这些资本对东道国当年 GDP 影响较大，若选取当年 GDP 作为标准化处理值，就会使这些流入的国际资本的真实规模受到影响，会造成研究上的偏误。为了消除由于资本流入使 GDP 增加的这部分所带来的影响，本书使用的所有数据在进行标准化处理时，都选取了前一年的 GDP 值。

程度,也是用来描述全球投资者的风险意识变化的主要指标之一。一般情况下,当 SP_Volatility 较高时,认为全球风险或不确定性程度越大,全球经济波动性越大,因而会大大降低国际资本流动规模,尤其是流向新兴市场等发展中国家的国际资本,因为资金在全球具有较高风险时,通常会寻找一个较为安全的"避风港",这个"避风港"就是经济金融发展都较为成熟的发达国家。因而标准普尔 500 指数年变动率与东道国的国际资本流入量之间呈负相关关系。

发达国家实际市场利率(EA_Real_Rate):一般情况下,以美国和西欧国家为主体的发达国家市场利率对全球资本市场的流动具有较显著的影响作用,发达国家市场利率越高,国际资本流向发展中国家或新兴市场的可能性就越低,即东道国国际资本流入量与发达国家的实际市场利率呈负相关关系。Byrne 和 Fiess(2011)通过研究发现,美国的市场利率对国际资本流动具有较大的影响。通常状态下,欧美等发达国家的量化宽松政策都会对东道国的国际资本流动产生影响。本书采用美国、西欧国家实际市场利率的平均值来代表发达国家实际市场利率。

利差(Rate_Difference):国际资本之所以会在全球范围内流动,是因为寻找更高的投资回报率,往往是从资本富余国流向资本稀缺国,因为资本稀缺国大都具有较高的融资需求,对资本定价较高,而资本富余国家由于资本充足,投融资需求相对较弱,因而对资本定价相对较低。因此,资本由于定价程度的不同而具有不同的收益率,这是资本特殊性的表现。而利差大小成为反映一国国内资本稀缺程度的重要变量。国际资本往往偏好于从低利率的国家流向高利率的国家,因而,各国之间利差大小决定着国际资本的流动方向,一般情况下,国际资本流动的规模和方向与实际利率差之间呈负相关关系,根据前文的理论分析,本书根据利率平价条件计算出东道国与美国名义利率差,作为国际资本流动程度的影响因素。

世界商品价格指数(World_Price):其最早是在 1957 年由美国商品研

究局根据世界市场中22个与经济相关程度较高的商品价格编制出的一种期货价格指数,一般被称为CRB指数。商品价格指数与全球宏观经济走势密切相关,当全球经济增长强劲时,商品价格指数就会上升,反之,则下降。商品价格指数与金融市场有着密切的联系,例如,商品价格指数越高,意味着全球消费市场越繁荣,全球贸易往来越频繁,越能够带动全球资本大规模流动,尤其是流向发展中国家的国际资本。由此可见,全球商品价格指数走高,流入东道国的国际资本规模也增大,两者呈正相关。

2.国内拉力因素指标

最优经常账户余额(CAD^*):本书采用Ghosh(1995)的经常账户跨期优化模型来确定一国最优经常账户(CAD^*),其计算公式为式(5)。在数值上大致等于除去国内投资水平和政府消费支出后余额,这也是最真实反映一国对外融资需求的大小,即国内所需的资金缺口。在通常情况下,一国最优经常账户赤字越高,说明该国对外融资需求越大,国际资本流入的规模也越大。因此,东道国经常账户余额与国际资本流入规模呈负相关关系。

GDP增长率(GDP_Groth)和人均GDP(GDP_per_capita):这几个指标是用来描述东道国国内宏观经济状况的主要代表。若东道国经济增长强劲,说明该国具有较好的投资回报,以及对资金的强烈需求,能够吸引国际资本大规模流入。一般情况下,东道国GDP增长率越高,国际资本流入量越大,两者呈正相关。但人均GDP与国际资本流动规模的相关性却很模糊。一方面,当东道国经济发展水平较高、人均GDP较高(即收入较高)时,一般倾向于对外进行投资,因而会出现国际资本流出该国的情况,如发达国家通常会出现这种情况;然而,从另一方面来说,东道国人均收入较高时还意味着该国具有较强的需求和消费能力,具有较多的投资空间和投资机会,吸引国际投资者对该国进行大量的投资,这种情况在发展中国家尤其是新兴市场国家比较常见,而本书研究中东欧和独联体等转型国家正属于这类。

因此,假定人均GDP与国际资本流动呈正相关关系。

政府赤字水平(Gov_Banlance):一般情况下,政府赤字与国际资本流动的关系存在以下两种情况:一是当一国出现政府财政赤字且较为严重时,该国可能会通过以出售债券或对外借款的方式来缓解,这种情况会导致国际资本流入。二是从长期来看,该国一直持续这种高赤字水平且外汇收入有限时(尤其是发展中国家),国际投资者对该国未来增长预期存在隐性担忧,尤其是当投资者预期政府会以印发货币或征收额外税收的方式来弥补赤字或偿还债务时,国际投资者会将其资本撤出该国,转投其他具有优势的国家,这样又会导致国际资本流出,而这种情况又反映国际投资者对该国经济发展存在悲观情绪。因此,政府赤字水平越高,国际资本流入的可能性会越低。

总储备水平(Total_Reserve):该指标在数值上表示为除去黄金储备的国家外汇储备量。由于黄金储备一般是一国政府用以平衡国际收支、干预汇率水平的工具,其规模大小通常不受该国经济发展水平的影响,而是具有稳定国内经济、抑制通胀和提高国际信用水平的特殊作用,且其流动性也具有很大的局限性,因而其对国际资本流动的影响就显得十分微弱。因此,本书除去了这部分储备量。然而,东道国外汇储备与国际资本流入量的相互关系不明确,从某种程度上说,两者互为因果:首先,由国际收支恒等式可知,国家外汇储备的增加与本国净资本流入量和出口额之和相等,国际资本流入会增加该国外汇储备水平;其次,东道国总储备水平越高,表明该国有较高处理流动性危机的能力,因而该国经济也具有较高的稳定性,又会进一步吸引国际资本流入。

金融发展水平:由于本书所研究国家为中东欧和独联体等转型国家,金融改革一直贯穿这些国家的经济发展整个过程,因而在研究这些国家国际资本流动的影响因素时,金融改革的影响不容忽视,这也是本书与其他文献的区别所在。因为其他文献在研究这一方面时,往往采用的是国际资本流动一些通用的影响因素,而没有就其所研究国家的特殊情况进行细分处理,这也是导致有些文献之间具有不同结论的原因。据此,本书在研究中东欧和独联体等转型国家国际资本流动的影响因素时,将金融改革中的银行改革和证券市场以及非银行金融机构改革状况纳入其中,选用欧洲复兴开发银行的转型报告(EBRD Transition Report)作为这些国家银行改革和证券市场以及非银行金融机构改革的评估指标。一般情况下,金融发展水平与国际资本流动规模呈正相关。另外,在金融深化指标方面,本书采用了罗纳德·I.麦金农(Ronald I. Mckinnon, 1973)和爱德华·S.肖(Edward S. Shaw, 1975)提出的两个金融深化指标:货币化率(即 M2 占 GDP 的比值)和私人信贷比率(即存款货币银行对私人部门的信贷额占 GDP 的比值)。

3. 传染效应指标

传染效应(Contagion):由前文的理论分析可知,国际资本流动深受国家之间传染因素的影响,而且传染渠道大体上可分为三个,即为贸易渠道、金融渠道和心理预期渠道。本书在前人研究的基础上主要选取贸易渠道和金融渠道这两个方面来反映传染效应,因为心理预期渠道与全球风险感知指标会出现重复现象。贸易渠道传染指标主要选取该国贸易进出口总额与本国 GDP 的比值,金融渠道传染指标为在中东欧和独联体国家中,除该国外经历大规模国际资本流入国家所占的比例。一般情况下,东道国与资本输入国之间具有紧密的贸易和金融关系,会促进国际资本流入该东道国。因此,传染效应与国际资本流入量之间呈正相关关系。

变量的具体定义和来源见表 3-1:

表 3-1 主要变量定义

变 量	变 量 定 义	数据来源
国际资本流入量	国际收支平衡表的金融账户中,其值等于外国投资于东道国的 FDI、证券组合投资、银行贷款之和占 GDP 的比值	IFS 数据库

续 表

变 量	变 量 定 义	数据来源
外国直接投资（FDI）	投资者为获得在另一经济体中运作的企业的永久性管理权益（10%以上表决权）所做的投资的净流入，其值仅等于投资东道国的 FDI 占 GDP 的比值，不包括东道国投资于国外的 FDI	IFS 数据库
国际证券组合投资	除记录为直接投资以外的股权证券流入，包括股份、股票、存款凭据（美国或全球的）以及外国投资者在当地股票市场直接购买的股票。同样也为国际收支平衡表的金融账户中投资于东道国的证券投资部分占 GDP 的比值	IFS 数据库
国际银行贷款	本书选取国际收支平衡表的金融账户中其他投资的银行贷款和其他投资，因为其他投资类包含多种国际金融交易类投资，包括存款和贷款、银行资本、贸易信贷等，在其他投资中所占据主要份额。因此，为了简化分析，本书使用"国际银行贷款"来表示该部分"其他投资"占 GDP 的比值	IFS 数据库
标准普尔 500 指数年变动率	美国股票市场波动程度的指标，由芝加哥期权交易所编制，用以衡量全球金融市场不确定性和风险程度，也是用来描述全球投资者的风险意识变化情况的指标	WDI 数据库
发达国家实际市场利率	本书通过计算美国、西欧等国家实际市场利率的平均值来代表发达国家实际市场利率	WDI 数据库
实际利差	本书根据 Atish R. Ghosh 等人利用利率平价条件计算出名义利率差	Atish R. Ghosh et al.(2012)
世界商品价格指数	在国际上进行交易的商品，如能源商品、农产品、金属矿产品以及工业产品等，以这些产品价格编制的指数，是全球经济表现好坏的"晴雨表"	IFS 数据库
最优经常账户水平	本书采用 Ghosh（1995）的经常账户跨期优化模型来确定一国最优经常账户（CAD*），即最优经常账户在数值上大致等于除去国内投资水平和政府消费支出后余额占 GDP 的比值	Ghosh (1995)
GDP 增长率	GDP 的年度增长率，需用按可比价格计算的国内生产总值来计算	WDI 数据库
人均 GDP	等于国内生产总值除以年中人口数，数据按现价美元计	WDI 数据库

续　表

变　量	变　量　定　义	数据来源
政府赤字水平	占 GDP 的比值,它主要反映一国政府财政收支状况,当政府财政支出大于财政收入时,会形成政府财政赤字,说明政府收支并未平衡,是一种世界性财政现象	EBRD Transition Report
总储备水平	占 GDP 的比值,包括特别提款权、国际货币基金组织(IMF)成员国在 IMF 的储备头寸以及由货币基金当局管理的外汇储备。黄金持有量不包含在内	WDI 数据库
银行改革指标	为欧洲复兴开发银行于 1994 年开始编撰,为了衡量中东欧和独联体等转型国家在各个方面经济转型成果的指标,用 1—4 的评分体系进行评估。其中,1 表示除了建立一个二级体系,改革几乎没有进展。4 表示标准和表现达到发达工业经济体的规范;银行法律法规与 BIS 标准全面趋同;提供一整套的竞争性银行服务	EBRD Transition Report
证券市场和非银行金融机构改革指标	同上。1 表示改革几乎没有进展。4 表示标准和表现达到发达工业经济体的规范;证券法律、法规全面趋同于 IOSCO 标准;充分发达的非银行中介业务	EBRD Transition Report
资本账户开放度	主要由 Menzie Chinn 和 Hiro Ito 计算并定期发布的 Chinn-Ito 指标	Chinn-Ito 指标
M2/GDP	货币和准货币(M2)占 GDP 的百分比,M2 包括银行外的通货、除中央政府外的活期存款,以及除中央政府外的居民定期、储蓄和外汇存款的总和	WDI 数据库
私人信贷/GDP	私营部门的国内信贷是指通过贷款、购买非股权证券、贸易信用以及其他应收账款等方式提供给私营部门并确立了偿还要求的金融资源。对于某些国家,此类债权包括对国有企业的信贷	WDI 数据库
贸易传染指标	货物和服务出口值占 GDP 的比重,主要指向世界其他国家和市场供应的所有货物和服务的价值	WDI 数据库
金融传染指标	在中东欧和独联体国家中,经历大规模国际资本流入国家所占比例	作者根据所研究对象计算得来

注：IFS 为国际货币基金组织(IMF)的国际金融统计数据库;WDI 为世界银行发展数据库;EBRD Transition Report 为欧洲复兴开发银行转型报告。

三、实证结果及其分析

(一) 中东欧和独联体国家经历大规模国际资本流入情况

为了深入研究国际资本流动的影响因素,根据前文理论分析,本书采用 Cardarelli 等人(2010)和 David Furceri 等人(2011)对大规模国际资本流入阶段的测量标准(具体标准见前文分析),并运用 Hodrick-Prescott 滤波分析法(平滑参数设为 6.25)计算出 1994—2011 年中东欧和独联体国家大规模国际资本流入的时间段以及这些国际资本占 GDP 的平均比重,具体结果见表 3-2 至表 3-5。由前文分析可知,在 1994—2011 年,中东欧和独联体等转型国家都经历了大规模国际资本流入,具体分析这些资本大规模流入的年份或时间段,对于研究国际资本流动对金融稳定的影响具有重要作用。因为东道国在经历大规模国际资本流入后,若发生外部冲击或金融危机,可以判断这些国际资本流动是否会出现较强烈的不稳定性,如发生大规模逆转或突停等。另外,大规模国际资本流入是否是导致东道国国内出现经济繁荣的重要原因,以及这种繁荣是否为脆弱性等问题,成为关系东道国国内金融市场稳定的重要线索。因而,找出国际资本大规模流入的时间段就显得尤为必要。

表 3-2 中东欧和独联体国家经历大规模国际资本流入的时间段与平均流入量占 GDP 比重　　(单位:年,%)

国　家	时间段	平均流入量占 GDP 比重	国　家	时间段	平均流入量占 GDP 比重
保加利亚	1994	3.36	克罗地亚	2006—2008	19.01
保加利亚	1997—1999	6.35	爱沙尼亚	1994	25.50
保加利亚	2002	22.81	爱沙尼亚	1997	30.55
保加利亚	2007—2008	53.14	爱沙尼亚	2004—2007	37.53
克罗地亚	1997—1999	9.97	匈牙利	1995	18.73
克罗地亚	2003	23.25	匈牙利	1999—2001	12.64

续　表

国　家	时间段	平均流入量占GDP比重	国　家	时间段	平均流入量占GDP比重
匈牙利	2007—2008	71.10	波　兰	1998—2000	8.23
匈牙利	2011	18.00	波　兰	2004—2006	11.16
拉脱维亚	1997	21.47	波　兰	2010	10.71
拉脱维亚	2000	16.07	亚美尼亚	1996—2000	13.29
拉脱维亚	2004—2007	45.37	亚美尼亚	2004	10.38
立陶宛	1997—1998	13.81	亚美尼亚	2007—2011	12.73
立陶宛	2006—2007	27.59	白俄罗斯	1996—1999	2.92
立陶宛	2011	5.04	白俄罗斯	2002—2004	5.87
罗马尼亚	1994—1998	4.35	白俄罗斯	2007	14.01
罗马尼亚	2004—2007	21.10	白俄罗斯	2010—2011	13.93
罗马尼亚	2011	2.96	哈萨克斯坦	1995—1997	9.00
斯洛伐克	1996—1998	9.54	哈萨克斯坦	2001	18.70
斯洛伐克	2001—2008	11.45	哈萨克斯坦	2006	57.69
斯洛伐克	2010—2011	4.61	哈萨克斯坦	2011	8.98
斯洛文尼亚	1995—1997	4.66	俄罗斯	1996—1997	6.76
斯洛文尼亚	2002	13.79	俄罗斯	2002—2003	7.63
斯洛文尼亚	2005—2007	20.19	俄罗斯	2006—2007	17.56
斯洛文尼亚	2011	2.29	俄罗斯	2011	5.98
捷　克	1995	20.56	乌克兰	1994	5.45
捷　克	1999	12.50	乌克兰	1997	7.42
捷　克	2002—2007	11.25	乌克兰	2001	7.05
捷　克	2010—2011	6.22	乌克兰	2005—2008	26.78
波　兰	1995	5.47	乌克兰	2010—2011	13.03

数据来源：IMF的国际金融统计数据库（IFS）和世界银行发展数据库（WDI），后经作者计算得来。

由表3-2可知,在中东欧和独联体16个转型国家中,几乎所有国家都经历了大规模国际资本流入的情况,有的国家还经历了好几个时间段,甚至自1994年来一直经历国际资本大规模流入。通过对比国际资本流入规模大小可知,中东欧国家平均都比独联体国家高。在中东欧国家,国际资本大规模流入可划分为四个阶段:第一个阶段是1994—1999年,第二个阶段为2000—2002年,第三个阶段是2004—2008年,第四个阶段为2010—2011年(即全球金融危机过后的复苏阶段)。在2008年全球金融危机前,随着时间的增长,大规模流入这些国家的国际资本量还在不断剧增。其中最明显的是匈牙利,该国共经历4次国际资本大规模流入,分别为1995年、1999—2001年、2007—2008年以及2011年。其中2007—2008年国际资本流入规模最大,流入量占GDP的比值达到71.10%。其次为保加利亚,也经历4次大规模国际资本流入,分别为1994年、1997—1999年、2002年以及2007—2008年。虽未见国际资本在2008年全球金融危机后恢复大规模流入的势头,但最后一次国际资本大规模流入量也较为显著,其占GDP的比值为53.14%。另外,波罗的海三国(立陶宛、拉脱维亚和爱沙尼亚)经历大规模国际资本流入的持续时间和占GDP的比值也十分突出,如拉脱维亚和爱沙尼亚,从2004—2007年就一直经历大规模国际资本流入,且流入量占GDP的比重也十分高,分别达到45.37%和37.53%,即使是流入规模相对较小的立陶宛,其值也达到27.59%。捷克、波兰、克罗地亚、罗马尼亚以及斯洛文尼亚虽然也经历了4次大规模国际资本流入,且持续时间相对较长,但国际资本流入量占GDP的比值相对较低,除克罗地亚、罗马尼亚和斯洛文尼亚的比值在20%左右外,其他国家比值大都维持在10%左右。另外,捷克情况较为特殊,虽然其也一直经历国际资本的大规模流入,但1995—2011年,大规模国际资本流入量占GDP的比值却一直是下降的。这可能是随着捷克经济发达程度的提高,本国居民或非居民就更倾向于向外投资,且国内更加有利可图的项目逐渐减少,因而投资于本国的国际资本便不断减少;相反,投资于国外的资本却在不断增多。

在独联体国家,从大规模国际资本流入的次数统计来看,乌克兰是次数最多的,发生过5次国际资本大规模流入,分别为1994年、1997年、2001年、2005—2008年和2010—2011年。其中2005—2008年国际资本流入量占GDP的比值高达26.78%。其次是哈萨克斯坦和俄罗斯,经历4次国际资本大规模流入,且流入量占GDP的比值也较高。不同的是哈萨克斯坦大规模国际资本流入的持续时间大都仅为1年左右,其中,其在2006年经历大规模国际资本的流入量较大,占GDP比值高达57.69%。白俄罗斯和亚美尼亚虽然也都有4次左右的大规模国际资本流入,但相对规模都不大。

表3-3 中东欧和独联体国家经历大规模FDI流入的
时间段与平均流入量占GDP比重　　　　（单位：年,%）

国　家	时间段	平均流入量占GDP比重	国　家	时间段	平均流入量占GDP比重
保加利亚	1997—2000	6.22	拉脱维亚	2011	6.48
保加利亚	2006—2008	30.11	立陶宛	1998	9.14
克罗地亚	1999—2003	5.22	立陶宛	2002	5.86
克罗地亚	2006—2008	9.30	立陶宛	2006—2007	6.90
爱沙尼亚	1994	17.49	罗马尼亚	1998	5.76
爱沙尼亚	1998	11.49	罗马尼亚	2004—2008	9.33
爱沙尼亚	2001—2007	12.86	斯洛伐克	2000—2002	10.28
爱沙尼亚	2010	8.25	斯洛伐克	2006	6.79
匈牙利	1995—1997	9.20	斯洛文尼亚	2002	8.10
匈牙利	2001	8.50	捷　克	1995	5.63
匈牙利	2007—2008	58.02	捷　克	1999—2002	10.17
匈牙利	2011	18.62	捷　克	2005—2007	7.19
拉脱维亚	1996—1997	8.31	波　兰	2000	2.17
拉脱维亚	2000	5.67	波　兰	2004—2007	5.85
拉脱维亚	2004—2007	8.22	亚美尼亚	1996—1998	8.79

续表

国　家	时间段	平均流入量占GDP比重	国　家	时间段	平均流入量占GDP比重
亚美尼亚	2004—2008	9.18	哈萨克斯坦	2004	13.48
白俄罗斯	2011	7.22	哈萨克斯坦	2007—2008	13.69
哈萨克斯坦	1996—1997	5.93	俄罗斯	2007—2008	5.67
哈萨克斯坦	2001	15.50	乌克兰	2005—2010	7.26

数据来源：IMF的国际金融统计数据库(IFS)和世界银行发展数据库(WDI)，后经作者计算得来。

表3-4　中东欧和独联体国家经历大规模国际证券组合投资流入的时间段与平均流入量占GDP比重　　（单位：年，%）

国　家	时间段	平均流入量占GDP比重	国　家	时间段	平均流入量占GDP比重
保加利亚	1997	1.65	立陶宛	2009—2010	5.76
保加利亚	2002	10.53	罗马尼亚	1997	1.53
保加利亚	2005—2006	2.47	罗马尼亚	2001	1.57
克罗地亚	1996—2004	2.46	罗马尼亚	2005	1.44
克罗地亚	2009	2.23	罗马尼亚	2011	1.92
爱沙尼亚	1996—1997	7.14	斯洛伐克	1994	1.88
爱沙尼亚	2002—2004	8.17	斯洛伐克	1998—2001	2.84
爱沙尼亚	2007	1.43	斯洛伐克	2004	3.67
匈牙利	1994—1995	5.73	斯洛伐克	2006	2.84
匈牙利	1998—1999	4.22	斯洛伐克	2009—2011	2.03
匈牙利	2004—2007	7.47	斯洛文尼亚	1996	3.01
匈牙利	2011	4.97	斯洛文尼亚	1999	1.66
拉脱维亚	1999—2001	2.00	斯洛文尼亚	2006—2009	4.91
拉脱维亚	2004—2006	1.69	捷　克	1995	3.71
立陶宛	1997	2.14	捷　克	1998	1.93
立陶宛	1999—2000	4.10	捷　克	2003—2004	3.63
立陶宛	2004—2006	2.67	捷　克	2009—2010	3.02

续表

国　家	时间段	平均流入量占GDP比重	国　家	时间段	平均流入量占GDP比重
波　兰	2000	2.04	哈萨克斯坦	2010	13.77
波　兰	2004—2005	5.44	俄罗斯	1997—1998	3.05
波　兰	2009—2010	4.74	俄罗斯	2007	1.57
白俄罗斯	2010	2.53	乌克兰	1997	3.60
哈萨克斯坦	1997	1.93	乌克兰	2004—2007	4.48
哈萨克斯坦	2004—2006	4.39	乌克兰	2010	3.70

数据来源：IMF的国际金融统计数据库（IFS）和世界银行发展数据库（WDI），后经作者计算得来。

表3-5　中东欧和独联体国家经历大规模国际银行贷款流入的时间段与平均流入量占GDP比重　　（单位：年,%）

国　家	时间段	平均流入量占GDP比重	国　家	时间段	平均流入量占GDP比重
保加利亚	2002—2004	7.11	罗马尼亚	1996—1997	1.98
保加利亚	2007—2008	22.03	罗马尼亚	2005—2008	10.94
克罗地亚	1997	7.84	斯洛伐克	2005	11.28
克罗地亚	2002—2003	10.81	斯洛伐克	2007	9.32
克罗地亚	2006—2008	9.66	斯洛文尼亚	2005—2007	15.67
爱沙尼亚	1997	15.88	捷　克	1995—1997	8.43
爱沙尼亚	2005—2007	24.99	波　兰	2007—2008	7.61
匈牙利	2003	7.70	亚美尼亚	1996—2000	6.64
匈牙利	2007—2008	12.51	亚美尼亚	2007—2011	4.72
拉脱维亚	1997	12.71	白俄罗斯	2002—2004	4.40
拉脱维亚	2000	10.03	白俄罗斯	2007	9.17
拉脱维亚	2004—2007	35.95	白俄罗斯	2010	7.29
立陶宛	1997	7.92	哈萨克斯坦	2006—2007	29.87
立陶宛	2003	9.85	俄罗斯	2003—2007	9.17
立陶宛	2006—2008	15.31	乌克兰	1994	5.20

续　表

国　家	时间段	平均流入量占 GDP 比重	国　家	时间段	平均流入量占 GDP 比重
乌克兰	2004	8.20	乌克兰	2011	5.82
乌克兰	2007—2008	18.85			

数据来源：IMF 的国际金融统计数据库(IFS)和世界银行发展数据库(WDI)，后经作者计算得来。

单独考察 2008 年金融危机前后的资本流入情况可知，无论是中东欧国家还是独联体国家，在危机前都经历了大规模国际资本流入，而且是 4 个时间段中持续时间最长、占 GDP 比值最大的一个。然而，金融危机过后，国际资本大规模流入的情况却有一定的差异：如在中东欧国家，仅匈牙利、立陶宛、罗马尼亚、斯洛伐克、斯洛文尼亚、捷克和波兰在危机后再一次经历大规模国际资本流入。其中匈牙利流入规模最大，流入量占 GDP 的比值为 18.00%；其次是波兰，比值为 10.71%；接下来为捷克和立陶宛，比值分别为 6.22% 和 5.04%。与中东欧情况不同的是，独联体国家在金融危机过后都存在大规模国际资本流入的情况，且流入量占 GDP 的比值还普遍较高，比值最高的为白俄罗斯(13.93%)，其次为乌克兰(13.03%)，再次为亚美尼亚(12.73%)，剩下的为哈萨克斯坦和俄罗斯(分别为 8.98% 和 5.98%)。这说明，在 2008 年全球金融危机过后，独联体国家率先恢复了国际资本大规模流入的势头，这对维持本国经济增长有着巨大贡献。

从国际资本流动的分解因素来看(见表 3-3 至表 3-5)，由表 3-3 可知，中东欧和独联体国家在 1994—2011 年基本上都经历了 FDI 大规模流入，但各国情况差别很大。在中东欧国家，经历大规模 FDI 流入的次数及其占 GDP 比值都较高的国家分别为匈牙利、波罗的海三国(爱沙尼亚、拉脱维亚和立陶宛)和捷克，平均经历了 3—4 次大规模 FDI 流入。其中，在 2008 年金融危机前 FDI 流入量最为显著的为匈牙利，其占 GDP 的比值高达 58.02%。另外，爱沙尼亚为 12.86%，拉脱维亚 8.22%，捷克 7.19%，立陶宛

6.90%。其他中东欧国家虽然也经历了大规模 FDI 流入,但次数相对较少(平均为 1—2 次)。相同的是危机前 FDI 流入量占 GDP 的比值也较高,如保加利亚为 30.11%,罗马尼亚 9.33%,而斯洛伐克和波兰相对较低,分别仅为 6.79%、5.85%。其中,斯洛文尼亚在金融危机前并未有 FDI 大规模流入的情况。而金融危机过后,再次经历 FDI 大规模流入的国家却仅为匈牙利、爱沙尼亚和拉脱维亚,流入量占 GDP 的比值分别为 18.62%、8.25% 和 6.48%。

从独联体国家情况来看,除了哈萨克斯坦外,其他国家经历 FDI 大规模流入的次数相对中东欧国家少很多,而且 FDI 流入量占 GDP 的比值差别不大。哈萨克斯坦是个例外,该国在 1994—2011 年共经历 4 次 FDI 大规模流入,其中,自 2001 年开始就连续不断地有 FDI 大规模流入的情况,在危机前 FDI 流入量占 GDP 的比值达到 13.69%。另外,亚美尼亚经历两次 FDI 大规模流入,分别为 1996—1998 年、2004—2008 年,流入量占 GDP 的比值也较高,分别为 8.79% 和 9.18%。而金融危机过后,经历 FDI 大规模流入的国家却仅为乌克兰和白俄罗斯,流入量占 GDP 的比值分别为 7.26% 和 7.22%。

从国际证券组合投资流入情况来看,在中东欧国家,除了克罗地亚和拉脱维亚外的其他国家大都经历了 3—5 次大规模证券组合投资流入。其中,流入规模最大的为保加利亚,发生于 2002 年,流入量占 GDP 比值高达 10.53%。其次是匈牙利,经历 4 次国际证券组合投资大规模流入,平均比值都在 4% 以上,最高的一次发生在 2004—2007 年,即在 2008 年全球金融危机前,比值为 7.47%。其次为波兰和捷克,危机前流入量占 GDP 的比值分别为 5.44% 和 3.63%。再次为斯洛伐克和立陶宛,危机前也都经历了较为明显的证券投资大规模流入。虽然罗马尼亚经历 5 次证券投资大规模流入,但由于流入的持续时间都仅为 1 年,流入量占 GDP 的比值也较低。然而,金融危机后,大多数中东欧国家都再次经历了大规模国际证券组合投资流入。其中,流入量占GDP的比值较高的国家分别为立陶宛、匈牙利、斯洛文尼亚和波兰,其值分别为5.76%、4.97%、4.91%和4.74%。对比独联体国家,情况差别较大。例如,乌克兰和哈萨克斯坦流入次数和流入量都较高,危机前证券投资流入量占GDP的比值分别为4.48%和4.39%,但是不同的是,哈萨克斯坦在金融危机后证券投资的流入量相对危机前要高一些,如其在2010年流入量占GDP比值高达13.77%,而乌克兰仅为3.70%。俄罗斯在1997—1998年间国际证券投资流入规模相对于2007年更高。这是因为俄罗斯在1996年开始放开本国金融市场,吸引大量外国投资者纷纷投资于其国内的股市和债市,1997年则成为俄罗斯经济转型以来吸引外资流入最多的年份,这也直接造成了接下来一年其金融危机的爆发。另外,白俄罗斯在2008年全球金融危机前并未有证券投资大规模流入的情况发生,而在危机爆发后该国反而经历了证券投资大规模流入。

从银行贷款的流入情况来看,中东欧国家平均经历2—3次银行贷款大规模流入,但流入量较大。其中,克罗地亚、拉脱维亚和立陶宛均经历3次银行贷款大规模流入,保加利亚、爱沙尼亚、匈牙利、罗马尼亚和斯洛伐克均经历2次,而斯洛文尼亚、捷克和波兰均为一次。最大一次银行贷款流入发生于2008年金融危机前,分别为拉脱维亚、爱沙尼亚、保加利亚、斯洛文尼亚和立陶宛,流入量占GDP比值分别为35.95%、24.99%、22.03%、15.67%、15.31%。在金融危机过后,没有国家再次经历银行贷款大规模流入的情况,这说明金融危机对中东欧国家银行贷款的流入影响巨大。在独联体国家,银行贷款大规模流入次数最多的国家为乌克兰,其次为白俄罗斯,接下来为亚美尼亚,而哈萨克斯坦和俄罗斯都仅有一次。在2008年金融危机前,银行贷款大规模流入量占GDP比值最大的国家为哈萨克斯坦,占比高达29.87%;其次为乌克兰,比值为18.85%;接下来为俄罗斯和白俄罗斯,比值均为9.17%。在金融危机过后,白俄罗斯和乌克兰又再次经历了银行贷款大规模流入。然而,亚美尼亚的银行贷款流入规模并未受到2008年全球金融危机的影响,如该国在2007—2011年一直经历银行贷款大规模流入。

(二)中东欧和独联体国家国际资本流动影响因素的实证检验

1.中东欧和独联体国家总样本的实证结果分析

表3-6为中东欧和独联体16个转型国家作为一个整体的实证检验结果,其中模型(1)表示全球推力因素对国际资本流动规模的影响,模型(2)表示将国内引力因素加入后的实证结果,模型(3)表示将传染因素加入后的总体结果。在表3-6中,单独考察全球推力因素对国际资本流动影响时{即模型(1)},发现,标准普尔500指数在5%的显著性水平下与国际资本流动呈显著的负相关,真实利率差与国际资本流动呈显著正相关。当将国内拉力因素加入时{即模型(2)},标准普尔500指数变化率显著性并未改变,而发达国家实际利率水平在1%的显著性水平下与国际资本流动规模呈高度显著的正相关,而且世界商品价格指数与国际资本流动在5%的显著水平下呈现高度负相关。这说明当全球风险不确定性程度越高,流入中东欧和独联体国家的国际资本的规模也会越小,而当发达国家实际市场利率越高时,越能够显著减少流入这些国家国际资本的规模。当世界商品价格越高,越会显著地减少国际资本流入中东欧和独联体国家,这与其他新兴市场国家的情况不太一致,其中可能的情况是,这些国家对商品的进口需求要高于出口。从国内拉力因素的显著性可以看出,除货币化率指标(即M2/GDP)外,所有国内影响因素均与国际资本流动呈现出显著的相关性,其中最优经常账户余额(CAD*)与国际资本流动在99%的置信区间下呈高度负相关,说明东道国最优经常账户赤字水平越高,即对外融资需求越高,国际资本流入的规模也越大。东道国国内经济表现,如GDP增长率、人均GDP、总储备水平等与国际资本流动呈现显著的正相关。这说明东道国宏观经济发展状况良好,尤其是GDP具有较高的增长率时,越能够吸引大规模国际资本流入,而东道国国内较高的人均GDP却能够正向吸引国际资本大规模流入,这与前文的理论分析不谋而合,符合发展中国家的实情。

表3-6 中东欧和独联体国家国际资本流动影响因素的总样本检验

Capital Flow	(1)	(2)	(3)
$SP\_Volatility$	-0.090** (-2.426)	-0.058* (-1.964)	-0.078*** (-2.644)
EA_Real_Rate	0.265 (0.473)	4.082*** (5.801)	3.966*** (5.427)
$Rate\_Difference$	0.049** (2.570)	0.015 (0.813)	-0.001 (-0.081)
$World\_Price$	0.019 (1.028)	-0.071** (-2.515)	-0.110*** (-3.813)
$Total\_Reserve$		0.290*** (3.601)	0.264*** (3.389)
$Gov\_Banlance$		0.397* (1.782)	0.363* (1.691)
GDP_Groth		0.671*** (4.810)	0.292* (1.874)
GDP_per_capita		11.511* (1.690)	11.327* (1.696)
CAD^*		-0.295*** (-4.766)	-0.293*** (-4.761)
$Bank\_Index$		5.514*** (2.722)	5.130*** (2.634)
$Security\_Index$		-3.591** (-2.118)	-2.894* (-1.764)
$Cap\_Openness$		2.527*** (3.311)	1.820** (2.434)
$M2/GDP$		0.085 (0.925)	0.113 (1.272)
$Private\_Credit$		0.135** (2.259)	0.147** (2.554)
$Trade\_Contagion$			0.153*** (2.767)

续 表

Capital Flow	(1)	(2)	(3)
Fin_Contagion			17.690*** (3.689)
_cons	10.169*** (3.240)	−61.205*** (−2.862)	−68.737*** (−3.160)
N	288	288	288
F	4.04	16.01	16.69
Adjust R^2	16.89%	46.48%	51.06%

注：1. *、**、*** 分别表示显著性水平为10%、5%、1%。
  2. 本表的回归结果采用全样本，经过 Hausman 检验发现应该选择固定效应模型，故本书所有的计量回归均采用固定效应模型。
  3. 模型括号中的值为 t 值。

在金融市场发展程度的各指标中，银行改革指标（Bank_Index）与国际资本流动在99%的置信区间呈高度正相关。由此可知，东道国大量的银行改革是吸引国际资本大规模流入的保证。同时，资本市场开放度也与国际资本流动在99%的置信区间呈高度正相关。这也反映出，当东道国减少对资本账户的限制时，国际资本能够大规模地流入。类似地，当东道国国内金融深化水平（即私人信贷与GDP的比值）越高时，国际资本流入该国的规模也越大。然而，与以往情况不同的是，证券市场和非银行金融机构改革与国际资本流动在95%的置信区间下呈负相关。这说明在中东欧和独联体国家中，证券市场和银行非金融机构改革程度越高，反而会导致国际资本外流。其中的原因是，在中东欧和独联体国家中（尤其是中东欧国家），证券市场和非金融机构的改革大都是通过私有化的方式进行的，而这种私有化的方式表现为外资金融机构大规模进入并建立大量的分支机构，导致在金融市场中，股票、债券等有价证券的投融资并不是以东道国为主，而是全球布局的。

当将传染因素加入后｛即模型（3）｝，以上各变量的显著性和符号并未改变,传染变量即贸易传染和金融传染都在99%的置信区间与国际资本流动呈高度正相关。从相关系数来看,金融传染的效应明显大于贸易传染,两者的回归系数分别为17.690、0.153,即当贸易和金融传染变量增加1个百分点时,金融传染能够增加占GDP为17.690个百分点的国际资本流入,而贸易传染这种影响要小很多,仅为0.153。可知,在中东欧和独联体国家中,金融传染效应高于贸易传染。

对比这三大类国际资本流动的影响因素{见模型(3)},在中东欧和独联体国家中,全球"推力"因素和国内"拉力"因素以及传染效应都对国际资本流动产生强烈的影响。其中,全球"推力"因素对国际资本流动规模和方向起到关键作用(或主导作用),即仅当全球风险不确定性程度较低这一条件得以满足时,中东欧和独联体等转型国家的国内"引力"因素才会对国际资本流入起到重要作用,这也是决定不同国家国际资本流入规模不同的主要原因。而当全球风险程度较高时,资本趋利避害的特性会促使其寻找更加安全可靠的"避风港",如发达国家,这就是前文理论部分所述的"避风港"理论。另外,传染效应的作用也同样不可忽视,国际资本在全球范围内流动时,资本流出国和流入国、贸易紧密联系的国家之间以及具有共同投资母国的东道国之间,传染效应通过不同的传染渠道显著地影响一国的国际资本流动,这种情况利弊兼有,但是更要关注在金融危机期间,这种效应对东道国金融市场的影响。

从国际资本流动的分解因素来看(见表3-7至表3-9),首先,在FDI中(见表3-7),全球"推力"因素相对于国内"引力"因素来说更重要,如在模型(3)中,标准普尔500指数、发达国家实际市场利率、实际利差以及全球价格指数这几个影响因素均呈现高度的显著性。在国内"引力"因素中,国内宏观经济表现指标中仅总储备水平呈现较弱的显著性,金融市场发展指标中银行改革指标(Bank_Index)、证券市场和非金融机构改革指标(Security_Index)、资本账户开放度(Cap_Openness)都呈现出不同程度的显著性,而传染指标中贸易传染(Trade_Contagion)和金融传染(Fin_Contagion)均在99%置信区间呈高度相关性,这说明在中东欧和独联体国家中,全球"推力"因素、国内金融发展水平以及传染效应对外国直接投资的流入有重要影响,而国内反映国内经济发展情况的指标如GDP增长率和人均GDP等都没有表现出显著的相关性,这与总体回归结果有所不同。其中,传染效应的显著性最大,说明在这些国家中,FDI的流入深受传染效应的影响。另外,全球风险不确定性程度和发达国家实际利率水平也呈现出高度的相关性,再一次证明了全球"推力"因素的关键作用。

表3-7 中东欧和独联体国家外国直接投资(FDI)影响因素的总样本检验

FDI_flow	(1)	(2)	(3)
$SP\_Volatility$	−0.063*** (−3.051)	−0.062*** (−3.101)	−0.072*** (−3.551)
EA_Real_Rate	0.212 (0.682)	2.044*** (4.273)	2.070*** (4.125)
$Rate\_Differential$	0.023** (2.186)	−0.016 (−1.293)	0.027** (2.162)
$World\_Price$	0.016 (1.564)	−0.026 (−1.365)	−0.051** (−2.587)
$Total\_Reserve$		0.118** (2.164)	0.100* (1.869)
$Gov\_Banlance$		0.143 (0.942)	0.118 (0.803)
GDP_Groth		0.085 (0.900)	−0.148 (−1.382)
GDP_per_capita		7.047 (1.521)	7.403 (1.614)
CAD^*		−0.017 (−0.415)	−0.021 (−0.504)

续表

FDI_flow	(1)	(2)	(3)
$Bank\_Index$		2.542* (1.845)	2.290* (1.712)
$Security\_Index$		−2.709** (−2.349)	−2.340** (−2.077)
$Cap\_Openness$		1.455*** (2.804)	1.018** (1.983)
$M2/GDP$		0.080 (1.283)	0.099 (1.635)
$Private\_Credit$		0.009 (0.233)	0.018 (0.457)
$Trade\_Contagion$			0.107*** (2.829)
$Fin\_Contagion$			9.533*** (2.896)
$\_cons$	3.989** (2.285)	−30.312** (−2.084)	−37.234** (−2.493)
N	288	288	288
F	4.95	4.90	5.72
$Adjust\ R^2$	7.58%	21.01%	26.34%

注：1. *、**、*** 分别表示显著性水平为10%、5%、1%。
2. 本表的回归结果采用全样本，经过 Hausman 检验发现应该选择固定效应模型。
3. 模型括号中的值为 t 值。

从国际证券组合投资来看（见表3-8），在全球"推力"因素中，只有标准普尔500指数和发达国家实际利率水平这两个变量与国际证券组合投资流入量在95%置信区间呈高度的相关性。在国内"引力"因素中，仅政府赤字水平和GDP增长率呈现显著的相关性，其他影响因素包括东道国对外融资需求、金融发展水平和传染因素都未呈现出显著的相关性。这说明在中东欧和独联体国家中，全球风险不确定性程度、发达国家实际利率水平以及这些国家经济增长情况和政府赤字水平会影响国际证券组合投资流入,其他因素的影响力度相对较小或几乎没影响。即使国内有较强的对外融资需求,国际证券投资流入量丝毫不受这方面因素的影响。这与证券组合投资的特性有关,因为在国际资本市场中,证券投资往往具有极大的波动性和灵活性,投资各种证券的目的大都是为了在短时期内赚取更多的利润,这种投资不仅具有短期性,而且会随着国际投资环境和风险感知情绪的变化而变化,同时东道国国内经济增长情况也能够显著地影响国际证券投资者的投资风向。因为当东道国一直保持较高的增长速度时,国际投资者会对其未来经济发展保持较高的乐观预期。另外,东道国较低的赤字水平也会对这种预期产生正面影响。

表3-8 中东欧和独联体国家国际证券组合投资流动影响因素的总样本检验

Portfolio Flow	(1)	(2)	(3)
$SP\_Volatility$	0.020** (2.528)	0.021** (2.573)	0.022** (2.564)
EA_Real_Rate	−0.379*** (−3.172)	−0.475** (−2.456)	−0.458** (−2.180)
$Rate\_Differential$	−0.001 (−0.153)	0.002 (0.357)	0.002 (0.387)
$World\_Price$	−0.005 (−1.129)	−0.003 (−0.428)	−0.003 (−0.328)
$Total\_Reserve$		−0.008 (−0.342)	−0.007 (−0.331)
$Gov\_Banlance$		−0.159*** (−2.602)	−0.159** (−2.584)
GDP_Groth		0.085** (2.222)	0.093** (2.084)
GDP_per_capita		2.026 (1.083)	2.102 (1.096)

续 表

Portfolio Flow	(1)	(2)	(3)
CAD^*		−0.028 (−1.641)	−0.029 (−1.632)
$Bank\_Index$		−0.568 (−1.020)	−0.562 (−1.005)
$Security\_Index$		0.037 (0.080)	0.014 (0.029)
$Cap\_Openness$		−0.306 (−1.461)	−0.292 (−1.359)
$M2GDP$		0.002 (0.069)	0.002 (0.059)
$Private\_Credit$		−0.017 (−1.034)	−0.017 (−1.031)
$Trade\_Contagion$			−0.001 (−0.072)
$Fin\_Contagion$			−0.575 (−0.418)
$\_cons$	2.864*** (4.274)	−2.873 (−0.489)	−3.067 (−0.491)
N	288	288	288
F	3.65	2.25	1.96
$Adjust\ R^2$	31.04%	10.86%	10.93%

注：1. *、**、***分别表示显著性水平为10%、5%、1%。
2. 本表的回归结果采用全样本，经过 Hausman 检验发现应该选择固定效应模型。
3. 模型括号中的值为 t 值。

从银行贷款来看（见表3-9），在全球"推力"因素中，发达国家实际利率水平、实际利差以及世界商品价格指数均显著地影响银行贷款的流动方向和规模，其中发达国家实际利率水平和世界商品价格指数的显著性最强。在国内"引力"因素中，反映东道国国内经济发展状况的指标如 GDP 增长率、政府赤字水平、对外融资需求等变量均呈现出高度的显著性。而在金融发展指标中,仅银行改革指标和资本账户开放度对银行贷款流入量有显著性影响,其中银行改革指标的显著性水平最高,这与理论分析相符合,即东道国的银行改革和资本账户开放度的提高均有助于银行贷款的流入。在传染变量中,仅金融传染对银行贷款流入量具有较高的显著性,贸易传染指标此时却失去了显著性,这说明在这些转型国家中,金融渠道传染对银行贷款的流入具有重要影响。这主要是因为,在中东欧和独联体国家中,尤其是中东欧国家,外资银行往往占据国内银行业半壁江山甚至全部江山,这种由于"同一贷款人"效应的传染影响十分显著。例如在2008年全球金融危机中,欧美等发达国家率先爆发金融危机,中东欧和独联体等转型国家却深受其剧烈影响。因为在其国内,金融系统大都以欧美等发达国家的跨国银行及其分支机构为主,有些国家外资银行水平甚至达到90%甚至99%或100%的程度,因而当这些外资银行的母行遭受危机的沉重打击时,这些外资银行及其分支机构必然会竭尽全力回国"救火",这势必会影响到其所在国家的金融市场。另外,与FDI和证券组合投资不同的是,银行贷款流入量与标准普尔500指数并没有显著的相关性。这可能由于在这些转型国家中,银行贷款大都来自设立于本国国内的跨国银行及其分支机构,而这些外资银行并不会显著地受全球风险不确定性程度的影响,其发放贷款的多少主要受其追求高额回报利润及这些转型国家国内经济发展状况的影响。

表 3-9 中东欧和独联体国家银行贷款影响因素的总样本检验

Bank Flow	(1)	(2)	(3)
$SP\_Volatility$	−0.047* (−1.953)	−0.016 (−0.930)	−0.027 (−1.553)
EA_Real_Rate	0.450 (1.246)	2.494*** (6.101)	2.338*** (5.397)
$Rate\_Differential$	−0.025** (−2.032)	0.030*** (2.778)	0.024** (2.203)

续 表

Bank Flow	(1)	(2)	(3)
$World\_Price$	0.008 (0.645)	−0.039** (−2.393)	−0.054*** (−3.161)
$Total\_Reserve$		0.181*** (3.877)	0.173*** (3.757)
$Gov\_Banlance$		0.405*** (3.130)	0.395*** (3.106)
GDP_Groth		0.503*** (6.210)	0.347*** (3.761)
GDP_per_capita		2.008 (0.507)	1.408 (0.356)
CAD^*		−0.253*** (−7.031)	−0.246*** (−6.751)
$Bank\_Index$		3.651*** (3.102)	3.510*** (3.040)
$Security\_Index$		−1.036 (−1.051)	−0.682 (−0.702)
$Cap\_Openness$		1.333*** (3.007)	1.044** (2.356)
$M2GDP$		−0.000 (−0.001)	0.009 (0.168)
$Private\_Credit$		0.145*** (4.182)	0.149*** (4.361)
$Trade\_Contagion$			0.048 (1.469)
$Fin\_Contagion$			8.782*** (3.090)
$\_cons$	3.240 (1.600)	−26.657** (−2.146)	−27.201** (−2.110)
N	288	288	288
F	1.97	22.82	21.63
$Adjust\ R^2$	4.55%	55.33%	57.48%

注：1. *、**、*** 分别表示显著性水平为 10%、5%、1%。
2. 本表的回归结果采用全样本，经过 Hausman 检验发现应该选择固定效应模型。
3. 模型括号中的值为 t 值。

2. 中东欧和独联体国家分样本的实证结果分析

接下来,本书分别针对中东欧和独联体国家的全球"推力"因素、国内"拉力"因素以及传染效益对国际资本流动的影响进行实证检验,并对比两者的差异(见表 3-10 至表 3-13)。从国际资本流动整体来看(见表 3-10),在中东欧国家,全球"推力"因素、国内"引力"因素以及传染因素的显著性均比独联体国家高。具体来说,在全球"推力"因素中,中东欧国家国际资本流动规模深受标准普尔 500 指数变动率、发达国家实际利率以及商品价格指数的影响,而独联体国家则仅受发达国家实际利率和世界商品价格指数的影响。原因可能是,相对于独联体国家而言,中东欧国家对外开放程度更高,与全球金融市场的联系更密切,而大部分独联体国家对外开放程度相对较低,这种差异使得中东欧国家更容易受全球因素的影响。在国内"拉力"因素中,影响中东欧国际资本流动的因素有对外融资需求(即最优经常账户水平)、国内经济发展情况以及金融发展水平,而独联体国家仅有国内经济发展状况中的个别指标影响国际资本流动,其他影响因素均不显著。这说明,在中东欧国家中,国内经济发展水平和金融市场发展状况对吸引国际资本流入具有很大的贡献作用,这也是中东欧国家较独联体国家能够吸引更多国际资本的原因所在。在传染效应中,中东欧国家的国际资本流入规模不仅受贸易传染效应的显著影响,还深受金融传染效应的影响。但独联体国家却仅受贸易传染效应的显著影响,金融传染效应不产生作用。这主要有两个原因:一是大部分独联体国家金融市场开放度较低,因而通过金融传染渠道的作用相对较弱;二是以俄罗斯为首的部分独联体大都具有丰富的自然资源以及能源,因而会在贸易上与他国有着紧密的联系,国际资本流入受贸易传染渠道的影响更甚。

表 3-10 中东欧和独联体国家国际资本流动影响因素的分样本检验

Capital Flow	CEE (1)	CEE (2)	CEE (3)	CIS (1)	CIS (2)	CIS (3)
$SP\_Volatility$	−0.121** (−2.538)	−0.097** (−2.483)	−0.114*** (−2.912)	−0.010 (−0.206)	−0.006 (−0.162)	0.004 (0.122)
EA_Real_Rate	1.413* (1.895)	5.065*** (5.008)	4.567*** (4.192)	−0.789 (−1.052)	1.704** (2.082)	2.288*** (2.978)
$Rate\_Differential$	−0.283*** (−3.888)	0.050 (0.679)	−0.007 (−0.092)	−0.019 (−1.257)	0.024 (1.502)	0.004 (0.254)
$World\_Price$	0.009 (0.361)	−0.105*** (−2.776)	−0.122*** (−3.200)	0.044* (1.812)	−0.074* (−1.717)	−0.127** (−2.607)
$Total\_Reserve$		0.265** (2.522)	0.226** (2.182)		0.524*** (3.732)	0.494*** (3.831)
$Gov\_Banlance$		0.569 (1.566)	0.446 (1.253)		0.393* (1.672)	0.339 (1.571)
GDP_Groth		0.927*** (4.340)	0.534** (2.247)		0.378*** (2.758)	−0.021 (−0.127)
GDP_per_capita		25.573** (2.228)	18.010 (1.564)		9.909 (1.206)	16.108** (2.035)
$CAD*$		−0.201** (−2.590)	−0.217*** (−2.814)		−0.580*** (−3.967)	−0.725*** (−5.140)
$Bank\_Index$		4.999* (1.766)	4.657* (1.689)		2.077 (0.875)	0.967 (0.436)
$Security\_Index$		−5.743** (−2.548)	−4.687** (−2.100)		−0.055 (−0.025)	0.291 (0.144)
$Cap\_Openness$		2.600*** (2.605)	1.992** (2.010)		−0.406 (−0.258)	0.159 (0.109)
$M2GDP$		0.166 (1.413)	0.168 (1.452)		−0.181 (−0.980)	−0.146 (−0.860)

续 表

Capital Flow	CEE (1)	CEE (2)	CEE (3)	CIS (1)	CIS (2)	CIS (3)
$Private\_Credit$		0.101 (1.261)	0.135* (1.686)		0.133 (1.113)	0.121 (1.092)
$Trade\_Contagion$			0.136* (1.827)			0.302*** (3.930)
$Fin\_Contagion$			15.714** (2.499)			9.157 (1.005)
$\_cons$	9.838** (2.423)	−113.418*** (−3.003)	−94.486** (−2.454)	8.850** (2.197)	−33.796 (−1.459)	−63.133*** (−2.733)
N	198	198	198	90	90	90
F	5.49	11.02	10.90	3.70	9.87	11.26
$Pseudo\ R^2$	10.72%	47.13%	50.50%	45.00%	66.06%	72.31%

注：1. *、**、*** 分别表示显著性水平为10%、5%、1%。
2. 本表采用中东欧和独联体国家各自样本进行回归,经过 Hausman 检验发现应该选择固定效应模型。
3. 模型括号中的值为 t 值。

从FDI回归结果来看(见表3－11),在中东欧国家中,FDI的流入规模也深受全球"推力"因素的影响,如标准普尔500指数变动率、发达国家实际利率以及世界商品价格指数的影响,而独联体国家仅受标准普尔500指数变动率的影响,且显著性也较中东欧国家差。从国内"拉力"因素可以看出,在中东欧国家中,人均GDP水平、证券市场和非金融机构改革、资本账户开放度、本国货币化率以及传染效应(尤其是贸易传染)都高度显著地影响FDI的流入规模。而独联体国家的影响因素则为本国对外融资需求、银行改革程度、本国货币化率以及私人信贷水平,传染变量失去显著性。这反映出在影响FDI流入规模的因素中,中东欧和独联体国家的国内因素对FDI流入规模的影响存在着巨大差异。相对来说,在中东欧国家中,吸引FDI流入的国内因素更多,但是,全球"推力"因素对FDI的影响较国内"拉力"因素更强烈,这从各类型影响因素指标的显著性也可见一斑。

表 3-11　中东欧和独联体国家外国直接投资（FDI）影响因素的分样本检验

FDI Flow	CEE (1)	CEE (2)	CEE (3)	CIS (1)	CIS (2)	CIS (3)
$SP\_Volatility$	−0.078*** (−2.736)	−0.085*** (−3.045)	−0.093*** (−3.293)	−0.024 (−1.634)	−0.036*** (−2.728)	−0.034** (−2.380)
EA_Real_Rate	0.792* (1.776)	2.875*** (3.953)	2.794*** (3.578)	−0.335 (−1.441)	0.482 (1.624)	0.475 (1.541)
$Rate\_Differential$	0.137*** (3.152)	−0.036 (−0.665)	−0.085 (−1.572)	0.009* (1.924)	−0.003 (−0.550)	−0.003 (−0.547)
$World\_Price$	0.015 (1.058)	−0.045* (−1.662)	−0.064** (−2.326)	0.019** (2.550)	−0.018 (−1.155)	−0.015 (−0.749)
$Total\_Reserve$		0.115 (1.515)	0.079 (1.061)		0.077 (1.506)	0.076 (1.471)
$Gov\_Banlance$		0.377 (1.442)	0.272 (1.064)		0.058 (0.686)	0.059 (0.683)
GDP_Groth		0.054 (0.349)	−0.227 (−1.333)		0.068 (1.357)	0.069 (1.052)
GDP_per_capita		16.398** (1.986)	11.937 (1.447)		3.703 (1.242)	3.476 (1.094)
$CAD*$		0.019 (0.339)	−0.002 (−0.032)		−0.152*** (−2.870)	−0.157*** (−2.767)
$Bank\_Index$		1.693 (0.832)	1.462 (0.740)		2.209** (2.565)	2.153** (2.418)
$Security\_Index$		−3.838** (−2.367)	−3.239** (−2.025)		−0.010 (−0.013)	0.012 (0.015)
$Cap\_Openness$		1.503** (2.094)	1.007 (1.418)		−0.699 (−1.223)	−0.679 (−1.163)
$M2GDP$		0.140* (1.661)	0.153* (1.846)		0.132* (1.972)	0.133* (1.959)

续　表

FDI Flow	CEE (1)	CEE (2)	CEE (3)	CIS (1)	CIS (2)	CIS (3)
$Private\_Credit$		−0.027 (−0.470)	0.005 (0.084)		−0.089** (−2.069)	−0.092** (−2.073)
$Trade\_Contagion$			0.139*** (2.612)			0.003 (0.097)
$Fin\_Contagion$			8.752* (1.942)			−1.195 (−0.327)
$\_cons$	3.352 (1.381)	−62.788** (−2.312)	−55.359** (−2.006)	4.367*** (3.495)	−15.011* (−1.786)	−14.449 (−1.559)
N	198	198	198	90	90	90
F	4.85	3.59	4.15	9.26	8.39	7.16
$Pseudo\ R^2$	9.59%	22.53%	27.95%	60.23%	62.32%	62.39%

注：1. *、**、*** 分别表示显著性水平为10%、5%、1%。
2. 本表采用中东欧和独联体国家各自样本进行回归,经过 Hausman 检验发现应该选择固定效应模型。
3. 模型括号中的值为 t 值。

从证券组合投资来看(见表3-12),在中东欧国家,全球"推力"因素尤其是发达国家实际利率对证券投资流入起着重要的作用,其他因素如标准普尔500指数、利差以及世界商品价格也都对证券投资有影响。而独联体国家的这种影响要小很多,三大因素的指标变量几乎都不显著。在国内"拉力"因素中,中东欧国家的影响因素显著性也较独联体国家高。另外,全球"推力"因素的显著性要高于国内"拉力"因素。可见,在中东欧国家中,国际证券组合投资水平的高低深受全球"推力"因素的影响。金融改革指标如银行改革和证券市场以及非银行金融机构改革指标在中东欧和独联体国家中均不显著。与中东欧国家不同的是,在独联体国家,金融深化指标如资本市场开放度和私人信贷水平等均较为显著。说明在这些国家中,金融市场开放程度和国内私人信贷水平均对证券组合投资的影响更大。

表 3-12　中东欧和独联体国家证券组合投资影响因素的分样本检验

Portfolio Flow	CEE (1)	CEE (2)	CEE (3)	CIS (1)	CIS (2)	CIS (3)
$SP\_Volatility$	0.014 (1.373)	0.017* (1.717)	0.016 (1.554)	0.035*** (2.742)	0.022 (1.641)	0.020 (1.419)
EA_Real_Rate	−0.370** (−2.392)	−0.848*** (−3.300)	−0.885*** (−3.095)	−0.320 (−1.607)	−0.253 (−0.835)	−0.139 (−0.451)
$Rate\_Differential$	−0.013 (−0.835)	−0.034* (−1.785)	−0.035* (−1.791)	0.001 (0.205)	0.006 (1.050)	0.003 (0.507)
$World\_Price$	−0.010* (−1.958)	0.006 (0.574)	0.005 (0.525)	0.007 (1.147)	−0.013 (−0.820)	−0.028 (−1.451)
$Total\_Reserve$		−0.050* (−1.881)	−0.051* (−1.883)		0.086 (1.644)	0.082 (1.574)
$Gov\_Banlance$		−0.214** (−2.315)	−0.217** (−2.322)		−0.146* (−1.674)	−0.156* (−1.803)
GDP_Groth		0.085 (1.560)	0.070 (1.122)		0.088* (1.731)	0.016 (0.239)
GDP_per_capita		−3.263 (−1.119)	−3.609 (−1.195)		5.190* (1.704)	6.686** (2.101)
CAD^*		−0.031 (−1.577)	−0.031 (−1.536)		−0.115** (−2.126)	−0.132** (−2.327)
$Bank\_Index$		−0.631 (−0.877)	−0.645 (−0.891)		−0.693 (−0.788)	−0.780 (−0.875)
$Security\_Index$		−0.071 (−0.124)	−0.021 (−0.036)		0.774 (0.949)	0.792 (0.974)
$Cap\_Openness$		−0.171 (−0.674)	−0.190 (−0.729)		−1.090* (−1.868)	−1.030* (−1.762)
$M2GDP$		−0.034 (−1.135)	−0.035 (−1.138)		0.069 (1.013)	0.073 (1.074)
$Private\_Credit$		0.014 (0.702)	0.015 (0.718)		−0.108** (−2.442)	−0.105** (−2.344)

续 表

Portfolio Flow	CEE			CIS		
	(1)	(2)	(3)	(1)	(2)	(3)
$Trade\_Contagion$			0.002 (0.115)			0.046 (1.504)
$Fin\_Contagion1$			0.753 (0.456)			3.822 (1.044)
$\_cons$	3.789*** (4.499)	19.574** (2.040)	20.691** (2.047)	0.718 (0.671)	−16.787* (−1.956)	−22.903** (−2.467)
N	198	198	198	90	90	90
F	2.68	2.37	2.07	2.86	2.34	2.26
$Pseudo\ R^2$	16.91%	27.37%	28.14%	12.38%	31.58%	34.35%

注：1. *、**、*** 分别表示显著性水平为10%、5%、1%。
2. 本表采用中东欧和独联体国家各自样本进行回归，经过 Hausman 检验发现应该选择固定效应模型。
3. 模型括号中的值为 t 值。

从银行贷款来看（见表3－13），同前面分析类似，中东欧国家相比较独联体国家来说，无论是全球"推力"因素还是国内"拉力"因素都具有较高的显著性。而且，在独联体国家中，全球因素对银行贷款的影响较为微弱，仅发达国家实际利率具有显著性。在国内"拉力"因素中，对外融资需求（即最优经常账户指标）和总储备水平显著性最高，传染因素中依然是贸易传染对银行贷款的影响较大。在中东欧国家中，全球"推力"因素、国内"拉力"因素以及传染因素均对银行贷款有显著性的影响，相对来说，全球和国内因素较传染因素的显著性高，而全球因素和国内因素的影响作用程度难分伯仲。

表3－13 中东欧和独联体国家银行贷款影响因素的分样本检验

Bank Flow	CEE			CIS		
	(1)	(2)	(3)	(1)	(2)	(3)
$SP\_Volatility$	−0.057* (−1.892)	−0.028 (−1.436)	−0.038* (−1.846)	−0.019 (−0.521)	0.008 (0.265)	0.018 (0.572)

续　表

Bank Flow	CEE (1)	CEE (2)	CEE (3)	CIS (1)	CIS (2)	CIS (3)
EA_Real_Rate	0.991** (2.120)	3.038*** (5.912)	2.658*** (4.695)	−0.064 (−0.108)	1.441** (2.025)	1.918*** (2.844)
$Rate\_Differential$	−0.133*** (−2.919)	0.120*** (3.169)	0.113*** (2.895)	−0.011 (−0.923)	0.021 (1.558)	0.005 (0.365)
$World\_Price$	0.003 (0.215)	−0.065*** (−3.397)	−0.064*** (−3.215)	0.018 (0.964)	−0.040 (−1.072)	−0.082* (−1.917)
$Total\_Reserve$		0.201*** (3.759)	0.198*** (3.686)		0.380*** (3.113)	0.355*** (3.133)
$Gov\_Banlance$		0.406** (2.197)	0.392** (2.116)		0.478** (2.341)	0.434** (2.291)
GDP_Groth		0.789*** (7.267)	0.692*** (5.596)		0.222* (1.860)	−0.106 (−0.738)
GDP_per_capita		12.438** (2.132)	9.683 (1.619)		0.871 (0.122)	5.844 (0.841)
CAD^*		−0.189*** (−4.788)	−0.184*** (−4.596)		−0.331** (−2.608)	−0.453*** (−3.664)
$Bank\_Index$		3.937*** (2.737)	3.840*** (2.680)		0.813 (0.394)	−0.136 (−0.070)
$Security\_Index$		−1.834 (−1.601)	−1.427 (−1.230)		−1.133 (−0.593)	−0.834 (−0.470)
$Cap\_Openness$		1.268** (2.500)	1.175** (2.281)		0.876 (0.640)	1.353 (1.060)
$M2GDP$		0.059 (0.996)	0.049 (0.822)		−0.385** (−2.404)	−0.356** (−2.393)
$Private\_Credit$		0.114*** (2.796)	0.115*** (2.767)		0.320*** (3.093)	0.309*** (3.174)
$Trade\_Contagion$			−0.006 (−0.145)			0.251*** (3.718)

续　表

Bank Flow	CEE (1)	CEE (2)	CEE (3)	CIS (1)	CIS (2)	CIS (3)
$Fin\_Contagion$			6.208* (1.900)			6.825 (0.854)
$\_cons$	2.697 (1.059)	−70.204*** (−3.658)	−59.818*** (−2.989)	3.496 (1.101)	−1.710 (−0.085)	−25.557 (−1.261)
N	198	198	198	90	90	90
F	3.06	21.55	19.26	0.94	5.82	6.81
$Pseudo\ R^2$	6.27%	63.55%	64.31%	29.97%	53.42%	61.22%

注：1. *、**、***分别表示显著性水平为10%、5%、1%。
2. 本表采用中东欧和独联体国家各自样本进行回归，经过 Hausman 检验发现应该选择固定效应模型。
3. 模型括号中的值为 t 值。

(三) 小结

通过针对中东欧和独联体国家国际资本流入规模的影响因素进行研究，发现影响中东欧和独联体国家国际资本流动的影响因素大体可分为三大类，即全球"推力"因素、国内"拉力"因素和传染效应。在探讨国内"拉力"因素时，本书将这些国家的金融发展状况纳入其中，尤其是银行改革以及证券市场和非银行金融机构改革等指标，这与以往的相关研究有着很大的区别。以往的研究仅将东道国国内宏观经济发展状况概括为国内因素，而缺乏对金融市场的考察。但是根据中东欧和独联体国家的具体国情可知，金融市场发展状况对这些国家的国际资本流动有着强烈的影响。根据前文的理论和实证分析，本章可得如下结论：

第一，通过对中东欧和独联体国家国际资本大规模流入情况的统计分析可知，总体来说，在1994—2011年，中东欧国家经历国际资本大规模流入的次数和规模都高于独联体国家。而且，在2008年金融危机前，这些国家都经历了国际资本大规模流入，且规模最大。在金融危机后，独联体国家都纷纷经历了国际资本再次大规模流入，而中东欧国家的这种情况很少。从国际资本流动的分解因素看,中东欧国家相对于独联体国家而言,经历 FDI 大规模流入的情况要好于独联体国家,无论是流入的次数还是规模均高于独联体国家。且在危机过后,FDI 大规模流入中东欧和独联体国家的情况都显著减少。相反,危机后,经历大规模证券投资流入的次数要普遍多于 FDI,可见证券投资的复苏较为迅速。另外,在银行贷款中,危机前,中东欧国家经历大规模银行贷款流入的次数和规模都比独联体高,但危机后,中东欧国家银行贷款的复苏势头普遍极弱,没有国家再有银行贷款的大规模流入,而独联体国家的情况相对较好。

第二,在国际资本流动的影响因素中,总体来看,全球"推力"因素、国内"引力"因素以及传染效益都对国际资本流动有着重要影响,但相对来说,全球因素显得更为重要。从国际资本的分解因素来看,在 FDI 中,全球"推力"因素的影响作用要高于国内"引力"因素,同时传染效应也具有较大影响。在国际证券组合投资中,全球"推力"因素相对国内"拉力"因素和传染效应来说更重要。在银行贷款中,全球"推力"因素、国内"拉力"因素以及传染效应均有着重要的影响,三者重要性相当。

第三,在金融发展程度方面,银行改革相对于证券市场和非银行金融改革对国际资本流动及其分解因素的影响作用更大。同时,国内资本账户开放度和私人信贷水平都对国际资本及其分解因素有着显著的影响,只是这些因素的影响程度在中东欧国家表现更强烈。

第三节　新常态下中国国际资本流动的影响因素及政策建议

本节分析了经济新常态下中国国际资本流动的新趋势和影响因素,并给出相应的政策建议。对中国而言,全球"推力"因素如世界经济差异化复苏、国际投资者风险偏好改变等,国内"拉力"因素如中国经济换挡调整、增长动力不足等,共同导致我国国际资本流动的"双向"波动。鉴于此,中国需要客观认识这一新变化,加快转型改革步伐,合理推进人民币汇率机制改革,及早让经济走上正轨,做好预防国际资本发生大规模流出的应对措施。

国际资本流动通常指资本为了寻找新的投资机会而跨国移动,其在流动的过程中主要受收益、风险以及投资环境的影响。在中国,自改革开放以来,国际资本流入规模一直保持快速上涨态势,由1984年的36亿美元,快速上涨至2008年的9 812亿美元,年均增速高达24.07%。然而,2008年全球金融危机使得全球资本流动格局发生巨大变化,尤其是2010年之后,世界经济复苏疲弱及各国增长趋势分化加剧,国际资本流动态势逐渐呈现新特点和新格局。

在中国,随着产能严重过剩、地方政府债台高筑、要素成本急剧上涨、贫富差距不断拉大等刺激计划后遗症的不断暴露,我国经济进入结构调整、中高速增长的"新常态"阶段。同时,中国国际资本流动也开始呈现出由以往单向大规模流入转变为大进大出的双向流动新常态,国际收支也由"双顺差"逐渐转向"经常项目顺差,资本和金融项目逆差"。在这一新常态下,我国国际资本流动的新趋势有哪些,如何解释这一新趋势,哪些因素起关键作用,其中的逻辑又是什么等,都是本节力图想要回答的问题,并对此提供相应政策建议,帮助我国规范管理和利用跨境资本。

一、中国国际资本流动态势分析

目前我国国际资本双向流动格局逐渐形成,据外管局的数据显示,我国国际资本总流入量由2001年的415.56亿美元大幅上涨为2013年的5 633.34亿美元,年均增速高达22.20%。而国际资本总流出量由2001年的67.27亿美元猛增至2014年的4 628.54亿美元,年均增速为35.29%。我国国内资本市场与国际资本市场联系更加紧密,资本管制的"屏障作用"被削弱,国际金融资本进出中国规模逐年增加,呈现出新的趋势和特点。归纳起

来,主要表现在以下几个方面:

(一)国际资本流动规模与日俱增,净流出趋势加强

2001—2011年,我国国际资本总流入量和总流出量都呈现出同步大幅上涨态势,总流入量一直高于总流出量,而2012年开始,首次出现国际资本总流入量小于总流出量,净流入量为-360.38亿美元(见表3-14)。从季度数据来看(见表3-15),2012年第三季度,我国国际资本总流出量显著高于总流入量,净流入量为-587.22亿美元,2013年总流入量经历短暂的复苏之后,从2014年第二季度开始截至目前,国际资本一直呈现出总流出量高于总流入量的局面,尤其是2015年第四季度,净流入量达到-1 659.08亿美元。究其原因,一方面,危机过后发达国家如欧美日等都相继推出量化宽松政策,导致全球流动性宽裕,资本寻求更多投资机会,更倾向于流入新兴市场国家,尤其是中国。另一方面,这个时期又分别为欧洲主权债务危机再度恶化和新兴经济体经济增长开始呈现集体减速的现象。同时,美国已正式宣布近10年来首次加息,随着美国加息周期的重启,"全球皆松,唯美独紧"的货币政策分化局面成为威胁全球金融稳定的风险源,市场投资信心不足以及全球金融风险加剧等导致国际资本流动呈现出高度的波动性,并与世界经济的"低增长、低通胀、低利率和高负债"相互交织,全球资本市场开启了震动模式。在全球风险来源不明的情况下,逃往美国等经济增长相对稳定的发达经济体将成首选,美元、美债将再次成为全球资本的"避风港"和"安全资产",促使全球资本流动呈现急速流出新兴市场的负面冲击。总体上看,我国国际资本流动趋势呈现复杂化,总流入量和净流入量格局分化。

表3-14 2001—2015年中国跨境资本总量流动变动情况

(单位:亿美元)

年 份	跨境资本净流入	跨境资本总流出	跨境资本总流入
2001	348.29	67.27	415.56
2002	323.40	176.90	500.30

续　表

年　份	跨境资本净流入	跨境资本总流出	跨境资本总流入
2003	549.21	150.23	699.44
2004	1 082.22	15.61	1 097.83
2005	912.47	845.46	1 757.93
2006	452.85	1 671.50	2 124.35
2007	911.32	1 764.46	2 675.78
2008	370.75	1 291.22	1 661.97
2009	1 945.31	280.01	2 225.32
2010	2 822.34	1 818.58	4 640.92
2011	2 600.24	2 257.77	4 858.01
2012	−360.38	3 030.34	2 669.96
2013	3 430.48	2 202.86	5 633.34
2014	−513.61	4 628.54	4 114.93
2015	−4 856.14	3 920.06	−936.08

数据来源：中国外汇管理局。采用国际收支平衡表中金融账户的相关数据。根据国际收支平衡表的统计方法：从外国转入本国列为贷方金额，即外国居民对中国居民债权的增加；从本国转向外国列为借方金额，即中国居民对外国居民的债权的增加。因此，总流入量为国际收支平衡表中金融项目的贷方金额，净流入量为金融账户差额。

表 3-15　2012—2016 年中国跨境资本总量流动季度数据

（单位：亿美元）

年季度	跨境资本总流入	跨境资本总流出	跨境资本净流入
2012Q1	1 043.00	609.40	433.60
2012Q2	873.26	1 118.98	−245.72
2012Q3	−28.28	558.94	−587.22
2012Q4	781.98	743.02	38.96
2013Q1	1 445.60	448.32	997.28
2013Q2	773.42	485.06	288.36
2013Q3	1 315.42	572.15	743.27

续　表

年季度	跨境资本总流入	跨境资本总流出	跨境资本净流入
2013Q4	2 098.90	697.33	1 401.58
2014Q1	1 461.71	641.66	820.05
2014Q2	1 157.23	1 504.67	−347.44
2014Q3	797.99	1 197.96	−399.96
2014Q4	698.00	1 284.26	−586.26
2015Q1	−314.29	812.89	−1 127.18
2015Q2	679.52	1 123.08	−443.56
2015Q3	−768.93	857.39	−1 626.32
2015Q4	−532.37	1 126.71	−1 659.08
2016Q1	−134.91	1 098.31	−1 233.22
2016Q2	771.35	1 259.23	−487.89

数据来源：中国外汇管理局。

（二）FDI"双向"流动趋势明显，对外资本输出增多

我国直接投资开始由单向流动变为双向流动：

一是，FDI流入规模稳中趋降，外商在华直接投资增长乏力，FDI流出规模增长迅速。由表3-16可知，在2001—2013年，FDI流入量和流出量都呈现大幅上涨态势，尤其是外商直接投资流入，这与我国一直坚持吸引外资战略相关。然而，自2013年第四季度开始，我国外资流入规模开始呈现放缓态势，且波动加大，而对外直接投资规模与日俱增，两者之间顺差额开始呈现下降趋势。尤其是在2015年第三季度，对外直接投资规模首次超越引进外资规模，净FDI流入量为−67.32亿美元，对外投资成为我国资本流出的重要组成部分。

二是FDI流动结构改变，外商直接投资中绿地投资和跨国并购都在稳步降低，对外直接投资中两者稳步上涨。最新数据显示，2015年我国外商直接投资中绿地投资和跨国并购双双回落，尤其是绿地投资，已从2003年

最高达1 275.02亿美元降至2015年603.27亿美元,降了1.11倍,凸显近几年外商在华投资规模的不断缩减。相较而言,我国对外投资中绿地投资和跨国并购增长迅猛,尤其是跨国并购增长显著,已从2004年的6.18亿美元上升至2016年的922.21亿美元,增长了将近148.22倍。其中从2009年开始跨国并购甚至超越绿地投资,虽然近期稍有降低,但是增长趋势向上,可见我国企业在对外投资中开始倾向于跨国并购的方式。总之,我国FDI流动趋势已经逐渐显示出流入和流出同等重要的双向特征,与以往FDI"多入少出"的格局有着很大的不同。这一方面反映出在当下全球经济进入结构调整时期,我国企业的全球竞争力与开拓国际化市场的意识都在增强,企业"走出去"步伐加快;另一方面,外国投资者对我国及其他新兴市场的直接投资判断变得更加理性,同时与我国生产成本(如劳动力成本等)进一步上升有直接关系,这也与发达国家经济复苏程度和以欧美为主的发达国家实施"再工业化"的发展战略有关。

表3-16 2001—2016年中国跨境资本流动季度数据

(单位:亿美元)

年季度	直接投资净流入	外商直接投资	对外直接投资
2001Q1	71.92	−2.55	74.47
2001Q2	111.26	−9.53	120.78
2001Q3	106.61	−0.71	107.31
2001Q4	83.78	−56.07	139.84
2002Q1	91.65	−2.74	94.39
2002Q2	135.49	−1.17	136.66
2002Q3	138.49	−0.78	139.27
2002Q4	102.27	−20.49	122.76
2003Q1	111.89	−7.96	119.85
2003Q2	156.11	−1.68	157.79

续　表

年季度	直接投资净流入	外商直接投资	对外直接投资
2003Q3	89.99	6.67	83.32
2003Q4	136.46	2.85	133.61
2004Q1	125.22	−4.58	129.81
2004Q2	179.02	−6.14	185.16
2004Q3	125.32	−4.77	130.09
2004Q4	171.89	−4.14	176.03
2005Q1	167.45	−21.30	188.75
2005Q2	255.59	−20.10	275.69
2005Q3	247.09	−4.12	251.21
2005Q4	233.67	−91.78	325.45
2006Q1	215.48	−40.21	255.69
2006Q2	196.78	−23.33	220.11
2006Q3	128.43	−75.37	203.80
2006Q4	460.81	−100.42	561.22
2007Q1	255.77	−40.55	296.32
2007Q2	342.61	−33.59	376.19
2007Q3	322.80	−48.72	371.52
2007Q4	469.77	−48.68	518.46
2008Q1	267.35	−270.80	538.15
2008Q2	258.90	−62.58	321.47
2008Q3	281.00	−129.77	410.77
2008Q4	340.68	−104.27	444.95
2009Q1	196.74	−85.03	281.78
2009Q2	149.69	−48.03	197.73
2009Q3	162.61	−196.95	359.55
2009Q4	362.63	−108.88	471.51

续　表

年季度	直接投资净流入	外商直接投资	对外直接投资
2010Q1	438.57	−64.41	502.98
2010Q2	482.48	−109.46	591.93
2010Q3	413.68	−178.91	592.58
2010Q4	522.77	−226.77	749.54
2011Q1	676.67	−61.40	738.07
2011Q2	617.97	−113.14	731.10
2011Q3	417.13	−159.00	576.13
2011Q4	604.74	−150.68	755.42
2012Q1	456.76	−154.38	611.13
2012Q2	376.90	−139.31	516.22
2012Q3	349.33	−143.13	492.46
2012Q4	579.52	−212.81	792.33
2013Q1	380.98	−212.62	593.59
2013Q2	534.32	−155.93	690.25
2013Q3	415.45	−157.62	573.07
2013Q4	848.83	−203.54	1 052.37
2014Q1	422.61	−190.58	613.19
2014Q2	252.11	−285.92	538.03
2014Q3	264.71	−376.39	641.09
2014Q4	510.25	−378.41	888.66
2015Q1	360.79	−323.89	684.67
2015Q2	247.37	−385.08	632.45
2015Q3	−67.32	−507.86	440.54
2015Q4	79.74	−661.18	740.92
2016Q1	−162.62	−573.95	411.33
2016Q2	−303.60	−640.11	336.52

数据来源：中国外汇管理局。

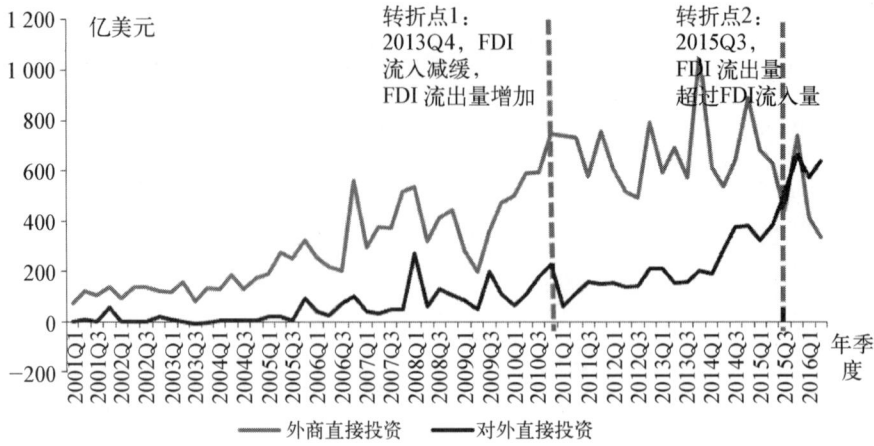

图 3-1 2001—2016 年中国跨境资本流动季度数据走势图

数据来源：中国外汇管理局。

表 3-17 中国外商直接投资和对外直接投资的结构变动

（单位：亿美元）

年份	外商直接投资		对外直接投资	
	跨国并购	绿地投资	跨国并购	绿地投资
2003	36.06	1 275.02	15.76	132.27
2004	51.08	1 215.98	6.18	64.95
2005	94.02	822.92	60.41	83.21
2006	95.20	1 198.42	122.09	159.48
2007	80.68	1 024.79	15.26	221.28
2008	174.75	1 217.28	358.78	403.39
2009	110.17	1 091.69	234.02	228.57
2010	67.58	961.28	298.28	204.72
2011	115.01	1 057.41	363.64	386.47
2012	95.24	796.37	379.08	231.07
2013	310.66	869.20	515.26	402.55
2014	567.75	789.48	392.50	672.54
2015	124.39	603.27	511.17	615.83
2016	58.87	624.95	922.21	1 103.56

数据来源：联合国贸发会议（UNCTAD）数据库。

(三) 跨境证券投资进出规模增大,双向流动结构不同

2010年以来,我国证券市场对外开放规模日益扩大,尤其是针对跨境证券投资者。其中,2012年中国新批准的QFII数额比2007—2011年总额还多,新批准的RQFII(人民币合格境外投资者)额度是2011年的4.3倍。这不仅增加了国际资本投资中国的通道,加速国际资本流入中国,还给国际市场一个示范效应,利于中国进一步扩大资本市场开放,提升与其他资本市场的互联互通。这些都直接促进了外国投资者投资中国证券市场的热情,提高了居民、企业和金融机构国际资产配置的效率。

总体来看(见表3-18),中国跨境证券资本进出水平都呈现双向流动格局,且进出口规模逐步上升,尤其是跨境证券投资流入。例如,2001年跨境证券仅流入12.48亿美元,而2014年流入量高达932.44亿美元,增长超过73倍,但是2015年流入态势减弱,这主要是受到中国在2015年发生股市剧烈震荡的风险影响。从跨境证券流出来看,仅在2006年和2015年呈现大幅流出态势,流出规模分别达到1 112.78亿美元和732.09亿美元。而后者主要是受到2015年中国股市动荡的影响而流出。前者的原因有两个:一是主要发达国家持续提高基础利率,吸引资本跨境流出。例如,2006年美联储4次加息,联邦基金利率达到5.25%,欧元区基准利率也达到了三年来的最高点,日本央行6年来首次升息,这极大地吸引了境内机构证券投资流出的增加。二是国内机构如国内银行、证券机构和保险公司[1]等外汇资产运用日益多元化和国际化,相应扩大了对境外有价证券投资。同时,商业银行纷纷进行股份制改革和境外上市,首次公开发行(IPO)规模屡创新高,可运用外汇资金大幅增加。数据显示,中行、招行和工行先后在境外首次公开发

---

[1] 2006年已有中国工商银行、中国银行、中国建设银行等8家商业银行获中国银监会批准代客境外理财业务资格,其中7家银行已获得国家外汇管理局批准的98亿美元投资购汇额度。平安保险(集团)股份有限公司、中国人寿保险股份有限公司、中国人民财产保险股份有限公司、太平洋保险(集团)公司4家保险公司获准以自有外汇进行境外证券投资。中国人寿保险(集团)公司和泰康人寿保险股份有限公司2家保险公司获准购汇进行境外投资。

行H股的筹资额共计298亿美元。这些都导致我国对外证券投资大幅增长。由此可见,我国跨境证券资本双向流动格局的发展态势是我国渐进有序开放资本项目的结果,标志着我国的金融开放到了新阶段。

表 3-18 2001—2015 年中国跨境证券投资流动情况

(单位:亿美元)

年 份	证券投资流入	证券投资流出	证券投资净流入
2001	12.48	206.54	−194.06
2002	17.52	120.95	−103.42
2003	84.44	−29.93	114.37
2004	132.03	−65.40	197.44
2005	214.47	261.57	−47.10
2006	428.61	1 112.78	−684.17
2007	209.65	45.22	164.43
2008	96.54	−251.98	348.52
2009	296.13	25.26	270.87
2010	316.81	76.43	240.38
2011	133.91	−62.48	196.39
2012	541.70	63.91	477.79
2013	582.44	53.53	528.91
2014	932.44	108.15	824.29
2015	67.39	732.09	−664.70

数据来源:中国外汇管理局。

另外,从资本流动形态看,我国对外证券投资仍呈现金融部门多、实体部门少,债权投资多、股权投资少的格局,其中证券投资流出几乎全部表现为债务投资形式,而证券投资流入中的股权投资金额明显高于债务投资(见表 3-19)。例如非银行部门对外证券投资以合格境内机构投资者(QDII)渠道为主,银行部门是对外投资主力,但投资集中于同业存拆等流动性资产,并受政策约束、风险偏好等因素影响,又以债券投资为主。主要原因有:一是欧美债券市场非常发达,为中国大型金融机构资产组合及外汇储备资产投资提供了高等级固定收益证券。二是随着国有商业银行股份制改革进程的加快,国内金融类企业引进战略投资者、海外上市募股资金大幅增加。三是我国经济表现强劲、全球流动性泛滥、股市表现良好、人民币升值预期强烈等多重因素共同作用的结果,更反映了我国相对于绝大多数新兴市场经济体所具有的主权信用评级较高、增持人民币资产的意愿不断增强、经济增长前景较好等优势,人民币正逐步成为全球私人和公共投资者分散投资的一个选择。四是由于我国固定收益证券市场不发达、投资工具不丰富、投资渠道不畅通,与外国金融资本投资风险收益不匹配等,导致跨境证券投资流入中股权投资占主要。因此,在我国逐步开放资本市场的前提下,导致跨境证券投资不断流入或流出。

表 3-19　中国跨境资本流入和流出组成部分占比　　（单位：%）

年份	证券投资流入		证券投资流出	
	股权投资	债券投资	股权投资	债券投资
2001	68.01	31.99	−0.15	100.15
2002	128.37	−28.37	0.00	100.00
2003	91.54	8.46	0.00	100.00
2004	82.73	17.27	0.00	100.00
2005	95.91	4.09	0.00	100.00
2006	100.00	0.00	1.31	98.69
2007	88.14	11.86	335.92	−235.92
2008	87.67	12.33	−8.66	108.66
2009	98.32	1.68	1 609.33	−1 509.33
2010	98.98	1.02	110.29	−10.29
2011	39.64	60.36	17.67	82.33
2012	55.20	44.80	−31.75	131.75

续　表

年　份	证券投资流入		证券投资流出	
	股权投资	债券投资	股权投资	债券投资
2013	55.96	44.04	47.28	52.72
2014	55.68	44.32	12.96	87.04
2015	222.06	−122.06	54.20	45.80

数据来源：中国外汇管理局。

（四）跨境"热钱"持续流出现象，威胁我国金融稳定

理论界对国际"热钱"（Hot Money）并没有规范的定义和衡量标准，一般指国际短期套利资本。由于我国对资本账户管制较严，国际收支平衡表的项目不能真实反映我国国际资本流动的真实情况，故在我国还存在着大量的地下资本跨境流动，很难真正统计"热钱"规模。这种未经官方批准的资本流动，可利用国际收支平衡表中的"净误差与遗漏"[①]项进行分析。虽然"净误差与遗漏"项不能精准地反映未经统计的国际资本流入和流出情况，但在一定意义上也能说明资本流出的大致情况，它反映一部分未经合法渠道流出或流入的资金以及统计误差。当忽略统计误差时，该项目为正则表明有非正常资本流入，该项目为负则表明有非正常资本外流，即资本外逃。除此之外，还有大量资本通过贸易伪报、混在 FDI 等渠道中流动。如图 3−2 所示，自 1998 年以来，净误差和遗漏基本为负值，且流出规模逐步增大，说明我国存在疑似"热钱"连续流出的现象，尤其是 2009—2015 年。例如 2015 年净误差和遗漏的数值达到−1 882.44 亿美元，如此大的规模可间接反映我国存在一部分跨境资本流出的现象。这些数据或暗示有更多的资金通过隐性的方式外流出去，这在一定程度上反映了我国资本外流的巨

---

① 误差与遗漏是指编制国际收支平衡表时，因资料不完整、统计时间和计价标准不一致以及货币换算等因素所造成的差错和遗漏，它是为使国际收支核算保持平衡而设置的平衡项目。根据复式记账原理，国际收支平衡表中的借贷双方应相互平衡，两者之差应该等于零。当贷方总计大于借方总计时，差额数列在"误差与遗漏"的借方，当借方总计大于贷方总计时，差额数则列在"误差与遗漏"的贷方。

大压力。由于这类资金外流更加难以用监管手段加以控制,且这种外流进一步加速,则可能成为影响金融稳定的切实忧虑。

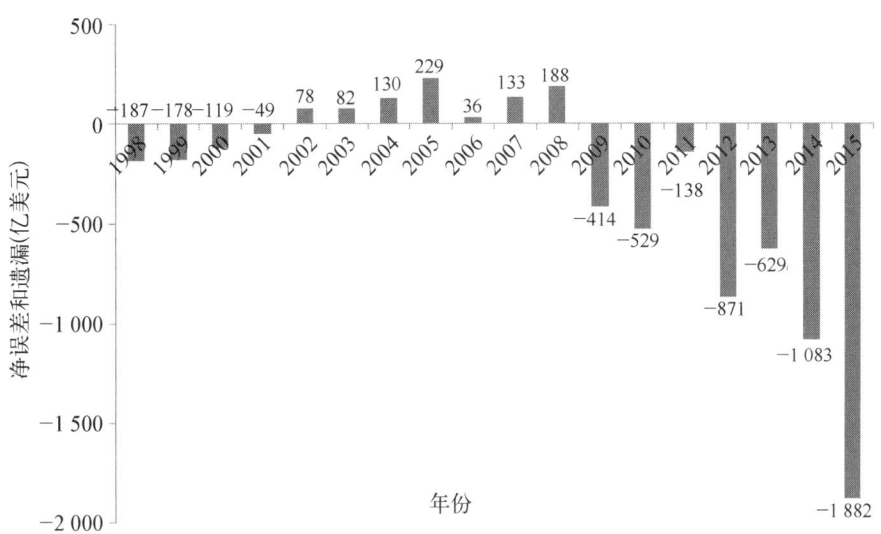

图 3-2　1998—2015 年中国国际收支平衡表中净误差和遗漏
数据来源:中国外汇管理局。

二、人民币国际化过程中利率、汇率变动与我国国际资本流动

由于利率市场化后一国利率波动更加频繁和剧烈,在资本账户率先开放的情况下,往往带来国际资本的大规模流动。而国际资本的大规模频繁流动,将对一国金融体系带来较大冲击,如果应对不力,将造成金融体系和金融市场的剧烈波动,甚至带来金融危机。从各国金融实践看,利率、汇率变化主要带来短期资本的流动,而短期资本的频繁流动会对一国金融市场稳定和对外平衡产生重要影响。根据利率平价理论,导致资本跨国界流动的因素主要有三个:一是,利差的相对变化,即资本通常由利率低的国家和地区流向利率高的国家和地区。二是,汇率状况导致的本币预期贬值率的变化,即本币面临的贬值压力的上升(下降)会导致资本从本币(外币)向外

币(本币)的转移,发生资本流出(流入)。三是,利率和汇率之间的联动关系,即资本流动的方向不仅取决于利率差异和汇率水平,而且取决于利率和汇率之间的相互影响。

(一)利率变动与我国国际资本流动

当各国利率存在差异时,投资者通常希望将资本投向利率较高的国家,这种套利行为会导致资本的跨国界、跨市场流动。利率对国际资本流动的影响在于人民币持续升值,市场就形成了对人民币未来汇率升值的预期,在资本账户开放的情况下,中国利率市场将形成中外利差扩大的预期,吸引更多短期投资资本流入,给人民币造成了汇率升值压力。当下,我国利率市场化改革不断加快,将国家对货币政策的操作由以数量和目标为主转向以价格工具以及目标操作形式为主,这一过程将会带来中国与主要发达国家的利差扩大。加之,我国资本账户开放也在有条不紊地推进,这一过程毕竟对我国的国际资本流动方向和规模产生较大影响。对中国国内而言,利率是国内资金的价格,是影响国际资本流动的主要因素之一。当国外利率上升时,会提高国内资本流出动机;反之,若国内利率上升,将会吸引大量外部资金流入国内。因此,我国在推进利率市场化进程中,需要避免利率的大幅度波动。另外,根据欧美国家利率市场化改革经验,利率实现市场化之后,该国利率波动幅度将会更加频繁和剧烈,尤其在资本账户开放的情况下,将会导致国际资本流动大规模波动,将会给本国金融系统乃至经济带来巨大冲击。假使国内应对措施采用不当,将进一步导致金融市场的剧烈波动,甚至爆发金融危机。因此,需要高度关注利率变动,尤其是利率市场化改革对我国国际资本流动的影响,在推进改革的过程中,要不断完善配套措施,健全风险防范网络,使各种风险充分可控。

(二)汇率变动与我国国际资本流动

投资收益能否实现不仅取决于利率水平的高低,而且取决于汇率水平预期变动率。如果汇兑损失超过了利差收益,投资者就会蒙受损失。一国货币成为国际货币后,资本市场的开放、资金的国际自由流动会导致本国金融体系波动性增强。同时,大量货币转移也会导致本国汇率波动幅度增加,不利于外汇市场的稳定发展。一般情况下,一国货币贬值说明该国外币的购买力下降,这会导致更多的外资流入该国,如果市场预期该国货币贬值是短暂的,则可能进一步吸引长期资本流入,因为该国货币短暂的贬值可用等量的外币购买到比以前更多的劳务和生产原料,使长期资本流入的成本降低,未来升值后其投入也会随之增值。然而,若市场预期这种贬值是长期的,则会对国际资本流动产生负面影响,资本可能会大规模流出,大量资本开始流出该国,寻求能够保值增值的项目。另外,本币贬值还会因为相对购买力的下降造成通货膨胀的预期效应,使该国货币进一步贬值,从而导致投机性资本的外流。随着我国人民币汇率形成机制和人民币国家化的深入推进,我国汇率波动开始展现出与全球汇率市场具有较大的同步性和关联性,其中如在岸市场汇率、香港离岸市场汇率、境内外人民币汇率预期等汇率因素将对我国国际资金流动的影响日益增强。同时,受到境内外汇差、汇率预期等因素影响,人民币跨境资本净流入和净流出相互交替,融资套利模式不断推陈出新,国际资金流动的波动性不断加大。同时,在人民币汇率双向波动的前提下,国内企业开始倾向持有外汇,偿还国内外汇贷款加快,外资企业利润汇出等也显著增长。当下,汇率因素已经俨然成为影响我国对外投资企业以及外资企业跨境收支剧烈波动的重要因素。

(三)利率、汇率联动与我国国际资本流动

在市场机制下,利率与汇率具有高度相关性,两者在变动中保持相互制约之势,其中利率对汇率的影响较为显著,同时两者对一国货币的国内供应量和内外均衡都具有重要影响。一方面是利率对汇率的传导。首先利率通过经常账户对汇率产生影响。如利率变动会影响企业生产成本,进而影响企业进出口,引起一国国际收支的变动,最终影响汇率。假如,一国利率上升,出口企业生产成本增加,使得该企业出口的商品竞争力降低,出口下降,使得该国国际收支产生逆差,会导致本币贬值和本国汇率下跌。其次,利率通过资本账户对汇率产生影响。一国利率变动将会通过影响套利资本流动,进一步影响该国国际收支的变动,最终影响汇率变动。例如,一国利率上升,将会出现大规模国际资本流入,进一步增加市场对本币的需求,国际收支将会出现顺差,带来本币升值的压力。在外汇市场上,为了规避汇率风险,投资者通常在远期外汇市场上卖出高利率国家的货币。利率较高的货币的即期汇率上浮,远期汇率下浮,出现远期贴水;利率较低的货币的即期汇率下浮,远期汇率上浮,出现远期升水。当下,我国正在实行利率市场化改革和加快推进对外开放,但是危机后我国经济增速开始放缓,而美国开始实施收缩的货币政策,导致美国利率上升。此时,我国将会面临两难境地,降低利率刺激国内经济,不仅会引起我国国际收支失衡,还会使得国内利率变动失去市场调节功能,加剧国内失衡。因此,我国若想实现利率市场化改革,需要同步推进汇率形成机制的市场化,形成利率和汇率之间健康有效的联动。

三、中国资本市场逐步开放后的风险分析及政策建议

(一) 风险分析

1. 增加了中国宏观经济的波动风险

首先,短期国际资本的流入对我国货币供给会产生扩张效果,增加了保持物价稳定的压力。其次,短期国际资本流入会促进投资的过度增长。再次,短期资本流入伴随的财富效应又间接地拉动了国内投资的热情,最终形成了国内投资需求过度扩张的风险,投机资金流入滋生金融泡沫。短期国际资本流入的投资促进效应会进一步加剧过度投资的风险,加剧拉动经济增长的动力结构失衡问题。最后,短期国际资本流动增加了金融市场的波动性,造成经济系统的不稳定。新兴市场经济体频繁的国际游资流动与其国内金融风险之间存在非常强的关联性。相对其他新兴市场经济体而言,我国经济规模庞大、外汇储备充裕,因而短期国际资本流动造成系统性金融

危机的可能性并不令人担忧。但我国经济体系存在的需求结构失衡、产业结构不合理等问题不可忽视。因此,即便是存在严格管制的条件下,短期国际资本流动仍能对我国金融市场造成较大影响。

2.加剧了中国外部经济失衡的风险

首先,跨境资本流动导致的外部经济失衡风险体现在数量和价格两个方面,其中数量方面的失衡即国际收支失衡风险,而价格失衡则表现为汇率稳定性的丧失。多年来,我国的国际收支在出口导向型经济模式和吸引外资政策的双重作用下,基本上处于双顺差状态。跨境资本的大规模流入并不会转变国际收支顺差的基本状况,反而可能从名义上扩大国际收支顺差。但大量游资通过经常项目和资本项目渠道流入,加剧了我国国际收支顺差虚高问题。这不仅在名义上夸大了顺差的规模,还影响到国际收支调节政策的准确制定,不利于国际收支平衡的恢复。从价格角度看,短期资本流动增加了人民币汇率波动的风险。人民币汇率形成机制经过改革,虽已具有一定弹性,但还没有实现完全的自由浮动,与美元的比价关系仍十分密切。其次,人民币汇率波动风险加大。人民币跨境资金的大进大出同样会影响我国汇率稳定,加大汇率波动风险。短期国际资本流动从名义汇率上构成人民币更大幅度波动的压力;再通过离岸市场汇率的大幅度波动倒逼内地人民币汇率风险增加;另外,央行为维持汇率稳定的外汇接盘干预行为导致本币过量投放,最终导致实际汇率波动。

3.加大了流动性和货币总量统计分析的难度

以人民币跨境贸易结算的清算行模式和代理行模式为例。清算行模式指境外企业可以借助于境外清算行接入央行的CNAPS清算网络,与境内企业完成人民币资金跨境结算和清算。代理行模式是指境外企业可以通过境内代理行的人民币同业往来账户与境内企业开展跨境结算业务。在人民币净流入的背景下,如果采用清算行模式,意味着境内企业在境内商业银行的存款增加,境内商业银行在央行的准备金增加,将刺激货币供给。如果采用代理行模式,意味着代理行的境内存款增加,境外人民币同业存款减少,但由于同业存款尚未纳入央行准备金核算的统计口径,境内代理行在央行的准备金增加,流动性和货币总量相应增加。因此,人民币的跨境流动干扰了央行对货币供给数量和货币乘数的统计和分析,影响了货币政策的独立性,导致宏观调控的难度增加。

4. 增加了宏观经济政策失效的风险

人民币升值与国际利差带来的短期套利资本规模较大,且流动渠道较多,势必会增加宏观经济政策,特别是货币政策失效的风险。货币政策效果的下降会降低货币当局对实体经济的调控能力,甚至产生破坏性结果。如货币当局应对通胀的加息政策会增加国际套利交易的利润空间,进而吸引更多短期外资流入,并促进了国内金融市场的活跃。最终有可能放大货币乘数,同时逼迫央行通过外汇占款被动投放货币。从经验角度看,多国数据的实证结果都表明短期资本对货币政策的抵消风险广泛存在。

(二) 政策建议

当下,我国在双向投资布局战略中如何实现风险的最大化控制,降低国际资本大进大出对金融市场的冲击,具体建议如下:

1. 疏堵并举,适度控制国际资本流动的规模,及早做好国际资本发生大规模流出的应对措施,建立国际资本流动预警机制

首先,加强监管,通过各种手段适度控制短期国际资本流动规模。要结合外汇占款、贸易收支、商业银行结售汇等金融数据,增强对于跨境资本流动的监控。加强监管除了要打击通过虚假贸易、虚假 FDI 和地下钱庄方式的热钱流动之外,还可以通过一定体制内方式——税收手段来实施。其次,拓宽短期国际资本跨境流动的正规渠道,将短期资本流动置于阳光之下。如扩大 QFII 规模或在其他资产市场领域逐步推广合格境外投资者制度等。再次,建立健全国际资本异常流动的预警体系。国际资本流动的预警体系是预防和监管跨国界金融风险传导的有效工具,它通过选取不同部门的经

济指标来检测跨境资本流动风险。对于预警体系的建立需要从以下几个方面着手：一是国内宏观经济金融运行指标体系。如选取 GDP 增长率、相对通胀率、货币发行增长率等指标；目的是反映东道国宏观经济市场的稳定程度；二是国内微观金融体系运行指标。如选取银行部门的信贷增长率、杠杆率、资本充足率、不良债券占总资产比率等，资产市场中股票价格指数上涨率、房地产价格增长率等，目的是着重检测国内金融机构在日常运营中的健康状况；三是国际经济金融运行指标。如选取经常账户赤字、长短期外债占总外债比例、私营部门偿债率、对欧盟国家的外贸依存度、外汇储备、汇率和利率等反映东道国国际竞争力的指标，目的是监控东道国外部风险及其自身对外依赖程度等。这样通过建立各维度的预警体系，确立各预警指标在合理范围内的安全值，在金融危机前期做好应急响应措施，预防由国际资本流动逆转带来的风险甚至危机。

2. 理顺市场，从根本上压缩国际资本的套利空间，降低投机性国际资本流动的压力

首先，加快人民币汇率市场化改革进程，降低市场主体对人民币短期内过快升值的预期，通过有序的实现人民币汇率市场化进程，来逐步打消和遏制国际资本的套汇动机。同时，人民币汇率市场化改革的方向是增加汇率弹性，以适应本国经济为标准建立浮动汇率机制。其次，加快利率市场化进程，降低对货币政策的过分依赖。利率市场化有利于资金价格的调节机制发挥作用，通过市场配置的手段降低国内外利率差，压缩国际资本的套利空间。最后，完善资产市场机制，抑制投机性泡沫。逐步建立和完善资源性商品定价机制，积极完善以股市为代表的资本市场机制，坚持房地产市场的宏观调控政策，通过多种渠道和方式降低投机性泡沫。

3. 推进收入分配结构、产业结构、区域经济结构调整，降低与分散国际资本的流动风险，合理调整经济和产业结构，提高我国对跨境资本的吸收能力

一是，推动社会保障机制建设和收入分配结构改革，增加居民收入，促进国内消费,发挥投资、进出口与消费对经济增长的协调拉动作用,降低经济发展的对外依存度与国际资本流动的风险。二是,适度放开行业投资限制,畅通国际资本投资渠道,降低其流向金融市场、房地产市场或其他资产市场进行投机而催生资产泡沫的风险。三是,要把国际资本流动风险的防范与产业结构升级、区域经济结构的优化结合起来。要引导与鼓励跨境资本投资我国的高新技术产业与战略性新兴产业,合理发挥其在我国产业结构升级方面的作用。要有效解决国际短期资本在部分发达区域集聚的问题,引导其参与到我国西部大开发、东北老工业基地振兴与中部崛起战略的实施上来,拓宽区域经济协调发展战略实施的资金来源渠道,分散国际资本在发达地区过度集聚引发的风险。四是,努力维持国际收支的动态平衡,培养多元化的出口市场,降低对欧美市场的依赖度。国际收支动态平衡主要是指国际收支在总量和结构上都保持平衡。具体来说,在短期内保持总量平衡,在长期内保持结构平衡,这样才能够在预防国际资本带来冲击的基础上,保持宏观经济稳定和可持续发展。随着我国对外贸易规模的不断增加,我国对欧美市场的出口规模也在飞速增长,目前欧美已成为我国最主要的出口国,意味着欧美民众的消费需求日益成为影响我国出口规模的主要因素,同样也决定着流入我国的国际资本规模,这种受制于人的单一化的出口市场是十分危险的,此次美国爆发金融危机也使得我国的对外贸易需求大幅锐减,成为受影响最大的发展中国家之一。因此,中国需要逐渐调整和改变这种出口结构,拓展其他国家的出口市场,减少美国金融风险对我国传导的渠道。五是,逐渐改变国内经济发展结构,正确引导国内产业发展结构和保持正确的消费模式,发展内外需结合的多元化经济增长路径。由于我国一向以外需型和资金对外依赖型的经济发展模式主导国内产业结构,一时很难改变原有的经济发展模式和产业结构,而采取渐进转变的改革策略将会是较好的选择。

4. 客观认识国际资本的"双向"流动态势，制定相应的管理策略，明确国际资本流动风险管理的阶段性任务

近几年，欧美等发达国家经济开始缓慢复苏，而新兴市场国家经济增长由危机过后的短暂繁荣集体转入下滑态势，国际投资者开始重新审视新兴市场国家的投资前景，更加注重对全球投资风险的评估。处于转型期的中国，受到内外部短期因素的冲击，国际资本出现流进、流出的现象在所难免，需要对这种"双向"波动保持一定的容忍度和灵活度。一方面，合理引导国际资本的流向，着重吸引中长期资本，防范和规避短期资本的冲击。主动吸引那些有利于我国产业结构调整、符合经济转型需要的中长期跨境资本，可将监管重心放在资本的流向和用途上。合理疏导短期跨境资本，对那些以国内资本市场尤其以房地产市场投资类为主的资本，应该设定相应的风险承担标准，严格审批程序，防止以套利为主的资本进入。另一方面，坚持对国际资本流动的"双向"调控，建立有效的资本流出渠道。其中最重要的是提高我国企业对外投资水平，逐步减少企业对外投资的限制，运用合理的产业政策引导对外投资的企业。提高企业对外用汇自主权，为其在经常项目和资本项目下用汇提供便利。

另外，国际资本流动尤其是短期国际资本的主要特点是具有很大的波动性与易变性，对于对象国的宏观经济形势变化具有很强的敏感性，流动的阶段性特征比较突出。因此，我国对国际短期资本流动风险的管理不仅要制定长期目标，而且也要根据宏观经济形势变化的实际来明确短期阶段性目标：从长期来看，处于工业化与城镇化快速发展阶段的我国经济快速增长趋势不会改变，稳定的实体经济、大体平衡的贸易收支状况与渐进开放的金融体系对国际资本的吸引力依然强劲，国际资本的阶段性流动规模的波动不会影响长期一定规模流动的大趋势。因此，国际资本风险管理的长期目标是逐步建立与完善国际资本流动风险预警系统，改善长期管制带来的资源配置扭曲状况，提高金融体系的抗风险能力，维护金融体系稳定。从短期来看，国际金融危机的后续影响及美债危机、欧债危机的持续使国际经济形势日趋复杂。国内经济2012年以来也出现了下行的压力，经济增长速度的深度回调及未来增长预期的明显下降，为国际资本的逆转流出提供了可能。因此，当前我国防范国际资本流动风险的短期目标是防范其阶段性逆转风险，从强调规模控制向强调流向控制转变，强化资本流动逆周期调节，引导投机性国际资本转向投资性国际资本、短期国际资本转向长期国际资本，以防范短期资本单边过快逆转流出给我国经济发展造成冲击。

5. 处理好推进资本项目开放、深化利率市场化体制、推进汇率市场化改革三者的协调关系，合理推进人民币汇率机制改革，提高我国汇率双向浮动弹性

通过前文分析可知，国际资本流动尤其是短期套利资本极容易受东道国汇率变化的影响，在东道国汇率出现升值预期时，跨境资本倾向于大规模流入以获得客观的利润回报，在汇率出现贬值预期时，又倾向于大规模流出。因此，保持我国汇率稳定成为解决国际资本流向问题的关键。因此，在汇率与利率市场化方面，外汇市场与货币市场之间存在利率平价机制，本外币利差是影响汇率的一个重要因素。如果人民币汇率和利率市场化相互脱节，任何一方的定价机制扭曲都将损害对方的效率，因此汇率市场化要跟进利率市场化的步伐。而在汇率市场化与资本项目可兑换方面，如果对资本流出继续保留较为严格的限制，民间对外投资特别是金融投资水平较低，不仅无法主动对冲掉我国近期内仍将持续存在的经常项目顺差，只能继续依赖央行吸纳外汇并积累外汇储备、降低货币政策效率，而且也将抑制外汇市场供求多样化，汇率波动缺乏调节对象，使汇率形成机制陷入僵化状态。因此，应推进资本项目开放、深化利率市场化机制、推进汇率市场化三者之间内在联系、相互依赖，三者之间必须协调发展。另外，分步骤有计划地实施人民币汇率机制改革，而非简单调整。汇率机制改革实质上是提高汇率形成的市场化程度，在改革顺序上应该先进行利率市场化改革。由于我国已经推行了贷款利率市场化，接下来需要考虑如何进行存款利率市场化，即先

建立存款保险制度,以此为契机,逐步放开存款利率上限,并最终实现利率市场化。在此基础上,再推进人民币汇率机制改革。再则,在人民币汇率机制改革过程中,可先设定一个中心汇率,围绕中心汇率逐步扩大人民币有效浮动范围,理顺汇率中间价形成机制,从而可以为我国资本项目的进一步开放创造有利时机,形成国内外井然有序且高效的金融市场体系。最后,还需同步进行汇率监管机制改革,可将以前以行政手段为主导的管理模式逐渐转向以市场化调整为主导的管理模式上来,如价格型工具的运用等,监管重心可放在防控汇率单边升值预期上,目标是将汇率维持在合理的范围内。

第四章
国际资本流动与银行体系的顺周期性研究

　　国际资本在大规模流入东道国时，容易给东道国银行体系的稳定性造成威胁，因为国际资本大规模流入或流出容易导致东道国的银行资产负债表出现扩张或收缩，若该东道国金融监管政策有效、银行体系健全，国际资本的这种大进大出的行为给金融市场造成的风险相对较小。因为，当国际资本大规模流入时，该东道国国内银行将会严格按照借款人的还款能力来综合决定贷款规模和利率，并保留相应的预备金来应对可能出现的呆账或坏账，以便可以避免贷款集中于风险相对较高的某一借款方。即使将来发生外部冲击导致国际资本大规模流出，东道国国内银行体系也有能力解决因贷款收缩而产生的一系列问题。然而，若东道国金融监管水平较低、银行体系发展不成熟，国际资本的这种大规模"进出"会给东道国造成严重的金融问题，甚至爆发金融危机。例如当国际资本大规模流入东道国时，刺激国内经济朝着欣欣向荣的方向发展。同时，银行过多的流动性必然会通过增加信贷规模的方式缓解，极容易导致过度信贷，同时银行低水平的审查标准也会给自身带来巨大的违约风险。一旦国际资本出现大规模流出，那么此时国内银行会由于没有足够的准备和缺乏管理风险的经验而陷入困境，不得不求助于本国的央行，给本国金融系统造成极大的威胁。下面，本书就将针对东道国和全球银行系统中的国际资本流动进行分析，揭示其对东道国金融市场稳定产生影响的机理。

第一节　银行体系顺周期性的理论分析

2008年全球金融危机爆发以来,金融系统顺周期性及其在金融领域引起的重大风险等重新引起了学术界和政策当局的重点关注和讨论,研究结论大都指出这次危机的爆发很大程度上都深受金融顺周期性的影响。由于银行业在金融部分占据重要地位,而金融顺周期性主要体现为银行业务的顺周期性,也是导致这次金融危机大爆发的微观原因。纵观历史,银行顺周期性在历次金融危机中扮演着重要作用,银行顺周期性行为导致金融风险累积,导致金融系统脆弱性产生。然而,顺周期性是银行体系的固有特征,其中银行的信贷投放是形成顺周期性的主要推动力,另外,银行部门在风险管理过程中采用的微观审慎监管规则还会进一步加剧银行的顺周期性。同时,巴塞尔资本协议的特点如资本约束与监督机制、公允价值会计准则等也使得银行顺周期性难以消除。国内外相关学者研究指出,宏观审慎的管理政策能够有效缓解银行业的这种顺周期性,将银行业过度顺周期性问题纳入宏观审慎的监管范围内,可以有效提高整个金融系统的稳定性。本节通过理论和实证分析银行体系顺周期的原因和表现以及与国际资本流动的关系等,对如何弱化银行体系顺周期性问题给出相关对策建议。

一、银行体系顺周期性的理论基础

(一) 经济周期与顺周期性

在现代宏观经济学中,经济周期又称商业周期或景气周期,一般是伴随着经济发展趋势,总体经济活动会有规律地扩张或收缩,呈现周期性波动。传统观点认为,经济周期性波动可分为四个阶段,即衰退期、萧条期、复苏期以及繁

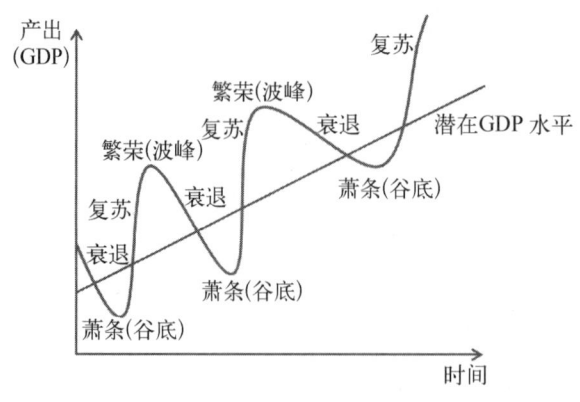

图 4-1 经济周期波动的四个阶段

荣期(见图 4-1),这四个阶段会频繁地交替和转换,通常每个阶段持续时间为 2—10 年,波动通常以经济中众多微观经济主体同期的扩张和收缩为特征。具体表现为,实际经济 GDP 围绕着潜在 GDP 上下波动,每一个周期都分为上升和下降两个阶段。在上升阶段即复苏阶段,直至达到繁荣(波峰);随后,经济由盛转衰,进入下降阶段即衰退期,直至达到萧条(谷底),这将会引发系统性风险,甚至爆发危机;之后由衰转盛,经济再一次进入上升阶段。经济从波峰到波峰,或从谷底到谷底,即经历了一个完整的经济周期。在宏观经济学中,主要表现为经济增长率不断经历上升和下降的交替过程。凯恩斯(1936)认为,"我们所说的周期性运动是指当系统向某一方向如向上运行时,最初有一种力量推动它们向上并形成聚力,且彼此间具有累积效应,但会逐渐减弱直到某一点时,它们倾向于被相反方向的力量所替代,然后依然是形成聚力,相互强化,直到达到了最大强度,随后仍是逐渐减弱并重新回到另一个方向"。在经济学不断向前发展和完善的过程中,经济学家们对经济周期的理解和认识开始出现了变化,即学术界认为经济周期的波动变换形式不一定是固定的,也不一定是多个固定周期的组合,而是多种随机性冲击因素对经济活动产生的放大和收缩的效应。由此,Blinder 和 Fisher(1981)提出了经济周期的概念,指出"经济周期是产出偏离其长期趋势的序列相关变化"。

(二)经济周期与金融经济周期

在经济不断发展壮大过程中,金融因素在国民经济中的作用日益突出,金融和经济之间的波动呈现日益紧密的相关性。相对于传统的经济周期理论而言,金融经济周期是一个相对较新的概念,一般是指由金融因素引起的,并通过金融系统传导的,导致经济和金融都呈现周期性波动。金融经济周期理论实际上反映的是经济波动与金融因素之间的相互关系,是金融因素对经济活动的一种影响。金融部门发展历程反映了金融体系也具有内在的顺周期性,这种顺周期性会加剧经济周期的波动程度。顺周期性通常是指在一个复杂系统中,存在一种具有政府反馈机制的增效器,引起自激振荡和零点漂移。在金融系统中,这种顺周期性主要表现为在经济周期的更迭过程中,金融风险借助于金融系统内部以及金融系统与宏观经济活动的相互影响而被不断地放大,其中微观个体的金融风险具有外部效应,虽然从微观层面来看金融个体的行为具有合理审慎性,但是一旦这种行为成为金融机构的一致行动,就会导致宏观层面的"合成谬误",对整个金融系统的稳定构成威胁。具体表现为:首先,是信贷周期理论,主要是指由银行在经营过程中的行为导致的,并在银行内外机制共同作用下产生的信贷紧缩和扩张的现象。主要是由信息不对称导致的。其次,是金融加速器理论,这也是深入研究金融系统顺周期性的重要前提。其中以 Bernanke 和 Gertler 为主要代表。金融加速器理论也是以信息不对称为主要前提。在微观主体中,由于企业信息的不对外公开,导致银行尤其是商业银行在获取相关信息时付出较大的经济成本,导致市场中资金的配给存在效率和回报率都低下的现象,减少了企业内部融资途径,并提高了企业外部融资成本,若企业资产净值随着经济的外部冲击而出现与经济周期一致性变化时,这种现象则会通过银行的信贷市场传导并放大,最终会影响整个金融市场的稳定,给整个经济带来较大波动。可见,银行系统非顺周期性会放大经济冲击。

(三)金融危机与金融经济周期

在金融经济周期理论基础上,研究学者认为金融危机主要是由于市场的"羊群效应(herd behaviour)"和"射击过头(overshooting)"导致的。其中"羊群效应"主要是指由于金融市场的信息不对称,导致部门实力雄厚、经济规模较大企业可以通过市场进行信息收集和分析,其中中小型企业只能依靠大企业的政策措施和布局规划来间接判断和分析,这种具有跟随行为的态势被称为"羊群效应"。这种效应具有"多米诺骨牌"的传导特性,一旦大企业的经济判断预期和经济行为出现偏差或失误,将会导致重大的经济影响,甚至会威胁到整个经济社会的稳定性。"射击过头"主要是指在理性预期和信息不对称的前提下,理性的经济人对市场的风吹草动做出理性预期,并通过金融系统的传导,会放大或缩小经济系统中的冲击效果,给经济带来震荡。然而,一旦金融经济周期中的衰退阶段和萧条阶段的转换速度过快,转换幅度过大,在"理性预期"和"理性行为"的指导下产生"羊群效应"和"射击过头"等,将会导致金融危机的产生。例如关于2008年全球金融危机,在危机发生前大量学者认为美国房地产存在过热现象。其中Allen(2002)等人通过将房地产部门加入到伯南克模型中,就美国房地产的金融加速器进行深入研究,结论指出房地产资产价值的提升,将会导致银行部门对以房屋资产抵押为主的借款人授予较高的信贷额度,促使消费增加、投资高涨,同时房屋的资产价值还将进一步提高。当发展到借款人无力偿还贷款,但房屋也无法顺利出售时,银行部门将会面临严峻的坏账、呆账问题,资产市场出现巨大泡沫,一旦破灭将会危及整个金融市场的稳定,直至爆发金融危机。另外,Allen也指出,银行部门过度金融创新、监管部门金融制度缺陷以及监管松懈等在很大程度上推动了金融危机的产生。

二、银行体系顺周期性的表现

(一)银行逐日盯市[①]的资产负债表管理

在以银行为主的金融中介机构中,资产负债表的逐日盯市(mark to

---

① 逐日盯市是指每日无负债、每日结算这种适时调整自身资产负债情况的金融活动。这种制度主要运用于证券市场中,具体指在每个证券交易日结束后,交易所各结算部门根据当日计算的各种证券的结算价格,核准每个会员每笔交易的盈亏额度,以此调整会员的保证金账户,即将盈利部分计入贷方,亏损部分计入借方。若交易所发现会员账户上贷方金融低于保证金要求时,便会通知该会员在限定期限内缴纳相应金额,否则交易所将会限制该会员参加下一个交易日的交易活动。

market)现象已成为普遍特征。如在金融市场中,资产价格的任何轻微变动都会立即体现在银行的资产负债表中,并会对其净资产产生瞬时冲击。根据 Adrian 和 Shin(2010)的分析,在金融市场中,由于资产价格的正面或负面冲击,使得金融中介的资产负债表具有自我放大或收缩的特征,这一特征最终会导致银行部门乃至整个金融系统的流动性呈几何倍数的扩大或收缩。因为以银行为主的金融中介机构对资产价格的变动具有极强的敏感性,尤其是当该银行具有较高的金融杠杆时,这种敏感性就会更加强烈。随着资产价格不断变动,银行部门也会随之不断调整其金融杠杆率,[①]导致其金融杠杆出现顺周期性特征,即当经济处于繁荣阶段时,资产负债表中的资产价格上升,在负债不变的情况下,银行杠杆率就会下降,银行拥有的资本就会出现"过剩"的现象。一方面,资本的逐利性导致银行努力寻找投资机会或贷款对象,为此,银行倾向于扩大其资产负债表规模;另一方面,面对过多的宏观流动性,银行具有增加短期负债的冲动。于是,银行部门的杠杆率便会随着经济繁荣、资产价格上升而不断增加;反之,当经济处于衰退阶段时,资产价格的不断下跌,银行资产负债表中的资产不断减少,杠杆率上升,为了满足监管部门资本充足率的标准和要求,银行便会缩减信贷、减少负债,努力降低其金融杠杆,而"资产价格—收缩流动性"的恶性循环最终会引发银行部门的违约破产甚至更大规模的金融危机。由此可见,银行部门的金融杠杆具有顺周期性特征,而这种特征是通过其不断调整其资产负债表规模得以体现的,银行资产负债表的顺周期性动态调整极易对全球市场流动性产生影响。同时,这种顺周期性资产负债表集体调整行为则会给整个银行部门或金融市场带来极大的金融风险,造成"小冲击、大灾难"的现象。

---

① 杠杆率(Leverage ration)一般为企业或金融机构的财务指标,为利润变化率和收入变化率的比率。因为本书主要研究银行部门杠杆率,因而,将其定义为银行资产负债表中总资产与净资产(或权益资本)的比值,反映银行资产和负债的规模。高杠杆意味着相对其净资产来说,其拥有更多的负债规模,进行投融资活动,银行、证券、信托等金融机构一般采取这种杠杆经营模式。一般情况下,银行的高杠杆意味着经济处于繁荣阶段。银行、证券、信托等金融机构一般采取这种杠杆经营模式。

(二) 银行顺周期调整金融杠杆

银行部门对资产价格的变动存在着较大的敏感性,进而导致其杠杆率的变化,随着杠杆率的顺周期特征,这一变化会得到自我加强,并对金融机构和市场流动性产生强烈影响。下面,本书就主要分析在银行部门中,随着资产价格的波动,其金融杠杆是如何实现放大或收缩效应的。

首先,假定金融市场中存在的金融中介机构为银行,其总资产设为 A,净资产设为 E,负债为 D,那么其杠杆率为 $Leverage = A/(A-D) = A/E$。由前文分析可知,银行部门一般实行逐日盯市的资产负债管理方法,即根据资产价格的变化和风险价值(Value-at-Risk)的估量及时调整其资产和负债规模,实现最大化收益。当资产价格上升时,银行倾向于扩大其资产负债表规模,提高杠杆率;反之,则降低杠杆率。

其次,当经济处于繁荣阶段,银行资产价格上升幅度为 α,则其总资产将会增加,其值为 $(1+\alpha)A$,银行在未调整前的债务水平保持不变(即为D),此时银行的杠杆率为 $Leverage' = (1+\alpha)A/[(1+\alpha)A-D]$,对比之前的杠杆率($Leverage$)可知,$Leverage > Leverage'$,在未对资产负债进行调整前,银行的杠杆率下降,然而,银行对其资产负债表的管理具有顺周期特征,因而,面临充裕的流动性,银行会一方面会增加负债,另一方面将这些多余资金增加购买证券或发放贷款。假设银行增加负债 ΔD 使得银行杠杆率增加,并超过原先杠杆率($Leverage$),令 $D' = D + \Delta D$,那么下式将成立:

$$\frac{A(1+\alpha)}{A(1+\alpha)-D'} > \frac{A}{A-D}$$
$$\Rightarrow D' > (1+\alpha)D$$
$$\Rightarrow \Delta D > \alpha D$$

由此可见,银行负债上升幅度将会超过资产价格上升幅度(即为 α),同时,在负债方面,银行会想方设法利用其所拥有的净资产规模和资信情况增加更多的短期负债量,并极力寻找长期借款人将资金贷出去。因为相对短期贷款来说,长期贷款意味着银行可以以更高的利率来获取更加稳定的利润,这样一来将会产生两个后果:一是随着经济的繁荣昌盛,银行的自信心也日益膨胀,其负债规模便会以超过资产价格上升幅度的速度不断增加,造成自身杠杆率越来越高,直至经济出现不利冲击,这种高涨势头才会消减,而这种消减又会预示着经济衰退的开始,为银行体系的稳定性带来危险信号。二是银行"短债长贷"的偏好在经济繁荣阶段会得到进一步的加强,而在经济由盛转衰的过程中,在繁荣阶段累计的高风险贷款在此时开始出现借款人还款能力不足甚至违约等,产生大量呆账和坏账,而这种现象必将由银行体系传导至整个金融市场,给东道国乃至全球的金融市场带来沉重打击。

(三)银行信贷的顺周期性

银行信贷顺周期性主要是指银行具有在经济繁荣时扩展信贷、衰退时急剧缩减信贷的特征。具体说来,当经济处于繁荣或上行趋势时,资产价格上升,借款人财务状况良好,其资信状况大大改善并得以提高;银行和借款人对未来经济走势普遍持乐观态度,导致借款人不断增加借款额度;银行主动调整信贷政策并降低信贷审查标准,导致信贷大量增加。另外,在经济繁荣阶段,银行经营状况良好,加之外部流动性泛滥,欣欣向荣的外部环境降低资本风险溢价,使得银行对外筹资能力提高和筹资成本降低,这又进一步增加银行可利用资金,增加信贷供给。而当经济处于下行趋势或衰退阶段时,借款人盲目投资的错误选择此时得以表现,直接导致其财务状况恶化,而资产价格下跌又会导致其抵押品价值降低,贷款风险增加,甚至出现违约的情况。此时,银行由于前期大量放贷活动给自己带来极大的信贷风险,不良资产趋于增加,其资产负债表恶化。为了进一步减少损失和降低风险,银行大量缩减信贷、增加监管要求,外部融资成本增加导致金融市场流动性急剧减少,经济陷入低迷。伯南克等人(1998)曾指出,银行等金融机构的信贷会随着经济活动的周期性变动而变动,在经济繁荣时银行信贷迅速扩展,在经济衰退时信贷迅速缩减并伴随资产负债状况的恶化。

银行信贷这种顺周期性一方面会放大经济周期性波动；另一方面还会增加其自身风险。尤其是当今全球金融一体化趋势明显的情况下，国际资本大规模、方向性运动，使得这种顺周期性的信贷活动在经济繁荣时被成倍数放大，在经济衰退或经济危机时带来几何倍数的破坏作用，并能够将金融市场风险成功的转嫁给东道国，阻碍其经济进一步复苏势头，尤其是在以银行体系为主导的东道国金融市场中，如中东欧和独联体国家。对银行资产负债表的功能进行分析：从资产方来看，当大规模国际资本流入东道国时，由于银行拥有较高的流动性，尤其是那些外资银行占据较大份额的东道国（如中东欧国家）。面对这种局面，国内银行和外资银行往往会提高自己的授信能力，扩大银行的资产规模，追求具有高收益但同时又具有高风险的超额利润，降低挑选借款人的条件，或者将大量贷款贷给某个具有较高投机功能的领域，如房地产和证券市场等，使得这些部门的资产价格剧烈攀升。这样又会进一步刺激银行贷款向这些部门集中，资产价格泡沫就这样被越吹越大，此时东道国的银行系统便具有较高的金融风险。从负债方来看，由于东道国国内银行或国内的外资银行大都是通过批发融资或内部资本市场向全球资本市场或跨国银行总部进行融资的。当国际资本大规模流出该东道国时，巨大的提现压力和流动性紧缺，将会给该国银行系统造成致命的一击，加之国内存款人之间又会产生"羊群效应"，将会进一步引发大规模资本从银行系统流出，甚至导致银行破产倒闭。

(四) 国际资本流入对银行体系资产负债表结构影响

由上可知，银行金融杠杆具有顺周期性特征，因而，当国际资本大规模流入东道国时，其银行体系必然会因外币或本币负债增加而使其所拥有的流动性增加。此时，若央行以政府证券为工具对流入的国际资本进行完全对冲时，那么国内银行体系资产负债表将不会发生改变；若央行未进行冲销，那么国内商业银行体系的流动性将会增加。在留存一部分准备金外，超额部分将会被银行进行大规模放贷或证券投资,形成更多的本币资产,以获取更多的经济利润,银行体系资产负债表规模将会被迅速放大。一方面,银行贷款规模的增加,将会导致企业或个人信贷规模不断扩大,相对充裕的资金环境促使银行不断降低信贷条件和标准,使得那些利润低、资信差的企业也获得大量贷款,随着经济不断繁荣和扩展,新一轮的信用风险也在不断孕育。另外,从以往的经验可见,一般国际资本在进入东道国后大都流向如房地产和消费等领域,这将会导致东道国国内经济发展出现严重的"偏科"现象。一旦经济发展环境恶化,国际资本必将大量撤资,国内企业也将面临由于资金严重紧缺而破产倒闭的境地。那么,国内银行将会由于不良贷款率的激增而出现经营困境。另一方面,若银行将所获得的大量国际资本进行证券投资(如投资于股市)时,一旦国际资本流入吹起的泡沫破灭,国内银行将会面临灭顶之灾。

三、银行体系顺周期性特征在中东欧和独联体国家的表现

由前文分析可知,银行系统具有顺周期性特征即在经济繁荣时期倾向于通过提高杠杆率,增加负债的形式扩大资产负债表规模,同时还进一步扩展贷款规模,增加信贷供给。当经济处于衰退期时,银行为了保持足够的资本充足率以及减少风险,倾向于降低杠杆率,减少负债规模并缩减信贷,而这一切都是随着经济周期性繁荣和衰退而进行的。下面本书就将针对中东欧和独联体国家银行金融杠杆率和信贷规模进行定性分析,确定这些国家银行部门金融杠杆和信贷是否存在这种顺周期性特征。

(一) 中东欧和独联体国家银行杠杆率

为了研究中东欧和独联体国家银行体系金融杠杆的顺周期性,根据前文定义,杠杆率为银行总资产与净资产的比率。然而,根据数据可得性和实用性,本书中的杠杆率指标的数据是根据世界发展统计数据库(WDI)中银行资本对资产的比率间接得来。其中,银行资本主要包括银行所有人提供

的资金、留存收益、普通准备金和特殊准备金以及估价调整等,即银行净资产部分。总资产包括银行净资产与负债,即所有的非金融和金融资产总和。因而本书选取了在2008年全球金融危机前后这些转型国家银行杠杆率数据,用以说明经济在走向繁荣和进入衰退后,银行系统杠杆率的变化情况。

由表4-1可知,整体而言,在2001—2007年,中东欧国家银行系统杠杆率一直呈现上升态势。尤其在2001—2005年,其平均杠杆率从2001年的10.81上升至2005年的12.86,上升幅度为18.96%。而2008年全球金融危机爆发和蔓延后,其杠杆率又紧接着呈现大幅下降趋势,如从2008年的12.21一路下降到2012年的9.95,下降幅度为18.51%。可见,银行杠杆率的下降幅度与危机前的上升幅度保持大致相等态势,足以体现中东欧国家银行体系杠杆率的顺周期特征。在独联体国家,这种顺周期特征在金融危机前后表现不太明显,银行体系杠杆率基本上保持平稳上升态势,但上升幅度较小,如仅从2004年的6.66上升到2008年的6.99,上升幅度仅为4.9%;但在2008年危机过后却出现大幅度下降,如在2009年银行体系杠杆率仅为2.85;随后又出现大幅度上升,甚至超过危机前的水平,如在2012年其杠杆率达到13.48;且独联体国家银行体系杠杆率大都在2012年恢复甚至超过危机前水平。这与中东欧国家的情况有很大的差别,因中东欧国家杠杆率在该年最低。另外,中东欧国家银行体系杠杆率普遍都比独联体国家高。

就具体国家而言,除了捷克外,所有中东欧国家银行系统都变现出顺周期现象,其中最为明显的为波罗的海三国(爱沙尼亚、拉脱维亚和立陶宛)、保加利亚、匈牙利、克罗地亚、斯洛伐克等。虽然独联体国家银行系统顺周期现象较为微弱,但俄罗斯和乌克兰仍然表现出强烈的顺周期现象,如俄罗斯银行系统杠杆率由2001年的6.94上升为2008年的9.26,上升幅度高达33.43%,而且在危机过后其杠杆率紧接着下降为2009年的7.63,下降幅度也高达为17.60%。再如乌克兰,其银行系统杠杆率在金融危机前一直呈现上升态势,最高达到8.62,而危机过后却急转直下。

表4-1 2001—2011年中东欧和独联体国家银行体系[①]整体杠杆率统计

(单位：%)

	2001年	2002年	2003年	2004年	2005年	2006年	2007年	2008年	2009年	2010年	2011年	2012年
平均杠杆率-CEE	10.81	11.20	11.33	12.33	12.86	12.46	12.15	12.21	11.61	11.07	10.83	9.95
平均杠杆率-CIS	8.09	7.13	7.39	6.66	6.65	6.76	6.68	6.99	2.85	7.21	7.59	13.48
保加利亚	7.41	7.52	7.63	9.80	13.51	13.70	12.99	11.76	9.26	9.52	9.26	10.30
克罗地亚	10.87	10.53	11.24	11.63	11.11	9.71	8.13	7.52	7.25	7.25	7.35	13.80
爱沙尼亚	7.52	8.26	9.52	10.10	11.49	11.90	11.63	12.20	11.49	10.75	11.24	9.50
匈牙利	10.75	11.49	12.05	11.76	12.20	12.05	11.76	11.11	10.20	9.80	9.52	10.90
拉脱维亚	11.90	11.49	11.90	12.50	13.16	13.16	12.66	12.82	12.99	10.75	10.64	9.60
立陶宛	10.10	9.52	10.20	11.49	12.66	13.16	12.66	12.20	13.70	11.76	9.26	11.70
罗马尼亚	8.26	8.62	9.17	11.24	10.87	7.75	9.35	11.11	11.63	11.24	12.35	8.40
斯洛伐克	9.01	12.99	11.24	12.99	13.51	14.29	12.50	12.20	10.42	10.31	9.26	11.00
斯洛文尼亚	11.36	12.05	12.05	12.35	11.76	11.90	11.90	11.90	12.05	12.20	11.90	8.80
捷克	19.23	19.23	17.54	19.23	18.52	16.67	17.54	18.18	16.39	15.38	15.38	6.80
波兰	12.50	11.49	12.05	12.50	12.66	12.82	12.50	13.33	12.35	12.82	12.99	8.60
亚美尼亚	11.36	5.43	5.52	5.62	4.65	4.37	4.44	4.35	4.76	4.95	5.81	16.50
白俄罗斯	6.62	5.35	5.32	5.26	5.05	5.59	6.25	5.38	5.99	7.30	7.09	15.10
哈萨克斯坦	9.09	11.11	11.11	7.63	7.69	7.58	6.58	8.20	−11.76	9.17	9.80	8.70
俄罗斯	6.94	6.94	6.85	7.52	7.81	8.26	7.52	9.26	7.63	7.75	8.47	12.40
乌克兰	6.41	6.80	8.13	7.25	8.06	8.00	8.62	7.75	7.63	6.85	6.76	14.70

注：1. 平均杠杆率-CEE和平均杠杆率-CIS分别为中东欧和独联体国家整个银行系统的金融杠杆率均值。
2. 本表数据根据世界发展统计数据库（WDI）的银行资本对资产的百分比间接计算得来。

[①] 银行体系包括货币当局和存款银行，以及可获得数据的其他银行业金融机构（包括不接受可转移存款但承担类似定期和储蓄存款责任的机构，其他银行业金融机构的例子还有储蓄和抵押贷款机构以及建房贷款合作协会。

另外，就银行杠杆年变化率与 GDP 增长率之间关系来看，如图 4-2 和图 4-3，2001—2011 年中东欧和独联体国家银行杠杆年变化率与 GDP 增长率呈现出相似的变化趋势。如在 2008 年金融危机前都呈现上涨态势，危机过后都出现下降态势，以及在危机过后（即 2009 年之后）又呈现复苏态

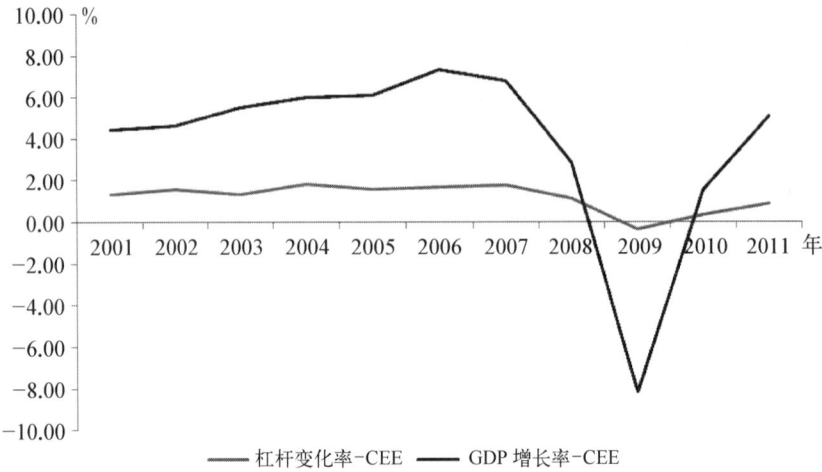

图 4-2　2001—2011 年中东欧国家银行杠杆年变化率与 GDP 增长率
数据来源：根据世界发展统计数据库（WDI）的银行资本对资产的百分比间接计算得来。

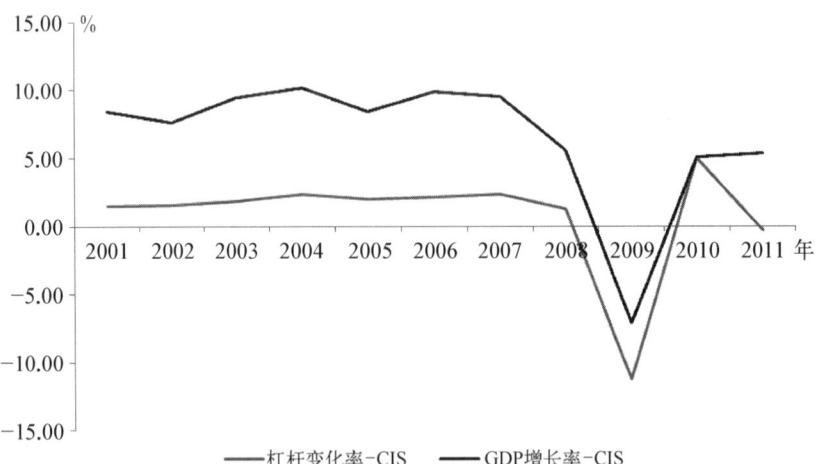

图 4-3　2001—2011 年独联体国家银行杠杆年变化率与 GDP 增长率
数据来源：根据世界发展统计数据库（WDI）的银行资本对资产的百分比间接计算得来。

势。这都反映出在中东欧和独联体等转型国家中,银行体系的杠杆率水平与经济增长情况在整体上具有一致性。

(二)中东欧和独联体国家银行贷款率

上文通过统计数据揭示出中东欧和独联体国家银行体系的杠杆率呈现顺周期性特征。接下来,本书将分析银行信贷规模的顺周期性。表4-2给出了中东欧和独联体国家在2001—2011年银行部门提供的国内信贷总量占GDP的百分比。表4-3为银行部门提供的国内信贷的环比增长率。从整体上看,在2001—2011年,中东欧和独联体国家银行部门提供的国内信贷水平一直处于上涨态势(见表4-2),即使2008年爆发了全球金融危机,其绝对量仍然在增加。如在中东欧国家中,其平均信贷量占GDP百分比由2001年的36.03%上升到2011年的73.32%,独联体国家则由17.71%上升为44.71%。然而,从其环比增长率来看(见表4-3),在2008年全球金融危机前(即2001—2007年),中东欧和独联体国家银行部门信贷的环比增长率一直处于上升态势,如中东欧国家银行体系平均信贷增长率由2001年的5.10增长为2007年的15.02,独联体国家则由-5.62上升为23.51。然而,在金融危机过后,所有国家国内信贷环比增长率均出现大幅下滑。如中东欧国家平均信贷增长率由2008年的11.37下降为2011年的-2.01,独联体国家则由27.96下降为-1.86,可见速度下降之迅猛,甚至出现信贷紧缩现象。由此可见,中东欧和独联体国家在2001—2011年银行体系提供的国内信贷量虽然一直处于上升态势,但是从其环比增长率来看,危机前后存在巨大差别:危机前其增长率一直处于高速上涨态势,但危机后其增长率一直处于巨幅下降态势。其中最明显的是中东欧国家的波罗的海三国和独联体国家中的哈萨克斯坦和乌克兰,危机过后这些国家的国内银行信贷量不仅出现下降趋势,而且其环比增长率也降幅惊人,甚至出现负增长(如2010年和2011年增长率均为负值)。

表 4-2 2001—2011 年中东欧和独联体国家银行部门的信贷总量占 GDP 比值

(单位:%)

	2001年	2002年	2003年	2004年	2005年	2006年	2007年	2008年	2009年	2010年	2011年
平均信贷率-CEE	36.03	37.62	41.07	44.67	51.16	57.63	64.43	70.37	74.91	75.38	73.32
平均信贷率-CIS	17.71	18.68	20.70	21.24	22.13	27.18	33.08	42.30	46.50	47.22	44.71
保加利亚	19.83	23.07	28.63	34.55	40.23	40.73	55.64	64.26	69.63	70.94	71.37
克罗地亚	45.57	53.90	55.21	57.62	63.68	69.39	71.65	74.82	77.92	84.11	90.32
爱沙尼亚	38.22	43.83	50.37	60.23	68.28	81.15	90.35	96.29	106.00	98.78	85.79
匈牙利	49.60	53.12	57.49	58.08	62.27	68.38	75.65	80.93	81.35	81.71	75.74
拉脱维亚	28.48	35.70	44.93	53.94	71.87	89.70	89.52	89.44	94.31	89.64	79.34
立陶宛	15.58	17.80	23.18	30.51	43.09	48.94	59.91	64.20	70.00	64.59	57.50
罗马尼亚	12.99	13.88	15.85	16.91	20.76	24.05	35.02	47.36	52.66	54.89	54.97
斯洛伐克	59.70	51.13	43.68	42.90	48.09	49.77	51.59	54.11	57.11	61.11	63.11
斯洛文尼亚	45.45	43.64	47.48	56.09	65.41	73.11	81.81	87.09	93.36	97.39	94.73
捷克	43.89	40.56	46.59	42.96	41.65	46.66	51.28	55.58	60.23	62.46	67.43
波兰	36.96	37.16	38.42	37.60	37.42	42.04	46.27	59.94	61.42	63.53	66.21
亚美尼亚	9.33	7.38	5.56	6.68	8.79	8.06	12.13	18.59	21.53	27.49	36.01
白俄罗斯	17.62	18.01	22.17	21.21	21.76	27.19	26.84	32.67	34.06	45.31	34.35
哈萨克斯坦	11.65	13.06	14.77	21.01	24.74	32.46	40.96	54.16	54.59	45.41	40.29
俄罗斯	25.73	26.88	27.88	25.66	22.12	22.49	24.42	23.95	33.72	38.39	39.47
乌克兰	24.20	28.09	33.12	31.66	33.24	45.69	61.05	82.11	88.59	79.49	73.41

注:1. 银行部门提供的国内信贷总量包括以总额计算的对各部门的所有信贷、中央政府信贷除外,以净额计算。
2. 平均信贷率-CEE 和平均信贷率-CIS 分别为中东欧和独联体国家银行部门提供的国内信贷总量占 GDP 的均值。
3. 本表数据来源于世界发展统计数据库(WDI)。

第四章　国际资本流动与银行体系的顺周期性研究 | 167

表4-3　2001—2011年中东欧和独联体国家银行部门信贷总量的环比增长率

（单位：%）

	2001年	2002年	2003年	2004年	2005年	2006年	2007年	2008年	2009年	2010年	2011年
信贷增长率-CEE	5.10	7.04	12.04	10.04	15.46	12.07	15.02	11.37	6.58	1.23	-2.01
信贷增长率-CIS	-5.62	2.78	6.63	9.16	8.62	17.40	23.51	27.96	13.91	9.49	-1.86
保加利亚	13.90	16.33	24.09	20.69	16.46	1.23	36.61	15.50	8.35	1.89	0.61
克罗地亚	12.66	18.27	2.43	4.36	10.52	8.97	3.25	4.43	4.14	7.94	7.39
爱沙尼亚	10.60	14.67	14.92	19.58	13.37	18.85	11.33	6.58	10.08	-6.81	-13.16
匈牙利	-10.35	7.09	8.23	1.03	7.21	9.82	10.63	6.98	0.52	0.44	-7.31
拉脱维亚	22.34	25.37	25.83	20.06	33.25	24.81	-0.20	-0.10	5.46	-4.95	-11.49
立陶宛	2.76	14.25	30.21	31.61	41.23	13.59	22.41	7.16	9.03	-7.73	-10.98
罗马尼亚	-7.17	6.85	14.23	6.66	22.82	15.85	45.60	35.23	11.19	4.23	0.14
斯洛伐克	5.60	-14.36	-14.56	-1.78	12.09	3.50	3.65	4.88	5.54	7.00	3.27
斯洛文尼亚	6.32	-3.98	8.81	18.14	16.62	11.77	11.89	6.46	7.20	4.32	-2.73
捷克	-7.87	-7.60	14.87	-7.79	-3.04	12.03	9.90	8.39	8.36	3.71	7.94
波兰	7.33	0.54	3.39	-2.13	-0.46	12.32	10.08	29.53	2.47	3.44	4.21
亚美尼亚	-19.16	-20.96	-24.65	20.23	31.49	-8.25	50.47	53.23	15.79	27.67	31.00
白俄罗斯	-8.06	2.26	23.09	-4.35	2.61	24.95	-1.30	21.75	4.25	33.02	-24.19
哈萨克斯坦	-5.66	12.06	13.11	42.28	17.77	31.17	26.20	32.24	0.80	-16.83	-11.26
俄罗斯	3.23	4.48	3.68	-7.96	-13.78	1.67	8.56	-1.92	40.82	13.84	2.82
乌克兰	1.57	16.08	17.93	-4.42	5.01	37.45	33.62	34.49	7.90	-10.28	-7.64

注：1. 银行部门提供的国内信贷总量包括以总额计算的对各部门的所有信贷，中央政府信贷除外，以净额计算。
2. 平均信贷增长率-CEE和平均信贷增长率-CIS分别为中东欧和独联体国家银行部门提供的国内信贷环比增长率的均值。
3. 本表数据来源于世界发展统计数据库（WDI）。

另外,图4-4和图4-5也分别给出了中东欧和独联体国家银行体系提供的国内信贷量及其环比增长率走势图。由图可知,在2008年全球金融危机前后,这些转型国家的信贷规模和增长率都发生了巨大变化,这说明了其银行部门提供的国内信贷规模也呈现顺周期性特征。

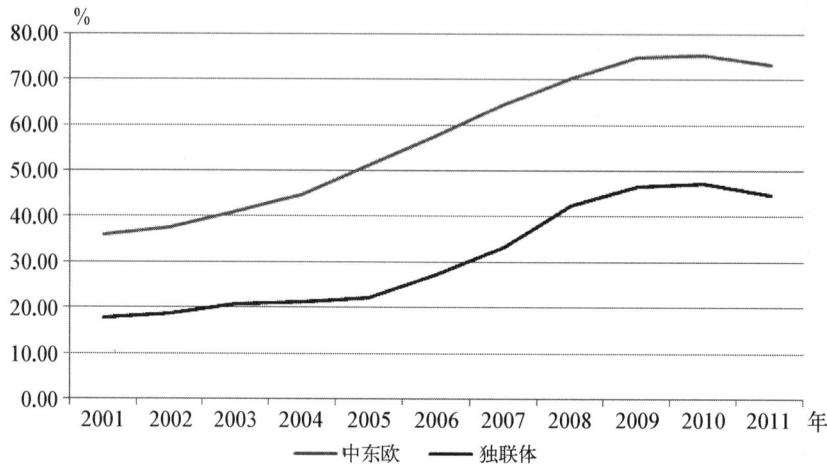

图4-4　2001—2011年中东欧和独联体国家银行体系提供的信贷量走势图
数据来源：世界发展统计数据库(WDI)。

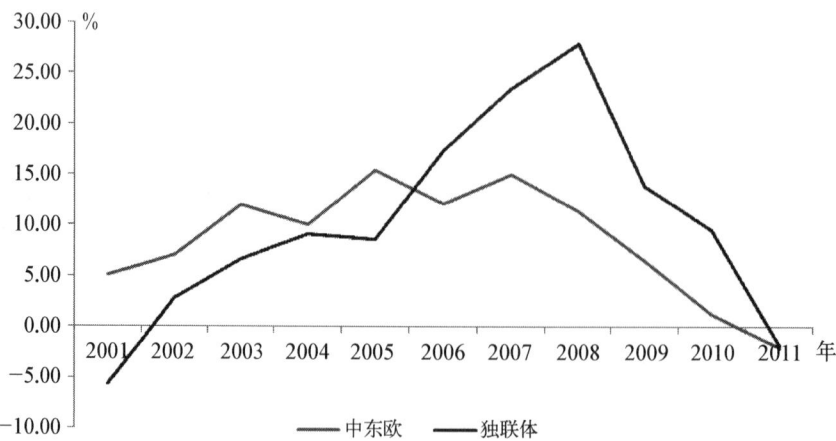

图4-5　2001—2011年中东欧和独联体国家银行体系提供的信贷量环比增长率走势图
数据来源：世界发展统计数据库(WDI)。

第二节 全球银行体系的顺周期性与国际资本流动

由上一节理论分析可知,在银行体系中,在逐日盯市的制度下,银行部门金融杠杆具有顺周期性质,而前面的分析只是针对一国银行系统本身。当将全球银行部门都纳入分析框架时,全球银行金融杠杆的顺周期性质是否对东道国的国际资本流动产生影响?接下来,本节将通过涵盖全球银行和东道国银行这两个系统,借鉴 Valentina Bruno 和 Hyun Song Shin(2012)的研究成果,根据其推导的全球"双层"银行体系下国际资本流动模型,深入研究中东欧和独联体国家银行体系的杠杆水平顺周期性及其与国际资本流动之间的相互关系和作用机理。在此基础上作出相关修正,使之更符合中东欧和独联体国家,实证验证中东欧和独联体 16 个转型国家的国内银行体系与国际资本流动的相互关系,及其对国内金融市场的影响。

一、全球"双层"银行体系下的国际资本流动

所谓的"双层"银行体系,即指全球跨国银行[①](Trans-national Bank)体系和东道国的本地银行体系。其中,跨国银行的母行等均称为全球银行(Global Bank),跨国银行在东道国的分支机构及其东道国国内银行均称为本地银行(Local Bank)。由前文分析可知,在银行部门的顺周期特征的条件下,当全球银行以更加宽松的条件向区域银行提供银行批发资金时,本地银行也将以宽松的条件向当地居民提供信贷,从而造成信贷繁荣。可见,在

---

① 跨国银行(Trans-national Bank)又称为多国银行(Multinational Bank),指一般拥有多个跨国分支机构或附属银行,在各东道国或地区进行存放款、投资以及其他经营业务的国际银行或超级商业银行,其总行设在母国。主要特征为:1.广泛的国际网络;2.巨量的国际业务;3.全球视野制定运营战略;4.集中统一的管理和控制。

这种条件下,国际资本将通过全球银行和本地银行这两个系统之间的相互关系进行跨国流动,促使某些国家(尤其是以银行部门为主导的发展中国家如中东欧等转型国家)出现国际资本通过银行部门大规模流入而使得本国信贷繁荣的局面。本书的分析是建立在针对银行信贷和银行杠杆的顺周期特征的基础上的,因为正是银行的这种顺周期性才可能给东道国及其全球金融市场带来极大的风险,银行部门在繁荣阶段大量提高杠杆率必将会造成其在经济衰退期间的不可持续性,金融危机一旦爆发,经济陷入衰退,银行部门需要提高抵押品要求[①](Collateral Requirements)(Adrian & Shin, 2012)。Geanakoplos(2010)和 Fostel 等人(2008,2012)指出,在银行系统中,由于银行抵押品要求的增加造成银行部门大规模去杠杆,而最终导致整个金融系统的风险承受能力大大削弱。同样,Gorton(2009,2010)等人的研究结论也指出,在"非常"时期,由于银行抵押品要求的增加,使得银行借款能力大幅度下降,最终导致其不得不大幅度降低信贷规模。

在全球银行系统中,资金在金融市场中的流动机制为:本地银行向全球银行进行融资,全球银行通过国际资本市场和债券市场进行批发性融资[②](Wholesale Funding)。本地银行通过挑选不同的借款对象确定贷款组合,化解由不同借款对象带来的风险,但是其无法通过贷款组合化解该地区的整体风险。同理,全球银行可以通过贷款组合来化解某一地区或国家带来的风险,而无法化解全球的整体风险。在这种条件下,可知全球银行的杠

---

① 抵押品要求(Collateral Requirements)为中央银行的一种抵押品制度,其中抵押品作为偿还债务的担保品,是银行部门的一项资产,是央行在执行货币政策时要求其交易方提供可作为直接交易或偿还债务的抵押资产。央行的抵押品制度,是指通过对抵押品实施管理评估、风险评价以及流通程度等各项指标的设定,达到维护央行货币政策及国内金融稳定、确保银行资产安全等目的。

② 批发性融资(Wholesale Funding)是指银行除了自身的核心活期存款外,其他用以融资、风险管理和控制的工具和方法,资金来源主要为公共基金、联邦基金、外币存款以及经纪存款等,体现为银行大量向金融市场进行筹融资活动。在银行的传统业务中,其主要的筹资渠道是居民存款、央行贷款和银行间市场;资金主要用于发放信贷、购买国债和公司债等。然而,随着全球银行业的转型和金融脱媒的发展,银行的资金来源也趋于多元化,日益依赖国际资本市场和债券市场,批发性融资逐渐成为银行资金来源的主要渠道。

杆大小受批发融资市场的约束,而本地银行的杠杆大小则受到给其提供贷款的全球银行的限制。同时,本地银行的借款利率(即全球银行的贷款利率)是由全球资本市场的出清决定的。结合以上两个体系的银行杠杆大小的限制,可知,全球银行和本地银行的总信贷量及其杠杆率水平之间的相互关系可以在一个封闭的模型中唯一确定。

另外,本节的全球"双层"银行体系模型能够解决近期关于国际资本流动与金融稳定之间关系的争论。针对这一争论,类似的研究文献众多。例如,针对某些国家由于大规模国际资本流入而导致经常账户出现巨额逆差的情况,许多研究文献指出,要重视全球跨国资本流动,尤其是以银行体系为主的资本流动{Borio & Disyatat(2011),Forbes & Warnock(2012),Lane & Pels(2011),Obstfeld(2012a,2012b),Shin(2012)等}。其中Obstfeld(2012b)指出大规模国际资本流动与金融稳定性之间的相关性主要是由全球资本在"储蓄—投资"方面的整体布局引起的,需要引起各国重点关注。其中一个重要的原因是国际资本流动量的增长率大小与全球银行体系的杠杆率高低存在着显著的正相关关系,这也是Gourinchas和Obstfeld(2012)以及Schularick和Taylor(2012)的研究结论所强调的重点。因此,本书在此基础上,通过重点研究微观金融中介机构(即银行)在国际资本流动中所起的作用,补充了早期研究中大都只专注于国际资本流动组合研究的单一局面,揭示在全球银行体系中,国际资本流动是如何影响东道国金融市场稳定的。

在全球"双层"银行体系中,国际资本流动情况如图4-6所示,在全球银行体系中,国际资本流动方向由左向右,每个层级的银行体系(即全球银行体系和本地银行体系)拥有的资产负债表结构大体相同(即资产在左手边,负债在右手边)。首先,全球银行通过批发融资市场进行筹资活动(即阶段1),然后将其资金通过信贷的形式贷给东道国的本地银行(即阶段2),最后,本地银行又将其从全球银行贷来的资金转贷给东道国国内的本地借款者(即阶段3),本地借款者将所贷资金进行投资或消费等。由此可见,国际资本通过"双层"银行体系完成了跨国或跨区域流动的全过程。

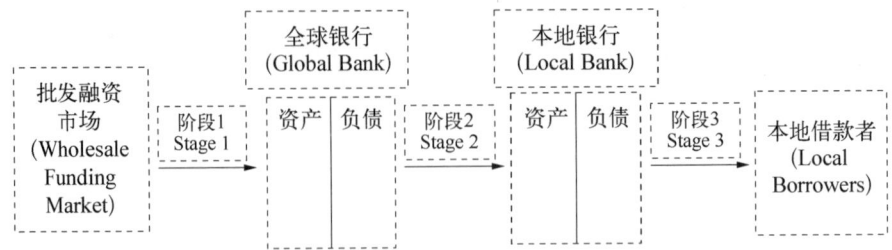

图4-6 全球"双层"银行体系下国际资本流动结构图

二、全球"双层"银行体系下国际资本流动与金融稳定的实证分析

由第一节理论和图表分析可知,在中东欧和独联体国家中,其银行体系的杠杆率和信贷规模均有顺周期性特征。但是,在全球银行体系下,这些国家的国际资本流动规模是否与这种顺周期性有着某种内在联系还有待研究。本节主要对前面的理论分析进行实证检验。通过前文国际资本流动与全球"双层"银行体系理论分析可知,当忽略其他限制,将全球银行简化为全球银行和东道国的本地银行两个体系时,全球银行和本地银行在资金的供给和需求方面具有一定程度上的互动关系。具体表现在,全球银行在资金的供给方面起到主导作用,即本地银行的负债即为全球银行的资产,本地银行又将所获资金贷给本地借款者,从而完成国际资本的输入过程。可见,东道国本地银行提供给本地借款者的信贷规模与全球银行资产负债情况有着直接紧密的联系,当全球银行提高其金融杠杆时,其贷给本地银行的资金量就将显著增大,那么输入该东道国的国际资本也将被放大,同时,本地银行也会提高自身的杠杆率,增加负债规模和信贷量,于是,东道国便会出现信贷繁荣的现象。然而,当全球银行受到全球流动性紧缺的威胁时,必将降低其杠杆率,减少给本地银行的信贷规模,导致东道国本地信贷紧缩,本地借

款者出现资金紧缺,严重影响该国的经济活动,甚至严重影响该国的金融体系的稳定。因此,本节接下来检验该理论在中东欧和独联体国家是否适用,中东欧和独联体国家银行体系的国际资本流动是否具有某些顺周期特征,是否与国际金融市场具有某些关联等问题。通过实证回答这些问题,研究东道国在管理银行体系下国际资本流动所应具有的政策工具,并给尚处于扩大开放的中国提供可资借鉴的经验。

(一)数据的选取和变量定义

本章主要研究在2008年全球金融危机爆发前后,国际资本流动通过全球银行体系影响中东欧和独联体国家金融市场的脆弱性,因而本章主要选取了2000—2011年中东欧和独联体16个转型国家的面板数据进行研究,数据来自以下几个数据库:BankScope、国际金融统计数据库(IFS)、世界发展统计数据库(WDI)、全球金融发展数据库(GFDD)、国际清算银行(BIS)、欧洲复兴开发银行的《转型报告》(EBRD Transition Report)等。

根据前文的理论分析,本章实证主要研究全球银行通过调整其资产负债表达到影响全球信贷规模的目的,而银行资产负债表的调整又是顺周期的,因而,国际资本流动的规模和方向也具有顺周期性。本书被解释变量为全球银行跨国信贷规模(Global_Lending)以及中东欧和独联体国家信贷规模(Local_Lending),其中全球信贷规模指标选取美国和西欧国家排名前十商业银行贷款数额占GDP的比值,中东欧和独联体国家信贷规模选取流入这些国家的银行贷款数额占GDP比值,解释变量分别为全球银行金融杠杆(Leverage_Global)及其增长率(Leverage_Growth_Global)、全球银行股权资本增长率(Equity_Growth_Global)、本地银行金融杠杆(Leverage_Local)及其增长率(Leverage_Growth_Local)、本地银行股权增长率(Equity_Growth_Local);控制变量为中东欧和独联体宏观经济变量(如GDP增长率、经常账户赤字、通胀率等)、金融发展变量(如银行改革指标、资本账户开放度等)等。其中,本书借鉴Adrian等人(2008)的方法选取芝加哥期权交

易所市场波动性指数(即 VIX 指数)作为全球银行的金融杠杆,其他变量的定义和来源见表 4-4:

表 4-4 变量定义

变量	变量定义	数据来源
全球银行跨国信贷规模	美国和西欧国家最大前十商业银行贷款数额占 GDP 的比值	BankScope 数据库
本地银行信贷规模	流入中东欧和独联体国家银行信贷规模占 GDP 比值	IFS 数据库
全球银行金融杠杆	芝加哥期权期货交易所的市场波动性指数,即 VIX 指数	GFDD 数据库
全球银行金融杠杆增长率	美国和西欧国家排名前十商业银行资产回报率(ROA)	GFDD 数据库
本地银行金融杠杆	中东欧和独联体国家银行资产占资本的比值	WDI 数据库
本地银行金融杠杆增长率	中东欧和独联体国家股票市场指数波动率	GFDD 数据库
本地银行股权增长率	中东欧和独联体国家银行资产回报率(ROA)	GFDD 数据库
M2/GDP	货币和准货币(M2)占 GDP 的百分比,M2 包括银行外的通货,除中央政府外的活期存款,以及除中央政府外的居民定期、储蓄和外汇存款的总和	WDI 数据库
汇率差(RER_Diff)	中东欧和独联体国家与欧美等发达国家名义汇率差	WDI 数据库
利差(Rate_Diff)	中东欧和独联体国家与欧美等发达国家市场利率差	IFS 数据库
GDP 增长率(GDP_Growth)	GDP 的年度增长率,需用按可比价格计算的国内生产总值来计算	WDI 数据库
最优经常账户水平(CAD*)	本书采用 Ghosh(1995)的经常账户跨期优化模型来确定一国最优经常账户(CAD*),即最优经常账户在数值上大致等于除去国内投资水平和政府消费支出后余额占 GDP 的比值	Ghosh(1995)

续 表

变　　量	变 量 定 义	数据来源
人均GDP (GDP_per_capita)	等于国内生产总值除以年中人口数,数据按现价美元计	WDI数据库
政府赤字水平 (Gov_Banlance)	占GDP的比值,它主要反映一国政府财政收支状况,当政府财政支出大于财政收入时,会形成政府财政赤字,说明政府收支并未平衡,是一种世界性财政现象	EBRD Transition Report
银行改革指标 (Bank_Index)	为欧洲复兴开发银行于1994年开始编撰,为了衡量中东欧和独联体等转型国家在各个方面经济转型成果的指标,用1—4的评分体系进行评估。其中,1表示除了建立一个二级体系,改革几乎没有进展。4表示标准和表现达到发达工业经济体的规范：银行法律法规与BIS标准全面趋同；提供一整套的竞争性银行服务	EBRD Transition Report
资本账户开放度 (Cap_Openness)	主要由Menzie Chinn和Hiro Ito计算并定期发布的Chinn-Ito指标	Chinn-Ito指标
私人信贷/GDP (Private_Credit)	私营部门的国内信贷是指通过贷款、购买非股权证券、贸易信用以及其他应收账款等方式提供给私营部门并确立了偿还要求的金融资源。对于某些国家,此类债权包括对国有企业的信贷	WDI数据库

资料来源：作者编制。

(二) 模型设计

根据前文理论分析,本节主要验证在中东欧和独联体国家中,全球银行体系和本地银行系统是如何通过调整各自资产负债表规模来影响国际资本流动的,传统理论研究认为银行资产负债表即金融杠杆具有顺周期性,也就是说,当全球流动性过剩时,资产价格上涨,使得银行资产负债表扩展,其金融杠杆增加,即增加负债、增加贷款业务。这样又会促使这种具有全球影响优势的大银行有能力通过全球银行体系将这种杠杆增加影响传输到东道国国内,影响东道国银行体系的杠杆水平和信贷规模,对国际资本流动起到巨大的影响作用。根据Valentina Bruno和Hyun Song Shin(2013)的研究,东道国国际资本流动深受全球因素的影响,为了简化分析,假设全球"双层"银行体系主要由全球银行和本地银行组成,全球银行主要是指跨国银行,本地银行是指包括跨国银行分支机构或附属机构和本国银行等[①],而且各层级的银行系统都是风险中性的。且在东道国国内,存在无数个拥有不同风险偏好的本地借款者;在利率为 $1+r$ 时存在无限弹性的信贷需求,其中 r 为大于零的未知常数;本地银行在利率为 $1+r$ 的条件下提供给本地借款者的信贷总量为 C,这个信贷总量来源于全球银行。全球银行以 $1+i$ 的利率水平在全球资本市场上进行批发型融资,其提供给本地银行的信贷总量为 L,贷款利率为 $1+f$,该利率是由全球资本市场出清决定的。全球银行和本地银行都遵循激励相容[②]原理,两者净资产分别为 E_G 和 E_L。当全球银行和本地银行净资产(分别为 E_G 和 E_L)固定不变时,得到本地银行的总信贷规模 C 为:

$$C = \frac{E_G + E_L}{1 - \frac{1+r}{1+i}\varphi\psi} \tag{1}$$

全球银行提供的贷款规模 L 为:

$$L = \frac{E_G + E_L \cdot \frac{1+r}{1+i}\varphi\psi}{1 - \frac{1+r}{1+i}\varphi\psi} \tag{2}$$

其中 i 为无风险利率。本地银行和全球银行信贷规模均由未知参数 φ、ψ、r 和 i 共同决定。其中 φ 和 ψ 均为唯一确定的数值;同时假定本地银

---

① Cetorelli 和 Goldberg(2012a,2012b)提供大量证据表明,跨国银行体系中内部资本市场也是通过全球银行业组织来分配资金的,因而本章将全球银行体系主要划分为这两个层级的银行系统。

② 激励相容原理来自哈维茨(Hurwiez)创立的机制设计理论,指在市场经济中,各个经济参与者都具有自利性,在进行经济活动时总是按照自我利益最大化的原则行事。然而,在委托代理理论中,这种委托人和代理人之间的利益不一致现象,容易给委托人带来较大损失。因此,如果有一种机制设计能够解决这种激励不一致问题,使得代理人在实现个人利益最大化的过程中,也达到了委托人利益最大化的目标,这一机制就称作激励相容,它解决了在经济生活中各方利益出现矛盾或冲突的问题,即个人价值和集体价值达成一致。

行所在国家的信贷需求是完全弹性的,因而其贷款利率 $1+r$ 为确定值;最后,全球银行的融资利率 $1+i$ 为无风险利率,即也为确定值。因而可知,式(1)和(2)中的参数均为唯一确定的数值,故本地银行的信贷规模和全球银行信贷规模也可以唯一确定。另外,φ 和 ψ 又可分别认作本地银行和全球银行的杠杆率,$1+r/1+i$ 可看作本地银行和全球银行的信贷利差,则可将式(1)和(2)用文字形式表示成:

$$\frac{本地银行}{总信贷规模} = \frac{全球银行净资产规模总和 + 本地银行净资产规模总和}{1 - 利差 \times 本地银行杠杆率 \times 全球银行杠杆率}$$

$$\frac{全球银行}{跨国贷款规模} = \frac{全球银行净资产规模总和 + 本地银行加权净资产总和}{1 - 利差 \times 本地银行杠杆率 \times 全球银行杠杆率}$$

由此可以直观看出,在不考虑利差水平的情况下,银行(全球银行和本地银行)净资产规模和其杠杆率都会显著影响其贷款规模。具体来看,本地银行和全球银行的信贷规模都与两者的杠杆率呈正相关。这也说明了当全球银行或(和)本地银行提高自己的杠杆率时,就会扩张自己的信贷规模,同时,当经济衰退导致流动性紧缺时,各体系下的银行又会有降低杠杆率的冲动,导致一国或地区甚至全球金融市场出现危机。另外,当银行(全球银行和本地银行)净资产增加时,其贷款规模也会相应扩大。由此可知,国际资本流动还可以通过扩张或收缩银行的资产负债表从而影响其信贷规模,这也为国际风险传导创造渠道,进而影响东道国的金融稳定。另外,由于2008年全球金融危机主要发生于欧美等发达国家的金融市场尤其是以银行为主导的金融机构中,因而本书接下来着重分析欧美等国的全球银行如何通过其净资产和杠杆率的变化影响跨国信贷规模,最终影响流入东道国的国际资本规模。当考虑利差水平的影响时,可知随着本地银行和全球银行利差的增大,本地银行和全球银行的信贷规模也会被放大。

下面,本书主要考察全球银行杠杆率和净资产的变化对东道国国际资本流动规模的影响。因此,假设忽略利差水平影响,对式(2)两边求微分,可得全球银行跨国信贷规模 L 的比较静态模型：

$$\Delta L \approx \frac{\partial L}{\partial E_L} \Delta E_G + \frac{\partial L}{\partial \psi} \Delta \psi$$

$$= \frac{1}{1-\varphi\psi} \Delta E_G + \left(\frac{(1-\varphi\psi)E_L\varphi - (E_G + E_L\varphi\psi(-\varphi))}{(1-\varphi\psi)^2} \right) \Delta \psi$$

$$= \frac{1}{1-\varphi\psi} \Delta E_G + C \frac{\varphi}{1-\varphi\psi} \Delta \psi \tag{3}$$

上式中第一项，即 $\frac{1}{1-\varphi\psi} \Delta E_G$ 指"双层"银行体系杠杆率（ψ 和 φ）和全球银行净资产边际变化 ΔE_G 对国际资本流动规模的影响。当全球货币市场中流动性过剩时，全球银行可获得融资资金增多，杠杆增大（即 ψ 增加）。通过乘数 $\frac{1}{1-\varphi\psi}$ 的放大效应增加全球银行对本地银行的信贷规模，本地银行信贷规模增加，其杠杆率增大（即 φ 增加），那么流入东道国国际资本规模便会大幅度提高。从全球银行的资产负债表来看，全球银行可获得流动性增加，则其净资产也相应增加。由上式可知，全球银行净资产与其信贷规模呈正比例关系，故其提供的信贷规模也会增加。综合可知，全球流动性过剩会通过"双层"银行体系的杠杆乘数效应和其资产负债表的收缩效应大大增加国际资本的流动规模，最终通过东道国的本地银行传导入国内，进而显著地影响该国金融系统。从第二项，即 $C \frac{\varphi}{1-\varphi\psi} \Delta \psi$ 来看，全球银行的杠杆边际变化率也会显著影响国际资本流动规模，即当全球银行杠杆率提高时，杠杆乘数的放大效应将会进一步扩大全球银行的信贷规模。

鉴于此，本书根据理论分析主要验证以下实证模型：

实证模型一：

$$Global\_Lending_{jt}$$
$$= \alpha_j + \beta_{jt}^1 Leverage\_Global + \beta_{jt}^2 Leverage\_Growth\_Global$$

$$+ \beta_{jt}^3 Equity\_Growth\_Global + \delta_{jt}^1 Leverage\_Local$$
$$+ \delta_{jt}^2 Leverage\_Growth\_Local + \delta_{jt}^3 Equity\_Growth\_Local$$
$$+ Controls_{jt} + \varepsilon_{jt}$$

实证模型二：

$$Local\_Lending_{jt}$$
$$= \alpha_j + \beta_{jt}^1 Leverage\_Global + \beta_{jt}^2 Leverage\_Growth\_Global$$
$$+ \beta_{jt}^3 Equity\_Growth\_Global + \delta_{jt}^1 Leverage\_Local$$
$$+ \delta_{jt}^2 Leverage\_Growth\_Local + \delta_{jt}^3 Equity\_Growth\_Local$$
$$+ Controls_{jt} + \varepsilon_{jt}$$

其中，被解释变量分别为全球银行跨国信贷规模（Global_Lending）以及中东欧和独联体国家信贷规模（Local_Lending），j 为国家，t 为时间，ε 为残差项。实证模型一主要是指在全球银行和本地银行金融杠杆及其股权发生变化时，其信贷规模的变化情况。实证模型二是指在全球银行和本地银行金融杠杆及其股权发生变化时，东道国银行信贷规模变化情况。

（三）实证结果及其分析

1. 全球银行跨国信贷规模与银行杠杆率水平的相关性检验

表 4-5 给出了全球银行跨国信贷规模与银行体系资产负债表相关性的实证回归结果。由表可知，全球银行金融杠杆（Leverage_Global）及其增长率（Leverage_Growth_Global）和全球银行股权增长率（Equity_Growth_Global）都显著正向影响全球银行跨国信贷规模，可见银行杠杆是顺周期的，即当全球流动性过多、经济繁荣时，资产价格上升，在银行资产负债表中，从资产方来看，银行股权资本增加，若银行负债不变，那么其杠杆将会降低。为了维持杠杆不变，银行一方面会增加负债规模；另一方面会扩大贷款规模，那么银行总资产也将会进一步增加，这样银行的资产负债表将会被放大，银行这种资产负债表扩张归根结底是通过其对杠杆的调整实现的，因

而,银行杠杆尤其是全球银行杠杆的变化将会显著影响国际资本流动规模和方向。由计量回归(1)可知,全球银行杠杆及其增长率和股权增长率与全球银行信贷规模都在99%的置信区间呈高度正相关,说明当全球银行提高扩展其资产负债表时,其一定会增加信贷规模,增加本地银行的信贷规模。然而,由计量回归(2)可知,本地银行杠杆增长率和股权增长率都与全球银行信贷规模呈显著的正相关关系,其中股权增长率的相关性最高,这说明本地银行的资产负债表规模变化对全球银行贷款规模也会产生影响。然而,当将全球银行和本地银行综合考虑后所得回归结果,即实证计量(3)来看,全球银行资产负债表规模对全球跨国信贷规模的影响更大,尤其是全球银行杠杆,其系数也提高了4倍,而本地银行资产负债表相关指标都不显著。单独考虑发达国家和东道国利差影响时{见计量回归(4)},利差对全球银行信贷规模有显著的正向影响,但是将其加入回归总方程时{见计量回归(5)}时,其显著性消失了。可见在全球银行信贷规模中,发挥最主要作用的是全球银行资产负债表的变化。

表4-5 全球银行跨国信贷规模与银行杠杆率水平的实证结果

Global_Lending	(1)	(2)	(3)	(4)	(5)
Leverage_Global	0.368*** (7.152)		1.241*** (18.033)		1.241*** (17.977)
Leverage_Growth_Global	0.880*** (19.456)		0.632*** (12.517)		0.631*** (12.411)
Equity_Growth_Global	0.070*** (19.609)		0.071*** (20.064)		0.071*** (19.799)
Leverage_Local		0.063 (1.380)	0.011 (0.710)		0.010 (0.628)
Leverage_Growth_Local		0.089** (2.101)	−0.007 (−0.466)		−0.006 (−0.399)
Equity_Growth_Local		0.017*** (3.238)	−0.001 (−0.458)		−0.001 (−0.485)

续　表

Global_Lending	(1)	(2)	(3)	(4)	(5)
$M2GDP$			0.001 (0.100)		0.000 (0.048)
RER_Diff			−0.000 (−1.467)		−0.000 (−1.187)
$Debt\_Diff$			−0.002 (−0.711)		−0.002 (−0.714)
$Inflation$			−0.043 (−0.480)		−0.034 (−0.362)
GDP_Growth			−0.008 (−0.823)		−0.009 (−0.854)
$Gov\_Banlance$			0.043*** (3.192)		0.043*** (3.197)
GDP_per_capita			2.560*** (7.777)		2.543*** (7.609)
CAD*			0.000 (0.004)		0.000 (0.009)
$Bank\_Index$			0.342*** (2.775)		0.337*** (2.709)
$Cap\_Openness$			0.093** (1.988)		0.092* (1.963)
$Private\_Credit$			0.009*** (2.720)		0.009*** (2.716)
$Rate\_Diff$				0.030** (2.199)	−0.002 (−0.329)
_cons	−3.582*** (−7.033)	0.797 (1.540)	−23.634*** (−14.690)	1.819*** (16.922)	−23.531*** (−14.317)
N	192	192	192	192	192
F	230.853	3.665	118.516	4.836	111.310
$Adjust\ R^2$	80.01%	5.98%	92.69%	2.69%	92.69%

注：1. *、**、*** 分别表示显著性水平为10%、5%、1%。
2. 本表的回归结果采用全样本，经过 Hausman 检验发现应该选择固定效应模型。
3. 模型括号中的值为 t 值。

2. 本地银行信贷规模与银行杠杆率水平的相关性检验

接下来,表 4-6 给出了本地银行信贷规模与银行杠杆率水平的回归结果。由表可知,本地银行信贷规模与全球银行资产负债表变化情况高度相关,如全球银行杠杆及其增长率和全球银行股权增长率都与本地银行信贷规模之间具有较高的显著性,尤其是全球银行杠杆增长率和股权增长率,且这些指标的系数都显著大于表 4-5 的系数{即表 4-5 和表 4-6 中计量回归(1)}。这说明全球银行资产负债表规模的变化对本地银行信贷具有强烈的影响。另外,本地银行杠杆增长率及其股权增长率也显著影响本地银行信贷规模,但相对全球银行其影响较小,起主导作用的仍然是全球银行资产负债表规模的调整情况。由此可知,在全球银行体系中,全球跨国银行资产负债表的扩展或收缩都将对东道国本地银行信贷规模产生显著影响,且两者具有较强的一致性。由于全球银行资产负债表的调整具有顺周期性,因而东道国本地银行信贷规模的调整也具有顺周期性。这也解释了为什么在全球流动性过剩、经济繁荣时,如中东欧和独联体国家这种被一直看好的新兴市场国家会经历大规模国际资本流动,而这些国家大都是银行体系主导整个金融市场。因而,其本国银行由于拥有丰富的流动性而具有信贷扩张的冲动,从而带动本地借款者信贷扩展,甚至产生信贷膨胀现象,且这种顺周期的信贷扩展繁荣是十分危险的,给这些国家金融市场的发展带来极大风险。如在 2008 年全球金融危机期间,这些中东欧和独联体国家都普遍经历了因欧美国家银行体系去杠杆行为而遭受了沉重打击。

表 4-6 本地银行信贷规模与银行体系资产负债表相关性的实证结果

Local_Lending	(1)	(2)	(3)	(4)	(5)
Leverage_Global	1.165* (1.882)		1.702* (1.777)		1.705* (1.774)
Leverage_Growth_Global	5.069*** (9.300)		1.793** (2.550)		1.809** (2.556)

续　表

$Local\_Lending$	(1)	(2)	(3)	(4)	(5)
$Equity\_Growth\_Global$	0.419*** (9.738)		0.216*** (4.395)		0.217*** (4.380)
$Leverage\_Local$		0.139 (0.433)	0.278 (1.312)		0.290 (1.336)
$Leverage\_Growth\_Local$		0.501* (1.699)	−0.131 (−0.652)		−0.140 (−0.688)
$Equity\_Growth\_Local$		0.095** (2.582)	−0.010 (−0.351)		−0.009 (−0.324)
$M2GDP$			−0.082 (−0.802)		−0.078 (−0.750)
RER_Diff			0.001 (0.464)		0.001 (0.306)
$Debt\_Diff$			0.152*** (4.340)		0.152*** (4.331)
$Inflation$			1.480 (1.200)		1.379 (1.067)
GDP_Groth			0.455*** (3.219)		0.459*** (3.219)
$Gov\_Banlance$			0.712*** (3.795)		0.709*** (3.761)
GDP_per_capita			−5.812 (−1.268)		−5.616 (−1.207)
CAD^*			−0.291*** (−5.933)		−0.291*** (−5.919)
$Bank\_Index$			6.009*** (3.506)		6.064*** (3.503)
$Cap\_Openness$			0.253 (0.389)		0.262 (0.402)
$Private\_Credit$			0.205*** (4.402)		0.205*** (4.385)

续 表

Local_Lending	(1)	(2)	(3)	(4)	(5)
Rate_Diff				0.204** (2.179)	0.021 (0.269)
_cons	8.416 (1.372)	2.892 (0.802)	−29.287 (−1.308)	6.455*** (8.708)	−30.463 (−1.331)
N	192	192	192	192	192
F	36.896	2.328	22.028	4.749	20.687
Adjust R^2	39.02%	3.88%	70.20%	4.60%	70.21%

注：1. *、**、*** 分别表示显著性水平为 10%、5%、1%。
2. 本表的回归结果采用全样本，经过 Hausman 检验发现应该选择固定效应模型。
3. 模型括号中的值为 t 值。

由实证结果可知，全球银行资产负债表规模的调整会显著影响全球银行体系信贷方向和总额，如欧美等发达国家的全球跨国银行在经济繁荣时大都会增加杠杆，扩展资产负债表规模，增加给东道国信贷总量，同时东道国的银行体系也会由于过多的流动性而增加信贷规模。于是这些国家由于银行部门输入大量顺周期具有较大不确定性的国际资本，加之这些国家在面临大规模国际资本流入，政府部门政策的顺周期性又会进一步纵容这些国际资本的流入，增加自身金融系统的脆弱性。

(四) 小结

本章主要研究在银行体系下国际资本流动与金融稳定的相互关系。首先针对银行系统进行微观分析，通过理论和实证相结合的方法分析银行在日常经营和管理过程中存在着强烈顺周期特征，如其杠杆率和银行信贷的顺周期性；其次，在全球"双层"银行系统下，国际资本流动与东道国金融稳定的关系，并从实证的角度加以检验。经过理论和实证分析，本章得出以下两条结论：

第一，在中东欧和独联体国家中，其银行体系具有强烈的顺周期特征，在经济繁荣时期倾向于通过提高杠杆率，增加负债的形式扩大资产负债表规模，同时还进一步扩展贷款规模，增加信贷供给。当经济处于衰退期时，银行为了保持足够的资本充足率以及减少风险,倾向于降低杠杆率,减少负债规模并缩减信贷量,尤其是在中东欧国家中。

第二,在全球银行体系下,全球流动性过剩会通过全球银行体系的杠杆效应和其净资产的"收缩—扩大"效应成数倍增加国际资本流动规模,并通过东道国本地银行传入国内,影响其国内信贷规模,从而最终影响其金融系统的稳定性。一是当全球银行提高其杠杆率时,便会扩张对本地银行的信贷规模,本地银行便会又扩张其对本地借款者的贷款量;反之,当经济处于衰退阶段时,全球银行又会降低杠杆率,缩减或停止对本地银行的贷款,那么本地银行由于受资金来源的约束,也会大幅度减少对本地借款者的贷款量。二是当全球银行净资产增加时,其贷款规模以及由此带来的连锁反应也会相应扩大,这也为国际风险传导创造渠道,进而影响东道国的金融稳定。通过对中东欧和独联体国家在1996—2011年样本数据的实证检验,证实这种传导渠道的存在。

因而,在全球经济繁荣时,东道国应该理性对待这些通过银行体系输入的国际资本,增强自身的预警机制,通过建立逆周期经济政策,规范各银行资产负债表的管理行为,消除或减轻国际资本带来的高风险。

第三节 我国银行体系的顺周期性与金融风险隐患

自改革开放以来,尤其是2003年开始,我国政府开始抓住最佳改革时机,不断推动大型商业银行、政策性银行以及农村信用社等各级金融机构改革,深化利率市场化改革和加快人民币汇率形成机制,加快综合治理证券公司、保险公司等非银行金融机构,确保金融部门保证平稳健康运行。然而,由于体制改革不到位、市场机制不健全等问题,导致我国金融系统仍存在着一些无法解决的顽疾，容易引发系统性金融风险。本部分主要考察我国自改革开放以来，在1998年亚洲金融危机和2008年全球金融危机前后银行部门出现的顺周期倾向。

一、我国商业银行顺周期性逐步显现

（一）商业银行"惜贷"行为的产生：1998—2000年

早在计划经济时期，我国国有银行是国家控股的商业银行，在产权制度的设计方面存在缺陷，例如国有银行经常被当作政府机构部门，信贷行为常为国家政策服务，配合国家的宏观调控以及为相关领域提供金融补贴，是为了实现国家相关目标而提供服务的机构。当经济处于繁荣阶段时，为防止经济出现过热，中国人民银行将会采用信贷紧缩的形势约束国有银行；当经济处于衰退阶段时，为了刺激经济增长，中国人民银行会通过放松信贷政策等来调整国有银行贷款规模，从而达到逆周期调控经济的目的。然而，这种政府部门过度干预国有银行的行为会导致银行部门所有者缺位、产权不清晰、自主经营权丧失以及政企混淆等一系列弊端，最终导致我国国有银行的不良资产大量累积。因此，从1986年开始，我国成立了第一家股份制银行，即交通银行，开启了我国国有银行市场化改革步伐。随后相继成立了三大政策性银行即国家开发银行、进出口银行、农业发展银行，和四大国有商业银行即工商银行、中国银行、建设银行以及农业银行等，将银行的金融监管任务、政策性任务和商业性任务进行剥离，为专业银行进行商业化改革提供前提条件。另外，当时我国银行的监管体系建立在1988年的巴塞尔协议Ⅰ的基础上，由于我国商业银行的发展很不完善，尤其是国有银行还处于计划经济体制中，中国人民银行对银行部门的监管还是比较浅显和宽泛的。因此，这种监管更多的是流于表面，中国人民银行对国有银行并没有严格的实现资本监管的要求。

1998年爆发亚洲金融风暴，虽然对我国金融市场的影响有限，但是我国宏观经济还是出现了大幅下滑,支撑经济的"三驾马车"中的出口、消费也表现出萎靡之势。在金融危机爆发的初期(见表4-7),如1998年第三季度至1999年第三季度,我国出口呈现同比负增长。其中1999年第一季度出口同比增长-25.30%,远低于1997年第一季度的76.40%的同比增速。从消费来看,1992—1996年城镇居民人均年度消费支出平均同比增长22.34%,而危机爆发后,1997—2000年平均同比增速大幅下滑为6.28%。与此同时,1998年1月1日中国人民银行开始正式放开对国有商业银行的信贷额度的管制,实施以"计划指导、自求平衡、比例管理、间接调控"为主的管理方式,央行逐渐转向以注重银行业的金融风险管理和资产负债比例的管理为主的调控方式。银行在进行信贷业务时,也开始逐渐由以往的信贷规模管制转向注重信贷资产质量的管理。因此,在面对金融危机之后的宏观经济环境不景气的现状,商业银行已然出现了"惜贷"现象,表现出一定的顺周期性。

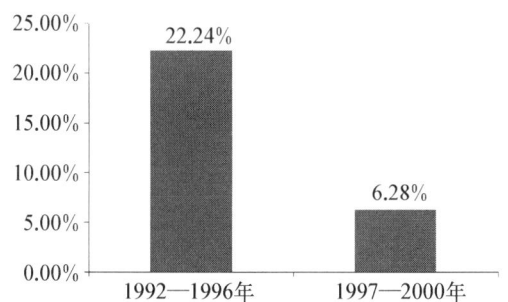

图4-7 城镇居民人均年度消费支出同比增长均值

数据来源:Wind数据库。

表4-7 1997—2000年我国出口总额、进口总额和
进出口总额同比增速 (单位:%)

年季度	进出口总额同比	出口同比	进口同比
1997Q1	33.70	76.40	-6.90
1997Q2	42.00	80.20	1.70

续 表

年季度	进出口总额同比	出口同比	进口同比
1997Q3	45.20	62.20	24.10
1997Q4	29.70	44.80	13.20
1998Q1	26.80	40.40	10.60
1998Q2	7.60	7.60	7.20
1998Q3	−7.40	−6.10	−7.50
1998Q4	−20.20	−22.70	−14.50
1999Q1	−1.10	−25.30	31.50
1999Q2	24.20	−4.90	62.70
1999Q3	57.10	45.20	73.10
1999Q4	54.30	54.70	53.90
2000Q1	123.90	118.00	132.20
2000Q2	105.50	113.40	96.90
2000Q3	99.20	75.00	130.40
2000Q4	65.90	47.10	88.30

数据来源：Wind 数据库。

表 4-8　1996—2000 年我国经济增长与金融机构贷款余额增长情况　（单位：％,亿元）

年季度	GDP 当季同比	金融机构贷款余额同比	金融机构存贷差
1996Q1	10.90	38.18	14 007.35
1996Q2	9.40	42.81	21 015.00
1996Q3	9.20	42.45	24 567.53
1996Q4	10.30	31.71	24 416.37
1997Q1	10.10	27.30	15 639.80
1997Q2	10.00	25.61	20 846.34
1997Q3	8.60	24.13	22 788.65
1997Q4	8.60	22.83	22 942.40

续 表

年季度	GDP 当季同比	金融机构贷款余额同比	金融机构存贷差
1998Q1	7.30	15.53	22 296.19
1998Q2	6.90	15.36	24 817.32
1998Q3	7.80	16.43	26 601.19
1998Q4	9.10	16.50	28 535.70
1999Q1	8.90	15.64	31 521.71
1999Q2	7.90	15.19	36 408.50
1999Q3	7.60	13.80	35 546.48
1999Q4	6.70	11.00	39 458.96
2000Q1	8.70	8.75	46 094.07
2000Q2	9.10	7.31	57 881.86
2000Q3	8.80	3.10	70 098.06
2000Q4	7.50	4.15	71 366.61

数据来源：Wind 数据库。

在1998年亚洲金融危机爆发后，我国经济增速明显下降，与此同时，贷款同比增长也大幅放缓。由表4-8可知，其中1998年第一季度年至2000年第四季度年间平均增速仅为8.03%，相较之前两位数的同比增长，经济出现明显降温。与此同时，我国金融机构的贷款余额同比增速明显下降，1998年第一季度至2000年第四季度平均增速仅为11.90%，而1996年第一季度至1997年第四季度平均同比增速高达31.88%。然而，由于我国政府对银行部门进行商业化改革和区分职能，同时实行风险监管和资产负债比管理，金融机构存贷差增长明显，由1996年第一季度的14 007.35亿元上升至2000年第四季度的71 366.61亿元，增长了4倍左右。

（二）银行信贷顺周期性现象凸显：2001—2007年

1. 我国银行业市场化改革成为银行部门顺周期行为的前提条件之一

这个阶段，我国商业银行的产权制度不断实行向市场化改革，其中如

2004—2005年中国银行、中国建设银行、中国工商银行分别完成了股份制改革,实现了国有独资银行向国家控股银行转变。这一改革不仅促使银行部门加快完善银行治理结构,激活了市场投资的积极性,还通过引进外国先进管理制度来提高我国银行的自主经营能力。同时,将银行经营状况对外及时公布,加大了市场及公共部门银行的监管力度,保障了金融部门的稳定性。然而,银行部门实现股权改革后,国有商业银行的自主经营权得以提升,导致其原先以政策支持为主的服务内容逐渐转向为实现银行部门的利润最大化,这一转变在很大程度上使得银行的信贷投放出现了顺周期行为。银行通常会基于自身利益的考量,在市场经济发生重大波动时,实施最有利于自身的信贷行为。由图4-8可知,2000年第一季度至2007年第四季度,伴随着我国银行业的市场化改革进程,金融机构贷款余额大幅度增长。

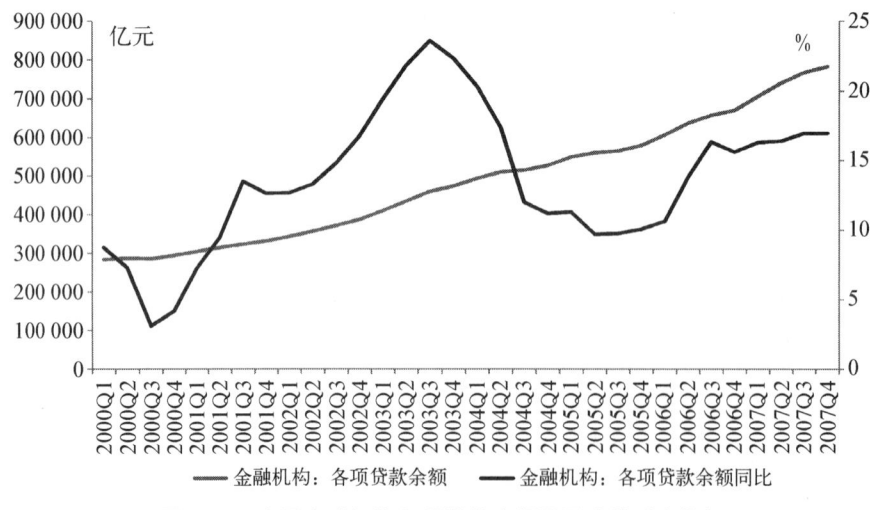

图4-8 中国金融机构各项贷款余额及同比的季度数据
数据来源:Wind数据库。

2.我国不断加快巴塞尔资本协议在商业银行资本监管方面的实施步伐,导致银行部门顺周期行为的产生

在2003年之前我国银行业监管体系建立在1988年巴塞尔资本协议Ⅰ

的基础上。当时,我国银行部门还处于计划经济体制中,银行业各方面的发展还很不完善,实施监管职责的中国人民银行在对商业银行进行监管的范围和要求都比较浅显和宽泛,并未对商业银行实施严格的资本监管要求,中国人民银行只是在一定程度上可以实施逆周期的资本监管。而在2003年之后,我国产生了以银监会为主要监管机构的监管时期,这个阶段,银监会开始逐步推行巴塞尔协议资本的监管方法。在此阶段,银监会于2004年先后颁布了如《外资银行并表监管管理办法》《商业银行资本充足率管理办法》,其中《外资银行并表监管管理办法》将外资银行面临的金融风险和经营状况进行监督和管理,《商业银行资本充足率管理办法》则是完善了1996年的资本充足率计算公式,引进了巴塞尔协议Ⅱ的相关指标,对我国商业银行提出了8%的最低资本充足率要求,为我国银行业的资本监管提供了硬性指标,其数值的提升意味着银行抵抗风险的能力在加强。同时,我国银行的不良贷款率也得以大幅度降低,由1999年高达28.50%的比率降低至2006年的7.10%。同时,我国银行业资本与资产的比率也在不断上升,资本与资产的比率反映的是银行自有资本占总资产的比重和银行承担风险的能力,这说明我国银行业抵御风险的能力也在提高。亚洲金融危机之后,我国监管部门认识到我国银行业监管存在不足,不断改善银行资本结构,在1998年和1999年通过发行0.27亿元特别国债和"债换股"政策,改善我国四大商业银行的资产质量。随后,2004年和2005年分别又向中国建设银行、中国银行、中国工商银行分别注资450亿元和150亿元外汇储备,用来补充银行资本金不足。另外,2007年我国推行了《中国银行业实施新资本协议指导意见》,该意见确保了新资本协议在我国银行部门的实施。可见,巴塞尔资本协议Ⅱ对我国银行部门关于资本监管方面实施更严格的要求,提高了商业银行的风险意识,提升自有资本的数量或是降低风险加权资产来改善其风险管理水平,但这也使得银行业对监管资本的敏感度提升,导致商业银行在信贷方面的顺周期行为逐步产生。

表 4-9　中国银行资本与资产比率及银行不良贷款率　　（单位：%）

年　份	银行资本与资产比率	银行不良贷款率
1999	—	28.50
2000	—	22.40
2001	4.10	29.80
2002	—	26.00
2003	3.80	20.40
2004	4.00	13.20
2005	4.40	8.60
2006	5.10	7.10
2007	5.70	6.20
2008	6.00	2.40
2009	5.60	1.60
2010	6.10	1.13
2011	6.40	0.96
2012	6.50	0.95
2013	6.70	1.00
2014	7.20	1.25
2015	8.44	1.67
2016	8.10	1.75

数据来源：世界银行。

3. 宏观经济复苏好转和市场化改革不断推进，我国商业银行信贷开始呈现出顺经济周期现象

伴随着巴塞尔协议在我国银行业的不断推进，我国商业银行的资本充足率也得到大幅改善。表 4-10 选取了 2001—2007 年我国具有代表性的 16 家上市银行的资本充足率。由表可知，我国商业银行的资本充足率不断提升，其中如南京银行、北京银行等部分商业银行资本充足率提高最快，主

要原因是这些商业银行的规模和信誉度相对低一些,因此提高资本充足率可以确保银行的安全性和稳定性。与此同时,我国商业银行开始呈现出较为明显的顺周期现象。由图 4-9 可知,我国银行业的资本与资产的比率与 GDP 增长率之间存在着同向变化趋势,2001—2007 年,我国银行业资本与资产的比率以及 GDP 增长率均出现增长,其中银行资本与资产的比率由 4.10% 上升至 5.70%,得到了很大的改善。GDP 增长率也由 8.30% 上升至 14.20%。在此阶段,我国信贷出现复苏迹象,因为从 2001 年开始,我国通过实施积极的财政政策和稳健的货币政策来刺激国内投资,以及促进出口增长,由此导致了我国投资尤其是固定资产投资一直稳步上扬,地方政府不断加大对城市基础设施等方面的建设,贷款需求大幅上升,银行信贷规模也据此加速上涨。表 4-11 也可以看出,在 2003 年第一季度至 2004 年第一季度,我国信贷规模平均增速高达 21.49%。与此相伴随的是我国民间消费与投资不断加速上涨,也为经济增长带来新一轮繁荣,由市场主导的、带有周期性扩张特点的经济也呈现加速上涨态势。但是,由此也导致信贷增长开始出现膨胀之势,在经济复苏的初期,信贷顺周期现象逐渐凸显,直至 2004 年第二季度开始出现小幅回落,信贷增长过热问题得以缓解。然而,从 2006 年开始,伴随着投资、出口、需求三驾马车的继续拉动,我国宏观经济增长开始进入稳步上涨阶段,呈现出"多、快、好、稳"的特征,同时,恰逢此阶段我国证券市场发展迅速,其中如股权分置改革的最终完成、上市公司业绩的大幅提升、资金流动性过剩等多方面利好因素不断推动我国证券市场牛市行情,上证 A 股从 1 800 点启动最高上冲至 2 847 点,涨幅达到惊人的 58.17%。这个阶段我国出现了实体经济与虚拟经济双重复苏的局面。另外,2007 年我国房地产市场也出现过热发展行情,信贷投入不断加大,资产价格不断上扬。在宏观经济形势向好、企业利润节节攀升的驱动下,我国信贷约束得到全面释放,商业银行的信贷顺周期现象更加明显。

表 4-10 中国主要商业银行资本充足率一览表　　　　（单位：%）

	2001 年	2002 年	2003 年	2004 年	2005 年	2006 年	2007 年
工商银行	—	5.54	—	—	9.89	14.05	13.09
中国银行	—	8.15	—	10.04	10.42	13.59	13.34
建设银行	6.88	6.91	6.51	11.32	13.59	12.11	12.58
交通银行	—	—	—	9.72	11.20	10.83	14.44
民生银行	10.10	8.22	8.62	8.59	8.26	8.12	10.73
光大银行	—	—	—	—	−1.47	−0.39	7.19
浦发银行	11.27	8.54	8.64	8.03	8.04	9.27	9.15
招商银行	10.26	12.57	9.49	9.55	9.06	11.40	10.67
华夏银行	7.63	8.50	10.32	8.61	8.23	8.28	8.27
中信银行	—	—	8.90	—	8.11	9.41	15.27
兴业银行	—	8.14	8.74	7.83	8.20	8.71	11.73
浙商银行	—	—	86.00	24.31	11.84	11.87	8.49
华夏银行	7.63	8.50	10.32	8.61	8.23	8.28	8.27
北京银行	—	—	—	5.01	12.06	12.78	20.11
徽商银行	—	—	—	—	—	7.63	8.06
南京银行	—	22.76	11.68	11.43	13.09	11.71	30.67

数据来源：Wind 数据库。

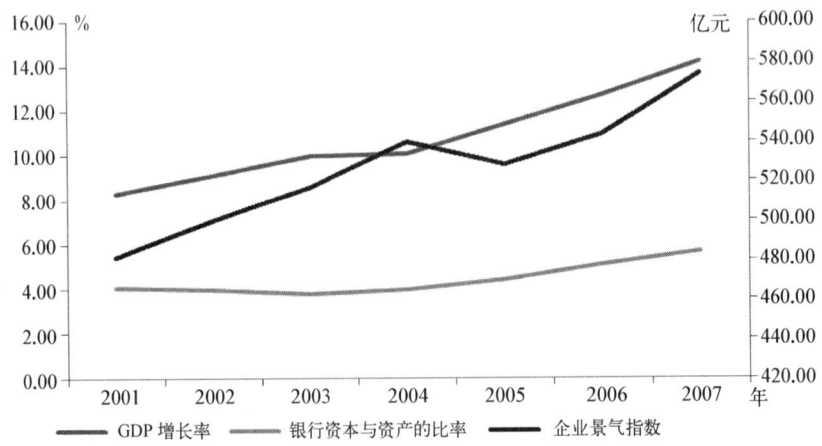

图 4-9 中国银行资本与资产比率与主要宏观经济指标之间的比较

数据来源：Wind 数据库。

表 4-11　2001 年第一季度至 2007 年第四季度相关经济指标

（单位：%,亿元）

年季度	GDP 增长率	金融机构各项贷款余额增速	金融机构存贷差
2001Q1	12.92	7.26	74 806.15
2001Q2	11.16	9.43	81 780.31
2001Q3	10.19	13.48	86 271.50
2001Q4	8.64	12.62	92 575.21
2002Q1	9.17	12.67	91 787.99
2002Q2	9.23	13.29	104 904.27
2002Q3	10.32	14.81	114 521.36
2002Q4	10.26	16.78	118 957.40
2003Q1	13.43	19.41	122 524.46
2003Q2	11.45	21.83	133 446.45
2003Q3	12.91	23.60	136 813.54
2003Q4	13.72	22.32	144 878.59
2004Q1	15.82	20.31	152 456.49
2004Q2	18.94	17.37	167 173.51
2004Q3	18.60	12.00	183 297.83
2004Q4	17.53	11.18	190 480.17
2005Q1	17.10	11.28	201 107.47
2005Q2	15.74	9.70	231 529.38
2005Q3	14.80	9.75	261 161.02
2005Q4	15.59	10.06	274 864.33
2006Q1	16.38	10.63	287 734.55
2006Q2	17.59	13.80	306 400.52
2006Q3	16.69	16.34	314 731.39
2006Q4	17.76	15.60	329 461.50
2007Q1	21.45	16.29	334 044.88
2007Q2	23.04	16.40	347 565.90

续 表

年季度	GDP 增长率	金融机构各项贷款余额增速	金融机构存贷差
2007Q3	24.01	16.96	363 138.55
2007Q4	23.73	16.96	370 134.27

数据来源：Wind 数据库。

(三) 经济刺激计划的实施刺激了银行顺周期行为：2008 年至今

2008 年全球金融危机打破了我国经济继续繁荣向好的进程，经济增长深受外部环境冲击，经济增长快速回落，出口出现负增长，经济面临硬着陆风险。因此，2008 年 11 月我国政府推出了进一步扩大内需、促进经济平稳较快增长等 10 项措施，同时强调加大金融对经济的支持力度，取消对商业银行信贷规模的限制，合理扩大信贷规模，加大政府投资和信贷支持力度，刺激经济逆周期复苏。因此 2009 年我国新增人民币贷款高达 9.59 万亿元，同比增速为 95.32%，随后稍有下降，但仍然保持上涨态势。此后，2011 年中国人民银行持续上调存款准备金率和实施贷款管制，促使商业银行信贷增速降低，同时为了削减资金"脱实入虚"的现象，央行在 2012 年还实施了定向宽松政策，通过不对称降息手段将银行信贷投放到实体经济中。同时 2013 年和 2014 年央行继续实施稳健的货币政策，信贷连续数月出现"井喷式"的超常规的高速增长。由于连续降息也导致商业银行的利差持续缩小，银行的盈利水平明显下降，只有通过发放贷款才能够创造足够的利润空间，于是大量的信贷投放开始显现。这种反周期的信贷扩张虽然有助于应对全球金融危机的冲击，防止经济快速下降带来的负面影响，有助于塑造"信心比黄金贵"的现实，积极促进了我国经济回暖，这说明商业银行信贷投放对我国经济增长具有一定的效果。然而，由此也导致了我国商业银行坏账规模的提升。如表 4-12 数据显示，自 2013 年以来我国商业银行整体坏账规模大幅攀升，已由 2013 年第一季度的 5 265 亿元迅速攀升至 2017 年第四季度的 1.71 万亿元，增长了 2.24 倍，其中国有商业银行坏账规模最大，在

2017年第四季度达到了7 725亿元。由此可见,我国商业银行信贷规模的增长具有强烈的顺周期特征,在经济紧缩期,减少信贷投放,在经济扩张期,增加信贷投放。同时在国家政策的指导下,我国商业银行也具有明显的政策导向,其中如在2008年11月实施4万亿刺激计划下,信贷规模并没有随着外部危机的冲击而下降,反而出现大规模上涨。这也是导致我国企业债务迅速增加的重要原因,给我国金融市场带来巨大风险。其中如2013年4月9日惠誉下调了中国信用主权评级,将中国的长期本币信用评级由AA-将至A+,主要原因之一还是由于中国信贷规模过快过高增长给我国金融市场带来的风险问题。同时IMF也表示过对中国过高信贷规模的担忧(GFSR,2013)。

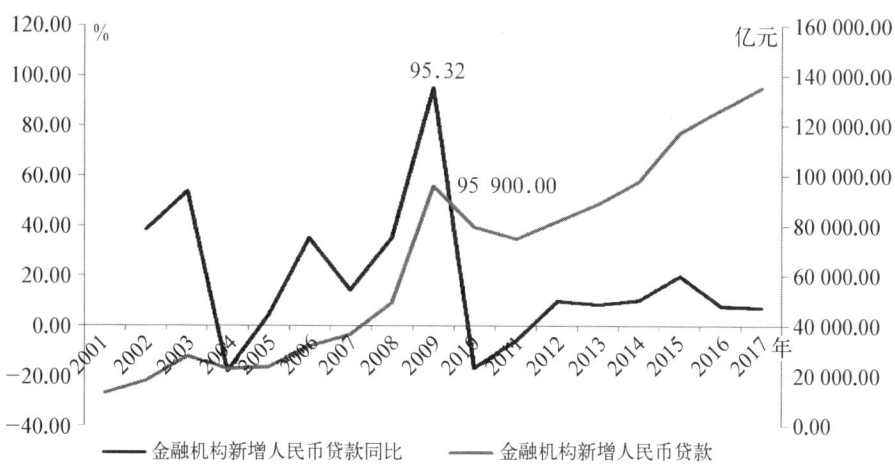

图4-10 中国银行资本与资产比率与主要宏观经济指标之间的比较

数据来源:Wind数据库。

表4-12 2013—2017年中国商业银行新增人民币贷款和不良贷款余额

(单位:亿元)

年 季 度	新增人民币贷款	不良贷款余额		
^	^	整体商业银行	国有商业银行	股份制商业银行
2013Q1	27 600.00	5 265.00	3 241.00	896.00
2013Q2	50 800.00	5 395.00	3 254.00	956.00

续　表

年　季　度	新增人民币贷款	不良贷款余额		
^	^	整体商业银行	国有商业银行	股份制商业银行
2013Q3	72 800.00	5 636.00	3 365.00	1 026.00
2013Q4	88 900.00	5 921.00	3 500.00	1 091.00
2014Q1	30 100.00	6 461.00	3 771.00	1 215.00
2014Q2	57 400.00	6 944.00	3 957.00	1 366.00
2014Q3	76 800.00	7 669.00	4 272.00	1 527.00
2014Q4	97 800.00	8 426.00	4 765.00	1 619.00
2015Q1	36 800.00	9 825.00	5 524.00	1 882.00
2015Q2	65 600.00	10 919.00	6 074.00	2 118.00
2015Q3	99 000.00	11 863.00	6 474.00	2 394.00
2015Q4	117 200.00	12 744.00	7 002.00	2 536.00
2016Q1	46 100.00	13 921.00	7 544.00	2 825.00
2016Q2	75 300.00	14 373.00	7 595.00	2 959.00
2016Q3	101 600.00	14 939.00	7 658.00	3 170.00
2016Q4	126 500.00	15 122.00	7 761.00	3 407.00
2017Q1	42 200.00	15 795.00	7 898.00	3 593.00
2017Q2	79 700.00	16 358.00	7 872.00	3 701.00
2017Q3	111 600.00	16 704.00	7 714.00	3 887.00
2017Q4	135 300.00	17 057.00	7 725.00	3 851.00

数据来源：Wind 数据库。

二、我国当前值得关注的系统性金融风险隐患

自 2003 年以来，我国政府抓住改革的时间窗口，不断推动我国大型商业银行、政策性银行、农村信用社等金融机构改革，不断深化利率市场化改革和人民币汇率形成机制改革，稳步开展针对证券行业的综合治理，确保我国金融市场的稳定发展。然而，由于市场机制尚未健全，导致我国金融市场

中的一些深层次矛盾和问题未得到根本性解决,这也极易引发系统性金融风险。具体如下:

(一)我国融资结构中直接融资和间接融资比例失衡,银行贷款占据主导位置,导致金融风险过度集中于银行体系中

长期以来,我国社会融资结构中,企业多偏好于银行贷款的方式,而资本市场尤其是债券市场的发展严重滞后。由表4-13可知,中国全社会融资结构中,银行贷款虽然在2010—2014年有所降低,但仍然占据主要地位。2017年,全社会总融资规模为19.44万亿元,其中新增人民币贷款规模为13.84万亿元,占据71.20%的比例。来自直接融资包括股票和企业债券融资的规模分别为8 734亿元和4 495亿元,分别占比4.50%和2.30%。与其他国家相比,我国直接融资的比重是处于非常低的水平,其中如G20国家中直接融资比重大多集中在65%—75%之间,美国则明显高于其他国家,融资比重超过80%。在经济发展过程中,市场主导型金融机构是一个普遍的规律,越来越多的金融资源倾向于通过资本市场进行配置是基本趋势。例如,传统意义上"银行主导型"国家如日本和德国,在20世纪90年代中直接融资比重处于40%—50%,近几年取得了长足的发展,金融结构不断趋于"市场主导型",2012年两国直接融资比重分别达到69.2%和74.4%。由此可见,当下我国企业融资仍然高度依赖于银行体系,金融风险依然过度集中于银行系统中,导致我国银行部门隐藏较大风险。当下,我国正处于转变经济增长方式、促进经济转型升级的快速推进过程中,尤其是高科技产业和战略新兴产业的大幅发展,对金融机构的调整和资本市场的改善也提出了较高的要求,增加直接融资的比重也显得尤为重要。另外,我国居民社会财富和养老资金等也需要通过丰富的资本市场品种得以最优化配置。近几年,我国虽然在发展直接融资方面做出很多的尝试,但融资结构中间接融资和直接融资的比例仍然较为失衡。

表 4-13　中国全社会融资结构表(2002—2017 年)　(单位：亿元,%)

年份	社会融资规模	新增人民币贷款 规模	新增人民币贷款 占比	企业债券融资 规模	企业债券融资 占比	非金融企业境内股票融资 规模	非金融企业境内股票融资 占比
2002	20 112.00	18 475.00	91.90	362.02	1.80	628.00	3.10
2003	34 113.00	27 652.00	81.10	499.00	1.50	559.00	1.60
2004	28 629.00	22 673.00	79.20	467.00	1.60	673.00	2.40
2005	30 008.00	23 544.00	78.50	2 010.00	6.70	339.00	1.10
2006	42 696.00	31 523.00	73.80	2 310.00	5.40	1 536.00	3.60
2007	59 663.00	36 323.00	60.90	2 284.00	3.80	4 333.00	7.30
2008	69 802.00	49 041.00	70.30	5 523.00	7.90	3 324.00	4.80
2009	139 104.00	95 942.00	69.00	12 367.00	8.90	3 350.00	2.40
2010	140 191.00	79 451.00	56.70	11 063.00	7.90	5 786.00	4.10
2011	128 286.00	74 715.00	58.20	13 658.00	10.60	4 377.00	3.40
2012	157 630.81	82 038.00	52.10	22 551.00	14.30	2 508.00	1.60
2013	173 169.00	88 916.00	51.35	18 111.00	10.46	2 219.00	1.28
2014	164 571.00	97 816.00	59.44	24 253.00	14.74	4 350.00	2.64
2015	154 086.00	112 693.00	73.10	29 399.00	19.10	7 604.00	4.90
2016	178 022.00	124 372.00	69.86	29 993.00	16.85	12 416.00	6.97
2017	194 430.00	138 432.00	71.20	4 495.00	2.30	8 734.00	4.50

数据来源：Wind 数据库。

(二) 中国金融行业的资产质量和抗风险能力存在不足,导致我国金融市场面临严峻考验

虽然 2008 年金融危机过后,我国银行体系的不良贷款率不断降低,但银行信贷投放过快,经营同质化日趋严重,投放的结构不合理,投放节奏不均衡等问题仍然存在,导致中国地方政府、企业和银行等出现不审慎的信贷行为。据中国人民银行的数据显示(见图 4-11),截至 2017 年金融机构新增人民币贷款 13.53 万亿元,新增人民币存款为 13.52 万亿元。其中新增中

长期贷款占新增存款的86.45%,新增短期贷款及票据融资仅占存款的13.92%。可见我国银行贷款中大部分信贷以中长期为主。然而,2011年7月7日,中国人民银行上调金融机构人民币存贷款基准利率,金融机构一年期存贷款基准利率分别上调0.25个百分点,其他各档次存贷款基准利率及个人住房公积金贷款利率相应调整,这导致我国银行部门存款开始倾向于短期化,"短存长贷"的期限错配问题仍然严重,这进一步加剧了我国银行部门本来就存在的期限错配风险。"短存长贷"的现象在我国一直存在,而在全球经济增长难以企稳复苏的前提下表现尤为明显。然而单从收益的角度来看,居民存款开始倾向于活期化会使得银行资产的成本降低,中长期贷款由于包含期限溢价因而具有较高的利率,"短存长贷"将会给银行部门带来一定的收益。但是,在获得收益的同时,银行资产和负债的不匹配加剧,将会威胁到银行系统的流动性,导致金融风险累积。例如,当居民储蓄减少引发存款活期化时,银行部门可贷资金数量将会下降,降低银行资金来源的稳定性,不断增加的中长期贷款还会给银行部门的经营带来潜在风险,尤其是有些银行的信贷间接地进入楼市或股市,这更增加了信贷风险。另外,近几

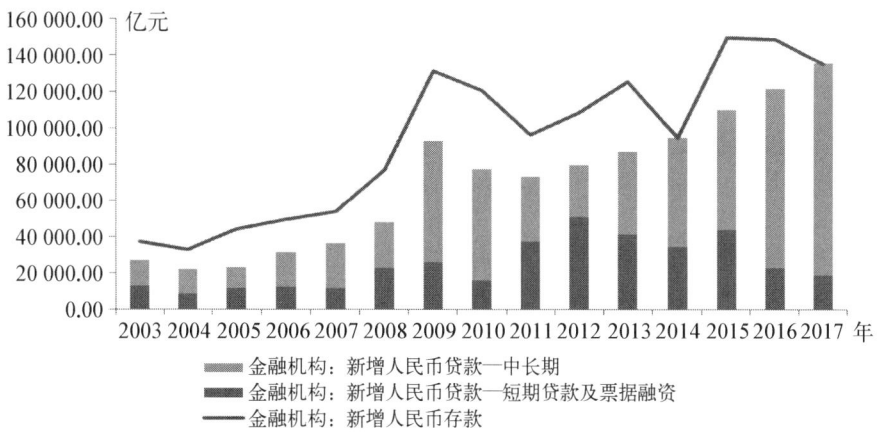

图4-11 中国金融机构新增人民币贷款期限结构

数据来源:Wind数据库。

年,从我国商业银行的资产利润率和拨备覆盖率都出现降低。其中如大型商业银行的资产利润率已经从 2014 年第一季度的 1.47% 降至 2017 年第四季度的 1.02%,相应的其不良贷款余额也已从 3 771 亿元升至 7 725 亿元。可见,在全球经济增长放缓的背景下,中国银行业经营也正遭受着不良贷款余额的不断攀升和利润持续收窄的双重压力。其中不良贷款余额从 2014 年以来呈现一定的加速,同时信贷增长对不良贷款的稀释作用也在持续减弱,未来我国商业银行资产质量仍面临较大的压力。

表 4-14 2014—2017 年中国商业银行资产利润率和不良贷款余额季度数据 （单位：%）

年季度	资产利润率		不良贷款余额	
	大型商业银行	股份制商业银行	大型商业银行	股份制商业银行
2014Q1	1.47	1.25	3 771.00	1 215.00
2014Q2	1.45	1.23	3 957.00	1 366.00
2014Q3	1.42	1.22	4 272.00	1 527.00
2014Q4	1.30	1.10	4 765.00	1 619.00
2015Q1	1.37	1.18	5 524.00	1 882.00
2015Q2	1.32	1.11	6 074.00	2 118.00
2015Q3	1.31	1.08	6 474.00	2 394.00
2015Q4	1.20	0.99	7 002.00	2 536.00
2016Q1	1.29	1.07	7 544.00	2 825.00
2016Q2	1.20	1.02	7 595.00	2 959.00
2016Q3	1.17	0.98	7 658.00	3 170.00
2016Q4	1.07	0.88	7 761.00	3 407.00
2017Q1	1.15	0.97	7 898.00	3 593.00
2017Q2	1.15	0.94	7 872.00	3 701.00
2017Q3	1.12	0.91	7 714.00	3 887.00
2017Q4	1.02	0.83	7 725.00	3 851.00

数据来源：Wind 数据库。

（三）系统重要性金融机构(SIFIs)大量存在，其形成的巨大交易和支付网络在面临巨大冲击时会对我国金融市场和实体经济产生潜在的负面影响

通常意义上所说的系统重要性金融机构是指业务规模较大、业务复杂程度较高，一旦发生风险事件，将会给本国或本地区乃至全球金融系统带来冲击的金融机构。仅从规模上看，我国金融系统内存在着大量具有系统重要性金融机构。例如，在银行业中，中国工商银行、中国农业银行、中国银行、中国建设银行、交通银行这5家大型商业银行的资产总额和负债总额占比都在50%以上，呈现出限制的寡占型市场结构，而大型商业银行之间以及其与其他金融机构之间通过存款、拆借、票据、代理、债券等业务联系，互为客户或互为交易对手等，形成一个巨大的占据大部分市场份额的支付和交易网络，增强了金融市场中各机构的关联性。从有利的一方面来看，这种系统重要性金融机构的存在可以增加投资人和发行人在市场进行避险、投机和套利的工具选择范围，同时还能够降低交易成本和增加金融资产的流动性，还可以减少信息不对称和代理成本等问题。然而，在金融创新领域，这些系统重要性金融机构会给宏观经济带来不确定性，会由于系统重要性金融机构与其他金融机构强关联性而产生金融风险累积和传染效应。例如金融产品创新会金融机构之间创造出比过去复杂的债券和债务关系，直接强化了金融机构之间、金融市场之间、金融机构和金融市场之间的密切联系。同时，还间接推动了以金融业务国际化、金融市场国际化和资本流动国际化为主要表现形式的金融国家化相关联的趋势，以及因为信息不对称而引起公众对其他金融机构信心的不足，这种具有传染性的心理预期会导致局部性金融风险极易转化为全面性金融风险，削弱政府当局抵御和控制金融风险的能力，降低整个金融体系的稳定性。因此，系统重要性机构的正常运行对一国金融稳定至关重要，一旦其中某个机构出现问题抑或是破产，就会给整个金融市场带来巨大的负面冲击。此外，这些机构由于"太大而不能倒"的约束带来道德风险和逆向选择风险，导致的风险累积不容忽视。

（四）我国居民个人住房贷款增加过快，地产风险不断暴露，给我国金融市场稳定带来隐患

近几年，我国房地产事业迅猛发展，部分城市房价上涨过快，存在着明显的泡沫。其中一线城市上涨幅度过大，例如截至 2017 年 12 月，一线城市百城住宅平均价格高达 41 201.5 元/平方米。房地产是一个资金密集型的高风险行业，我国房地产风险主要积聚在银行部门，个人住房抵押贷款成为我国银行信贷业务中十分重要的一部分。虽然房地产发展对改善我国居民居住条件、拉动内需和促进经济增长具有重要贡献，但凡事过犹不及。房地产泡沫对我国商业银行个人住房抵押贷款的安全构成威胁。在中国，个人住房抵押贷款常被认为是安全性高、利润稳定、业务简单的一项信贷业务，然而，最近几年随着房地产过快上涨，一线城市居民购房需求的不断增加等，个人住房贷款规模急剧膨胀，所积累的风险不容忽视。根据中国人民银行的数据，2016 年第四季度我国新增人民币贷款为 2.49 万亿元，新增房地产贷款为 5.67 万亿，新增个人购房贷款为 4.96 万亿。个人住房贷款还款期限长、个人收入易出现变动、银行风险控制措施不力、政策变动冲击等各因素，都会给银行个人住房贷款业务带来潜在的风险。从微观角度来看，有以下几种信贷风险：1. 借款人的违约风险。主要是指借款人不愿意或不能够履行还贷义务而给银行带来损失，主要表现有，因借款人发生资金周转困难或者出现财务危机，而无法按时还贷产生违约。再则，借款人故意违约或者骗取银行信贷从事不法活动，出现亏损而无法正常还贷。或者因为外部经济环境改变导致借款人偿债能力改变，而无法还贷。例如当房屋市场价值降低时，使得借款者抵押物价值降低，借款人净资产为负，此时借款人无法还贷，出现违约等，这些都会给银行部门带来信贷风险。2. 开发商的道德风险。主要是指某些开发商利用信息不对称优势提供虚假资料以骗取高额贷款，进行多套房产的假按揭来获利。3. 银行的操作风险。主要是指在住房贷款的各项操作流程中，可能存在内部管理不善而产生风险，其中如贷款发放前对借款者的动机背景调研不到位,发放贷款时审查不严格,贷后检查不及时等,如果国内房地产市场价格走势发生巨大逆转,将会对银行信贷资产的安全和风险水平的产生造成直接影响。

(五) 跨境经济金融风险的传染,金融风险叠加效应会冲击我国高负债部门

2008年全球金融危机表明,现代金融危机具有极强的传染性,危机可以通过贸易、金融和心理预期等从发源地迅速扩散至其他国家,引发更大范围的金融动荡甚至危机。而当下,我国不断加快推进改革开放的进程,无论是对外贸易、吸引外商投资还是对外投资等都为中国与全球市场紧密联系提供了多种纽带,也为全球金融市场冲击传入国内提供多种渠道。然而,美联储已经连续加息和收缩资产负债表,这将使得新兴经济体面临日益加大的资本抽逃压力和风险,也会加重相关国家的资产价格下跌、货币贬值、外债负担及国内金融市场风险。1. 持续加息和"缩表"行为将会引发新兴市场新一轮资本流出,引发流动性风险。资本流动性波动增大以及避险情绪的增加还将给新兴市场的资产价格带来冲击,对股市、债市、楼市、汇市等都将带来严重影响。2. 美联储加息和"缩表"或将导致人民币贬值,加重国内资金紧张局面,加大我国偿债压力。对我国而言,非金融部门的杠杆率已经高于全球金融危机爆发前的水平。由图4-12可知,自2008年金融危机爆发以来,我国以美元计价的本币债券规模已经大幅上涨,企业和家庭部门的信用风险上升,导致非金融部门面对美联储收紧货币政策时更加脆弱。在一些主要经济体内,私人非金融部门的偿债压力和债务水平过高,影子信贷增速过快,如果全球金融环境收紧(以及美元相应升值),可能会使部分新兴市场的金融风险暴露出来,从而对那些与美元挂钩、具有高杠杆和存在资产负债表错配的经济体造成压力。虽然美联储政策性利率对我国央行的传导并不通畅,但美联储政策性利率的上升将会增加我国提高政策性利率的压力。对我国企业而言,利率升高,借贷成本升高,尤其对一些背负外债的企业、对外投资企业可能带来影响。当下,我国政府正处于深入改革攻坚阶段,不仅

需要着眼于降低银行的资产负债表的脆弱性,还需要关注非金融部门的高杠杆行为,在国际金融政策收紧与金融风险之间谨慎取得平衡。

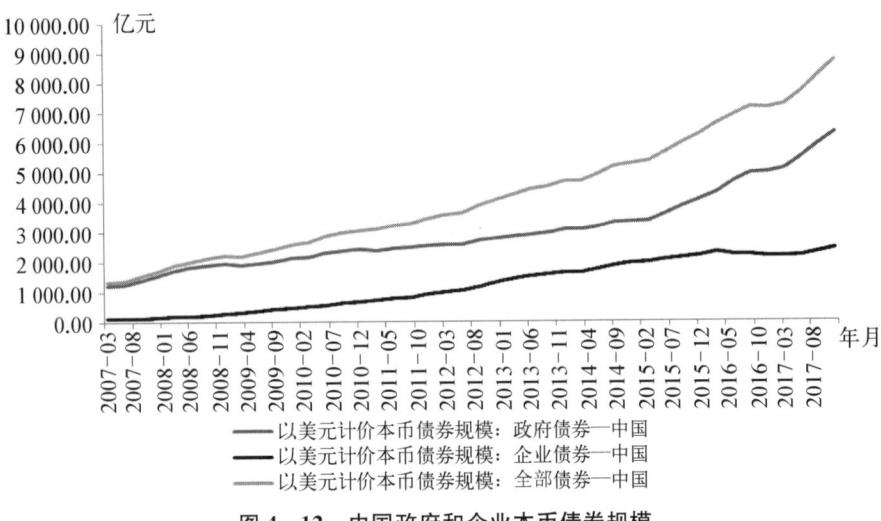

图 4-12　中国政府和企业本币债券规模

数据来源：Wind 数据库。

第五章
宏观视角下国际资本流动逆转与金融稳定性分析

20世纪90年代以来,随着全球经济规模不断扩大,经济增长速度不断提高,国际资本的流动规模和方式也逐渐多样化,其波动程度也日趋复杂化。而近年来全球范围内的经济和金融危机频繁爆发,促使经济学家和政府当局加强对国际资本的密切关注。虽然国际资本对东道国经济和金融发展的贡献不言而喻,如弥补国内储蓄缺口,缓解资本紧缺局面,提高国内金融发展水平,健全相关制度等,但随之而来的风险和威胁也与日俱增。一是大规模国际资本流入东道国会导致该国出现信贷膨胀、价格上涨等压力;二是随着国际资本不断流入东道国,国内容易出现资产价格泡沫甚至出现投机资本泛滥的现象;三是一旦出现国际风险冲击或东道国国内经济出现恶化迹象,这些资本必将大规模流出,寻找更加安全的"避险天堂",给东道国金融市场稳定造成严重的威胁,甚至出现金融危机。因此,本章通过对中东欧和独联体国家国际资本流动逆转问题进行深入、细致的分析,研究国际资本流动逆转及其对金融不稳定性的影响,力图找到影响东道国金融稳定的风险因素。

第一节 国际资本流动逆转的理论分析

自1998年亚洲金融危机以来,大多数发展中国家或发达国家都经历过国际资本流动逆转,甚至从前期的净流入转变为净流出,尤其是这次金融危机期间,这种现象引起各界人士的密切关注,针对国际资本流动逆转的原因、影响因素以及应对政策等各个方面展开研究,并得出重要结论。然而,关于国际资本流动逆转给东道国金融稳定造成哪些影响相关研究较少,且文献多数都围绕发生过金融危机的发展中国家或发达国家,而很少涉及没有发生过大规模危机但深受国际资本流动影响的国家,如本章研究的中东欧和独联体国家。从目前国内外研究现状来看,国外对这方面的研究较为深刻,研究方法也较为多样化,国内学者大部分停留在围绕国际资本与发展中国家金融脆弱性方面的验证研究,且直接针对国际资本流动逆转与金融稳定性的实证研究也较少。下面本书将围绕国际资本流动逆转的界定、原因组成部分的稳定性及其对金融稳定的影响等方面,对现有理论进行梳理和评价。同时本书根据 IMF 第五版(Balance of Payments Manual,BPM5)关于国际资本流动划分原则,将国际资本流动划分为外国直接投资(FDI)、外国证券投资和银行贷款[①]三个方面。

一、国际资本流动逆转的界定

关于国际资本流动逆转问题的研究并不是一个较为新鲜的课题,如以前国际资本流动逆转又叫国际资本流动突停或突然中断等,并依此来断定是否会发生金融危机等,直至 20 世纪 90 年代中后期,由于伴随国际资本流动逆转或突停的金融危机次数逐渐增多,Calvo(1998)等人才逐渐使用国际资本流动突停或逆转代替以前"资本项目逆转"的说法。关于国际资本流动逆转的界定,由以下几种方法:首先,Calvo(1998)等人提出的,认为国际资本流动逆转主要是指国际资本流入与前一年相比低于样本均值至少两个标

[①] 本节中所说的银行贷款对应着国际收支平衡表的金融账户中其他投资类型,因为其他投资是指除直接投资和证券投资外其他金融交易,其包括银行贷款、预付款、金融租赁下的货物和存款等,而这些都是以银行部门贷款为主导的,因而本章使用银行贷款代替其他投资类型。

准差，而且国际资本流动逆转的开始时间为国际资本流入相对上年的该变量第一次超过样本均值一个标准差的时候，结束时间是指国际资本流入相对前一年的该变量小于样本均值标准差的时间段。其次，Edwards(2005)等人指出，资本流动逆转主要是指国际资本净流入的减少量超过GDP的5个百分点，且在发生国际资本流动逆转前，该东道国吸引了超过本国3/4的本土资本。再次，Hutchison(2006)等人认为同时发生货币危机和资本项目逆转时才认为发生了国际资本流动逆转。另外，还有学者从投资学角度来定义，如Kubota(2011)指出应将国际资本流动逆转划分为真实逆转和资本外逃两个部分。其中，真实资本流动逆转是指国际资本由流入变为流出，资本外逃是指东道国国内投资者将其资本输入国外，并分别称作国际资本流入驱动型逆转和流出驱动型逆转。

然而，随着国际资本流动的成分和期限日趋复杂化，简单划一的方式定义国际资本流动逆转或突停并非易事，因而，本章将会使用Ozan Sula & Thomas D. Willett(2006)的方法，定义和计算出国际资本流动及其分解部分的逆转值，通过对比逆转值大小，确定国际资本流动的稳定程度。

二、国际资本流动逆转的原因分析

国内外学者大都通过理论模型和实证检验等方式研究国际资本流动逆转的机理，研究结果认为贸易开放度、金融一体化程度以及东道国政府质量的高低与国际资本流动逆转有着重要的联系。首先，贸易开放程度越高，发生国际资本流动逆转的概率越高，因为外部冲击可以通过贸易渠道传染到国内，从而引发国际资本流动逆转的情况，但相反的情况也是存在的。如Cavallo(2008)等人通过使用引力模型得出结论认为，当东道国贸易开放度越高时，其在经历来自外部冲击时发生资本流动逆转的情况越少。

其次，东道国金融一体化程度也对国际资本流动逆转产生较大影响，但对国际资本流动影响的正负性还没定论。如Kaminsky(2008)指出即使东道国国内宏观经济和金融市场并不存在不稳定性因素,但与世界资本市场高度一体化会导致该国与世界资本市场产生共振现象,极易暴露于国际资本流动逆转的境地中。然而 Calvo(2008)等人还发现国际资本流动逆转与东道国金融一体系化程度呈现倒 U 形的关系,最开始东道国金融一体化程度越高,发生国际资本流动逆转的概率也越高,但随着金融一体化程度的逐渐提高,以致达到某一个临界点时,国际资本流动逆转的概率会随着金融一体化程度的提高而降低。由此可见,若一国金融市场发展不够健全,其与世界资本市场的联系越紧密,可能其遭受国际资本流动逆转打击也越沉重。

最后,有不少学者还发现东道国政府和国内宏观经济质量的高低也是影响国际资本流动逆转的关键因素。研究发现那些政府质量高且宏观经济环境良好的东道国,其遭受国际资本流动逆转的情况也很少。因为,在这些国家中,政府的高质量和高效率可以很好地管理国际资本大规模流入和流出带来的影响,另外还会做好预警防护,为国际资本流动逆转做好充足的准备等。而政府质量较低的东道国可能没有余力去做好这方面的工作,甚至在发生国际资本流动逆转时产生代价昂贵的治理成本。

同时,值得一提的是东道国国内宏观经济发展状况也对国际资本流动逆转产生强烈的影响,如宏观经济发展良好且经济增长速度一直较高的东道国,在面临外部冲击时,其会拥有更多的外汇储备来应对,同时高增长的吸引力还会使得国际投资者对该国的依赖,减少国际资本流出的威胁。如 Honig(2008)等人发现东道国政府质量的高低对国际资本流动逆转的影响并非是正向的,两者之间更多的是非线性的关系。

三、国际资本流动及其组成部门的稳定性

(一) FDI 被认为是最稳定的资本形态,但事实并非如此

首先,一般情况下,研究文献大部分都认为 FDI 是最稳定的国际资本,且不易发生逆转。因为 FDI 通常都是以在东道国建厂投资或通过并购取得

相关企业的股权,其看重的大都是该东道国的长期投资机会,不轻易撤资或流出该国。如 Levchenko 等人(2006)通过研究指出,在发生国际资本流动逆转时,FDI 是最为稳定的。

其次,资产组合中属于权益类的资本也较为稳定,而债务类型的资本较容易发生逆转。但是也有研究结论指出 FDI 在金融危机期间也容易发生大规模逆转的情况,如 Claessens 等人(1995)就指出 FDI 和其他类型的国际资本一样具有较大的波动性。如在金融危机期间,FDI 可以通过财务杠杆和资本运作的方式达到撤资的目的。具体来说,国际投资者通过将其所投资本向东道国进行抵押而获得资金,随后便会将这部分资金通过内部贷款的方式转贷给母公司,成功实现撤资,并将其中所蕴含的风险转嫁给东道国。

再次,FDI 在进入东道国初期一般不具备生产与出口能力,需要大量进口生产设备,此时,FDI 对东道国国际收支的影响是不利的。若 FDI 投资于东道国的第三产业,由于其产品大部分是不可贸易品,很难直接增加东道国的出口额。随着要素收入的逐步汇出,东道国的国际收支差额逐渐会变为负数。若 FDI 在东道国留存时间较长且经常盈利,那么汇回母国的利润总值将会超过 FDI 最初的流入值,这种类型的 FDI 就会对东道国经常账户发生较大的影响,容易使东道国发生国际收支危机。

(二)外国证券投资是波动程度最大的资本形态,极易对东道国金融市场造成严重影响

外国证券投资是与 FDI 相对应的一种国际资本形态,由于证券投资者较容易在资本市场上买卖证券,因此,以这种形式流入的国际资本常被认为是波幅最大且最不稳定的资本,也是在金融危机期间最容易发生逆转的资本。

首先,当东道国逐步开放本国证券市场时,国际资本市场上的风险和不确定性因素极易传导入东道国证券市场中。这是由于证券投资者可以在东道国金融市场和国际金融市场上同时买卖证券。以证券市场中股票价格波

动的溢出效应为例,由于外国证券投资者对证券实际收益的变化很敏感,例如利率差、汇率波动、政治风险以及预期的变化都有可能导致股票价格的大幅变化。这时,证券投资者根据其判断会迅速改变股票等证券的投资方向,这种投资方向的改变会使东道国金融市场产生剧烈波动,并对东道国金融市场的稳定产生严重威胁。

另外,在中等收入的国家,大量国际证券投资极易导致东道国宏观经济的不稳定。因为证券投资者极易受到预期等心理因素的影响,造成投资的盲目性、羊群效应,增加东道国国际收支的调节难度,导致国际收支失衡。在国际证券投资进入初期,国际证券大量流入增加东道国的外汇收入,产生资本项目顺差。但当证券投资者获得丰厚可观的投资利润后,就会将其所获得的货币收入换成外汇汇出,造成东道国经常项目逆差。在长期的投资中,如同前文所述的 FDI 投资者一样,国际证券投资者汇出的利润总额将最终超过其最初投资额,并且当东道国经济或国际金融市场出现一点风吹草动时,这些外国投资者突发性撤资没有任何阻碍,其可借助于电子转账和衍生金融工具将资本在短时间内迅速撤离,其结果必然导致东道国股票市场非正常性大起大落。

(三) 银行贷款的稳定性相对较差,尤其是在外部冲击或金融危机存续期间,其较容易发生逆转

Gabriele(2000)等人认为银行贷款的稳定程度介于 FDI 和证券投资两者之间,是较容易发生逆转的国际资本。但近期研究结论指出银行贷款反而是逆转程度最大的国际资本形态,尤其是在 2008 年金融危机期间,逆转幅度之大以及恢复之缓慢都是前所未有的,因为在危机期间,随着危机的不断扩大和影响加深,银行部门(尤其是跨国银行)可以根据流动性紧缺的严峻程度和利率上升后贷款违约率的高低以及新增贷款的风险程度等各方面指标来判断银行贷款的风险高低,从而确定缩减贷款数额的决定,并提高信贷条件。且如跨国银行都具有较大的激励将贷款从危机发生国撤出,已达

到减少损失的目的(Bailey et al.,2000;Willett et al.,2004;Williamson,2001)。取而代之的是信贷配给,并大幅度减少其对东道国的短期贷款以及取消对长期贷款的展期,这样会对以银行贷款为主要融资来源的中小企业和居民产生严重影响。由此可见,银行贷款在金融危机期间也是最容易发生逆转的国际资本。如 Levchenko(2006)得出研究结论指出。国际收支平衡表中的其他投资(包括银行贷款和贸易信贷)在金融危机期间出现大幅下降,且在危机后的几年里其对东道国的贷款水平仍处于比较低的位置。

四、国际资本流动逆转对金融市场的影响

国际资本流动逆转引发金融不稳定。国际资本在大规模流入后,一方面导致东道国国内出现经济过热的局面,产生信贷膨胀;另一方面银行信贷能力随着国际资本大规模流入而提高,于是银行部门为了追求高额利润,一般会将资金投向证券市场和房地产等部门,促使这些部门资产价格高升,于是又会进一步吸引大规模资本的进入,进而形成资产价格泡沫。然而,当出现外部冲击或东道国国内经济恶化时,这些国际资本便会大规模流出,东道国国内被无限吹大的资产价格泡沫破灭的情况将会发生。当泡沫破灭时,东道国政府为了能够将国际资本留在本国内,大部分会采取提高利率、增加流动性等措施,但国内企业面对较高的利率必将无力举债和偿还以前债务,其结果必将是国内经济收缩,银行部门不良贷款率上升,伴随国际投资者不断抛售大量国内资产,国内资产价格暴跌将成为定局。同时银行的坏账和呆账也将大批量产生,将会严重影响银行业的稳定。另外,银行部门在国际资本流动逆转的期间,也会不断压缩贷款,减少流动性的投放,随之而来的会是一批又一批依靠银行获取资金和贷款的中小企业面临倒闭和破产的境地,于是银行部门的坏账和呆账又会大量产生,由此便形成了"信贷紧缩—不良贷款"恶性循环的局面。还有,东道国国际资本大规模逆转必将影响到

该国汇率和利率市场的稳定性,导致国际收支失衡,本币出现贬值压力,甚至巨幅贬值,政府在不断耗尽外汇储备的过程中,国际和国内投资者的信心也将被耗尽,于是国际资本流动逆转的现象会进一步被放大。

第二节 中东欧和独联体国家国际资本流动逆转性研究

通过前文针对国际资本流动逆转进行的理论梳理,本节主要是通过测度和对比中东欧和独联体国家的国际资本流动逆转值和波动值,考察金融危机期间和非危机期间中东欧和独联体国家国际资本流动及其分解部分稳定性的差异,判断在金融危机期间,哪一种国际资本流动最不稳定,最容易发生逆转。

一、中东欧和独联体国家国际资本流动逆转现象的比较分析

(一)中东欧和独联体国家国际资本流动逆转值和波动值的界定和计算

依据前面的理论分析,本章将国际资本流动分解为 FDI、证券投资(Portfolio Flows)和银行贷款(Bank Loans)3 个组成部分,采用 Radelet 和 Sachs(1998)[①]关于国际资本流动逆转值的计算方法,计算出中东欧和独联体国家中国际资本流动及其分解部分的逆转值。其计算公式为:

$$\text{Reversal}_{j,i,t} = \frac{K_{j,i,t-1} - K_{j,i,t}}{GDP_{j,i,t-1}} \times 100\% \qquad (1)$$

其中 j 表示国际资本类型,i 为国家,t 为时间,K 为流入东道国的国际资本数额。从式(1)可知,国际资本流动的逆转值等于流入东道国国际资

---

① Radelet 和 Sachs(1998)、Rodrik 和 Velasco(1999)等均使用该方法计算资本账户的逆转值。

本数额的一阶差分与上一年 GDP 的百分比[①]。式中 Reversal 即为国际资本及其分解部分的逆转值,其中,$Reversal_{j,i,t} > 0$ 表示东道国出现国际资本流动逆转的情况,且其值越大,国际资本流动逆转越严重。仅当 $Reversal_{j,i,t} \leqslant 0$ 时,东道国才没有出现国际资本流动逆转的情况。同理,其绝对值越大,说明国际资本存在大量流入的迹象。

另外,为了计算出国际资本流动及其分解部分的波动值,本章使用了国际上通用的变异系数法[②],而并非标准差法,主要是因为在进行超过两个观察值的波动值并进行比较时,由于其度量单位和(或)均值均不相同,因而不适合采用标准差法。同时,本书使用前一年 GDP 作为分母,将数据进行标准化处理,不仅消除了各国由于经济规模不同而产生的外生差异,也解决了样本数据非平稳性的问题。

(二) 中东欧和独联体国家国际资本流动逆转值和波动值比较

1. 逆转值比较

为了深入了解和分析国际资本流动及其分解部分在金融危机与非危机期间的不同表现,本节根据 Radelet 和 Sachs(1998)的方法,计算出中东欧和独联体 16 个国家在金融危机期间[③]与整个样本时间段的国际资本流动及其分解部分的逆转值,具体数值见表 5-1。其中,表 5-1 数据中的正值表示国际资本流动及其分解部分出现逆转的情况,且绝对值越大,逆转越严重;反之,负值表示未出现国际资本流动逆转,存在国际资本流入的情况,同理,绝对值越大,流入的国际资本量也越大。

[①] 若当年有大量国际资本流入时,由于流入资本对东道国当年 GDP 影响较大,若选取当年 GDP 作为标准化处理值,使得流入资本的真实规模受到影响,造成研究的偏误。为了消除由于资本流入使得 GDP 增加的这部分影响,本书使用的所有数据在进行标准化处理时,都选取了前一年的 GDP 值。

[②] 变异系数 CV(Coefficient of Variance)又称"标准差率",是衡量样本中各观测值波动程度的统计量,计算公式为:变异系数 CV=(标准偏差 SD÷平均值 MN)×100%。

[③] 1997 年东南亚爆发金融危机,2008 年美国次贷危机转化为全球金融危机,两次金融危机对中东欧和独联体国家产生的重大影响都是在危机爆发后一两年内表现出来的。因此,本书将中东欧和独联体国家金融危机的时间定为 1998—2000 年和 2008—2010 年两个时间段。

表 5-1 中东欧和独联体国家国际资本流动及其分解因素逆转值比较

(单位：%)

地区		分类	总资本	FDI	证券投资	银行贷款
中东欧	保加利亚	整体	−1.02	−0.54	0.09	−0.63
		危机	9.59	5.40	−0.18	4.81
	克罗地亚	整体	−0.17	−0.25	0.08	0.03
		危机	2.41	0.68	−0.25	1.73
	爱沙尼亚	整体	−1.90	0.18	−0.31	−0.67
		危机	8.60	0.50	1.93	4.95
	匈牙利	整体	−0.17	−3.60	−0.41	−0.28
		危机	1.44	13.49	−1.37	3.17
	拉脱维亚	整体	−1.20	−0.58	−0.08	−0.79
		危机	6.61	2.08	−0.67	7.42
	立陶宛	整体	−0.99	−0.23	0.32	−0.96
		危机	4.91	0.91	−0.48	4.47
	罗马尼亚	整体	−0.80	−0.29	−0.06	−0.47
		危机	2.51	0.81	−0.22	2.13
	斯洛伐克	整体	0.00	−0.07	−0.07	0.19
		危机	3.28	0.62	−0.47	3.94
	斯洛文尼亚	整体	0.09	−0.12	0.11	0.01
		危机	1.72	0.91	−1.75	4.17
	捷克	整体	0.62	0.17	0.30	0.08
		危机	−0.22	0.54	−0.28	0.92
	波兰	整体	0.13	−0.02	0.24	−0.10
		危机	1.83	0.66	−0.29	1.35
	中东欧地区	整体	−0.49	−0.49	0.02	−0.33
		危机	3.88	2.42	−0.36	3.55

续 表

地 区		分类	总资本	FDI	证券投资	银行贷款
独联体	亚美尼亚	整体	−0.36	−0.33	0.04	−0.18
		危机	2.55	0.98	0.10	1.49
	白俄罗斯	整体	−0.25	−0.33	0.02	0.06
		危机	1.58	1.00	0.18	0.51
	哈萨克斯坦	整体	−0.44	−0.30	0.44	−1.13
		危机	−0.12	−0.36	−1.06	0.79
	俄罗斯	整体	−0.85	−0.22	−0.03	−0.59
		危机	2.17	0.73	−0.59	1.97
	乌克兰	整体	−1.78	−0.37	0.01	−1.40
		危机	5.47	0.95	0.99	3.80
	独联体地区	整体	−0.74	−0.31	0.10	−0.65
		危机	2.33	0.66	−0.08	1.71
总体		整体	−0.57	−0.43	0.04	−0.43
		危机	3.39	1.87	−0.27	2.98

注：在该表中，中东欧和独联体国家整体逆转值取各国1997—2011年逆转值的均值，金融危机期间的逆转值取1998—2000年和2008—2010年逆转值的均值。

由表5-1可知，在东欧和独联体国家中，国际资本流动及其分解部分大都在金融危机期间出现较为严重的逆转，尤其是在中东欧国家中，同时国际资本不同分解部分的逆转值也存在较大差异。具体来看，在中东欧国家中，从国际资本流入量总体来看，除了捷克外，所有国家均在金融危机期间出现国际资本流动逆转。其中最严重的为保加利亚，其逆转值为9.59，说明在金融危机期间，相对上一年国际资本流入减少量占GDP的比重为9.59%；其次是波罗的海三国，即爱沙尼亚、拉脱维亚和立陶宛的逆转值分别为8.60、6.61和4.91，可见，这些国家国际资本流入减少量占GDP的比重都接近和高于5%；另外，斯洛伐克逆转值也相对较大，为3.28；剩下的国家,如罗马尼亚、匈牙利、斯洛文尼亚和波兰等国虽然也发生了国际资本流动逆转的情况,但相对来说情况并不很严重,逆转值都在 3 以下。在独联体国家中,发生逆转最严重的是乌克兰,逆转值为 5.47,其次是亚美尼亚、俄罗斯和白俄罗斯,逆转值分别接近或超过 2,而哈萨克斯坦的逆转值反而为负,说明在金融危机期间,该国整体上并未发生国际资本流动逆转的情况,这可能是因为该国一直依靠国内丰富的能源出口,获得大量外汇收入,从而国际资本流入量相对稳定。由此可见,整体上,中东欧国家国际资本流动逆转的幅度明显高于独联体国家,如两者总体逆转值分别为 3.88 和 2.53。

另外,从国际资本流动分解部分来看,发生逆转最严重的为银行贷款,总体逆转值为 2.98,其次是 FDI,最不明显的是证券投资,总体逆转值分别为 1.87 和 −0.27,同样,中东欧国家要严重于独联体国家。在中东欧国家,波罗的海三国银行贷款逆转幅度是最大的,即拉脱维亚、爱沙尼亚和立陶宛的逆转值分别为 7.42、4.95 和 4.47。另外,保加利亚也出现了较为严重的银行贷款逆转,逆转值为 4.81;斯洛文尼亚和斯洛伐克逆转情况也较为明显,逆转值都在 4 左右,而捷克的情况较为缓和,逆转值还没到 1。与前面类似,在独联体国家中,乌克兰的银行贷款逆转最大,逆转值为 3.80,其次是俄罗斯和亚美尼亚,逆转值分别为 1.97 和 1.49,白俄罗斯和哈萨克斯坦逆转情况较为轻微。接着,对比 FDI 和证券投资逆转值,虽然一般情况下,理论研究都会认为证券投资毫无疑问在金融危机期间会发生大幅度逆转,但本书的实证研究却未能够证实这个结论。相反,FDI 在危机期间逆转的幅度远高于证券投资。如在中东欧国家中,FDI 逆转最严重的为匈牙利,逆转值高达 13.49,其次是保加利亚,逆转值为 5.40,再次是拉脱维亚,逆转值为 2.08,余下的国家逆转值虽然为正值,但其值都低于 1。与前文类似,独联体国家 FDI 逆转的幅度整体上小于中东欧国家,其中逆转幅度最大的是白俄罗斯和亚美尼亚,逆转值分别等于和接近1。

从证券投资逆转值来看,中东欧国家证券投资在金融危机期间的逆转值反而都为负,整个样本时间段的逆转值却为正,这可能有以下两个原因:第一,受证券投资独特性质决定。一方面,在一般情况下,证券投资是最为活跃和灵活的资本类型,当在产生金融危机前期或即将发生金融危机时,国际投资者可能已经预料到危机的到来,并迅速调整证券投资的组合分布,因此造成在危机发生时证券投资其实早就完成了新的布局,早就撤离了该东道国。另一方面,在危机发生前未来得及提前撤离的证券投资,由于已经遭受了沉重的损失,只能够预期在危机过后所投证券重新涨回到前期的高点,挽回损失。同时由于任何投资都受价值和价格上下波动的影响,未来东道国在危机过后的复苏阶段也必将带来新一轮的投资机会。第二,中东欧国家证券投资市场并未完全对外开放,以及规模相对狭小,因此国际证券投资者进入相对较少,在金融危机期间并不会出现大规模逆转的情况。但独联体国家的情况却与中东欧国家大相径庭,除了哈萨克斯坦和俄罗斯外,其他国家证券投资在金融危机期间的逆转值都为正,且危机期间的逆转值都大于非危机期间,但逆转值都小于1。

2. 波动值比较

由前文分析可知,从整体上看,中东欧和独联体国家在金融危机期间均出现较为严重的国际资本流动逆转,且从国际资本流动分解部分来看,银行贷款逆转最严重,FDI次之,最不明显的是证券投资。由此可见,国际资本流动及其分解部分在金融危机与非危机期间的表现存在明显的差异。为了进一步研究国际资本流动及其分解部分波动程度的差异,本章通过研究分析采用了国际上通用的计算波动值的方法,即变异系数法,计算出国际资本流动及其分解部分的波动值,具体数据见表5-2。在表中,Panel A 为非金融危机期间国际资本及其分解部分的波动值,Panel B 则是金融危机期间的波动值。

表 5-2　中东欧和独联体国家国际资本流动及其分解部分波动值比较

（单位：%）

Panel A　非金融危机年份的样本

		总资本	FDI	证券投资	银行贷款
中东欧	保加利亚	1.99	1.17	2.59	1.95
	克罗地亚	5.12	0.84	1.37	0.76
	爱沙尼亚	0.97	0.89	4.56	1.82
	匈牙利	3.19	2.65	1.07	2.45
	拉脱维亚	1.40	0.82	1.47	1.54
	立陶宛	0.84	0.71	1.06	2.12
	罗马尼亚	1.05	0.88	1.06	1.54
	斯洛伐克	2.86	0.78	1.13	1.48
	斯洛文尼亚	2.65	0.70	1.27	1.67
	捷克	8.99	0.63	1.01	0.74
	波兰	2.36	0.64	1.14	1.15
	中东欧国家	2.49	2.34	2.30	1.65
独联体	亚美尼亚	1.42	0.81	4.37	0.96
	白俄罗斯	1.39	1.39	2.10	0.99
	哈萨克斯坦	9.49	0.84	2.21	2.36
	俄罗斯	0.92	0.91	1.65	0.97
	乌克兰	1.23	0.85	0.78	1.12
	独联体国家	2.24	1.85	2.31	2.23
整体		2.98	2.16	2.31	2.79

Panel B　金融危机年份的样本

中东欧	保加利亚	2.03	1.34	1.56	2.32
	克罗地亚	1.56	0.82	1.33	1.23
	爱沙尼亚	3.71	0.79	2.68	4.32
	匈牙利	3.45	1.87	5.13	1.98

续　表

Panel B		金融危机年份的样本			
		总资本	FDI	证券投资	银行贷款
中东欧	拉脱维亚	6.33	1.03	0.89	13.33
	立陶宛	3.59	0.98	1.72	39.89
	罗马尼亚	2.87	1.26	6.11	3.84
	斯洛伐克	11.12	0.96	0.58	3.28
	斯洛文尼亚	3.29	2.27	1.80	14.87
	捷　克	5.22	0.29	1.30	4.58
	波　兰	19.23	0.40	2.22	1.44
	中东欧国家	4.72	2.39	3.27	3.57
独联体	亚美尼亚	3.68	1.03	22.04	0.95
	白俄罗斯	2.42	1.16	16.68	1.52
	哈萨克斯坦	3.01	1.09	7.09	4.87
	俄罗斯	3.23	1.46	2.82	7.19
	乌克兰	5.85	1.37	1.12	2.62
	独联体国家	5.85	2.44	5.26	8.43
整　体		6.45	2.47	24.55	5.65

注：在该表中，中东欧和独联体国家国际资本流动波动值取1997—2011年的均值，金融危机期间波动值取1998—2000年和2008—2010年波动值的均值，非危机期间波动值取剔除1998—2000年和2008—2010年后的均值。

由表5-2可知，从国际资本流入总量看，金融危机期间国际资本流入量的波动值明显高于非危机期间，两者波动值分别为6.45和2.98。从中东欧和独联体国家整体波动值来看，独联体国家整体波动值要高于中东欧国家，如独联体国家在金融危机期间整体波动值为5.85，而中东欧国家为4.72；非危机期间独联体国家整体波动值为2.24，而中东欧国家为2.49。可见相对于非金融危机期间，在危机期间独联体国家国际资本流动幅度波动相对要剧烈一些。具体来看各个国家的差异：首先，在中东欧国家中，金融危机期间国际资本流入总量波动幅度最大的是波兰,危机期间的波动值为19.23,其次是斯洛伐克和波罗的海三国(即拉脱维亚、爱沙尼亚和立陶宛),危机期间的波动值分别为11.12、6.33、3.71和3.59。然而,捷克和克罗地亚在非危机期间国际资本流动波动值反而高于危机期间。其次,在独联体国家中,国际资本流入总量在金融危机期间波动幅度最大的是乌克兰,其次是亚美尼亚和俄罗斯,再次是白俄罗斯,波动值分别为5.85、3.68、3.23和2.42,而哈萨克斯坦在危机期间的波动值反而低于非危机期间。

从国际资本流动的分解部分来看,FDI、证券投资和银行贷款在金融危机期间的波动值平均都高于非危机期间,其中波动幅度最大要数证券投资,其次是银行贷款,最后才是FDI。如在金融危机期间,证券投资总体的波动值为24.55,非危机期间却为2.31,银行贷款在危机期间和非危机期间的波动值分别为5.65和2.79,而FDI在危机与非危机期间的波动值分别为2.47和2.16。由此可见,在金融危机期间,FDI是波动幅度最小的资本类型,而证券投资是波动幅度最大的,银行贷款的波动幅度也较大。但是从各个国家的具体数值来看,情况却差别很大,如在中东欧国家中,银行贷款在金融危机期间是波动幅度最大的,如拉脱维亚、斯洛文尼亚和立陶宛,在金融危机期间的波动值分别高达39.89、14.87和13.33;其次是捷克和爱沙尼亚,危机期间的波动值分别为4.58和4.32。而在独联体国家中,证券投资是波动幅度最大的资本类型,如亚美尼亚、白俄罗斯和哈萨克斯坦在金融危机期间证券波动值分别高达22.04、16.68和7.09。另外,在中东欧和独联体国家FDI在金融危机期间波动幅度并不大,两个地区的国家波动值大体相当。

二、亚洲金融危机和本轮金融危机中国际资本流动逆转的对比分析

由前面的理论可知,国际资本流动及其分解部分极易在金融危机期间发生大规模逆转,给东道国国内带来严重的威胁。因此,本书接下来主要研究国际资本流动及其分解因素在金融危机期间的不同表现,力图找到在全

球经济不断向前发展、金融市场逐渐一体化的过程中,国际资本流动尤其是其分解部分在金融危机爆发过程中是否也发生了相应的变化。因此,本书主要选择了近期爆发的两次金融危机,即 1997 年亚洲金融危机和 2007 年全球金融危机,这两次金融危机虽然分别爆发于发展中国家和发达国家,但对中东欧和独联体国家产生的影响十分不同,显示出 2008 年全球金融危机对这些国家的影响剧烈。为了比较两次金融危机期间国际资本流动及其分解部分逆转程度的差异,本书选取 1997—2000 年与 2007—2010 年作为两次金融危机的影响期,并假定国际资本流入总量逆转值超过(包含等于)5,其分解部分逆转值超过(包含等于)2,认定为该东道国当年发生严重的国际资本流动逆转。根据这种条件假设,得到中东欧和独联体国家国际资本流动在 1997 年亚洲金融危机和 2007 年全球金融危机发生严重逆转的次数、发生年份以及逆转资本占 GDP 比重的平均值(见表 5-3 至表 5-6)。

表 5-3 国际资本总流入量在两次危机中发生严重
逆转的次数、年份和占 GDP 比重

国　家	1997 年亚洲金融危机			2007 年全球金融危机		
	次数	年　份	占 GDP 比重(%)	次数	年　份	占 GDP 比重(%)
保加利亚	1	1998	11.23	2	2008;2009	23.33
克罗地亚	2	1998;2000	8.04	2	2007;2009	6.72
爱沙尼亚	1	1998	21.56	2	2008;2009	18.57
匈牙利	1	2000	9.09	1	2009	17.34
拉脱维亚	1	2000	8.73	1	2008	50.16
立陶宛	0	—	0.00	2	2008;2009	12.90
罗马尼亚	1	1997	7.17	2	2008;2009	9.61
斯洛伐克	2	1997;1999	5.15	2	2008;2009	13.85
斯洛文尼亚	0	—	0.00	1	2010	6.33
捷　克	1	2000	6.84	1	2009	6.52

续表

国　家	1997 年亚洲金融危机			2007 年全球金融危机		
	次数	年份	占 GDP 比重(%)	次数	年份	占 GDP 比重(%)
波　兰	0	—	0.00	0	—	0.00
中东欧国家	10	—	9.73	16	—	16.53
亚美尼亚	1	1999	15.88	1	2010	8.11
白俄罗斯	2	1998；2000	6.05	1	2009	11.39
哈萨克斯坦	1	1998	10.01	2	2009；2010	19.02
俄罗斯	1	1998	25.36	1	2009	13.86
乌克兰	1	1998	5.27	2	2009；2010	16.33
独联体国家	6	—	12.51	7	—	13.74
总　体	16	—	10.80	23	—	15.60

注：1. 本文选取 1997—2000 年与 2007—2010 年作为两次金融危机的影响期，并假定国际资本流入总量逆转值超过（包含等于）5，就认定为该东道国当年发生严重的国际资本流动逆转。
2. 计算数据来源于 IMF 的 IFS 数据库。

由表 5-3 可知，在中东欧和独联体国家中，国际资本流入总量在 2007 年全球金融危机期间发生严重逆转的次数多于 1997 年亚洲金融危机，如两者发生次数分别为 23 次和 16 次，且逆转规模也较高，如逆转量占 GDP 的平均比重分别为 15.60% 和 10.80%。在中东欧国家中，这种差距更加明显，如中东欧国家在 2007 年全球金融危机期间国际资本流入总量发生严重逆转的次数为 16 次，逆转量占 GDP 的平均比重为 16.53%，而在 1997 年亚洲金融危机期间，国际资本发生严重逆转的次数和占 GDP 平均比重却为 10 次和 9.73%。在独联体国家，这两次危机中国际资本发生严重逆转的次数大体相当，分别为 6 次和 7 次，逆转规模也差别不大，如逆转量占 GDP 平均比重分别为 12.51% 和 13.74%。

从国际资本流动分解部分来看（表 5-4 至表 5-6），银行贷款和 FDI 在 2007 年危机中发生严重逆转次数和逆转规模都比 1997 年危机高，尤其是银行贷款,而证券投资在这两次危机中表现差异不大。从逆转次数来看,银行贷款、FDI 和证券投资在 2007 年危机中分别发生了 25 次、22 次和 18 次严重逆转,而以上资本在 1997 年危机中的逆转次数分别为 18 次、13 次和 19 次。由此可见,仅证券投资在 1997 年危机中发生严重逆转的次数高于 2007 年。从逆转规模来看,银行贷款、FDI 和证券投资在 2007 年逆转量占 GDP 比重分别为 14.27%、7.03% 和 5.39%,在 1997 年这些资本逆转数值分别为 6.22%、5.86% 和 4.56%。由此可见,国际资本流动分解部分在 2007 年危机中发生严重逆转的规模都比 1997 年大,尤其是银行贷款。这一现象在中东欧国家尤为明显,如中东欧国家银行贷款和 FDI 在 2007 年危机中发生严重逆转次数都为 17 次,逆转规模分别为 15.89% 和 8.80%;在 1997 年危机中这一数字分别为 6.76% 和 5.34%,对应逆转次数分别为 13 次和 9 次。而独联体国家中,仅银行贷款符合上面的特点,FDI 虽然在 2007 年危机中发生严重逆转的次数比 1997 年危机略高(如 2007 年为 5 次,1997 年为 4 次),但逆转规模却较 1997 年危机低(如 1997 年为 7.42%,2007 年为 3.12%)。同时,证券投资在 1997 年危机中拥有较高的逆转次数(如 1997 年为 5 次,2007 年为 3 次),但逆转规模却比 2007 年低(如 1997 年为 4.26%,2007 年为 6.92%)。

表 5-4 FDI 在两次危机中发生严重逆转的次数、年份和占 GDP 比重

国　家	1997 年亚洲金融危机			2007 年全球金融危机		
	次数	年　份	占 GDP 比重(%)	次数	年　份	占 GDP 比重(%)
保加利亚	1	1998	3.61	2	2008;2009	13.52
克罗地亚	1	2000	3.70	1	2009	5.38
爱沙尼亚	1	1999	10.54	2	2008;2010	5.70
匈牙利	1	1998	3.61	2	2008;2009	40.79
拉脱维亚	1	1998	4.95	1	2008	5.60

续 表

国家	1997年亚洲金融危机 次数	年份	占GDP比重(%)	2007年全球金融危机 次数	年份	占GDP比重(%)
立陶宛	1	1999	8.98	2	2007;2009	3.12
罗马尼亚	1	1999	4.29	2	2007;2009	5.85
斯洛伐克	1	1999	2.04	2	2007;2009	3.45
斯洛文尼亚	0	—	0.00	1	2009	5.46
捷克	1	2000	6.33	1	2008	5.05
波兰	0	—	0.00	1	2008	2.93
中东欧国家	9		5.34	17	—	8.80
亚美尼亚	1	1999	14.14	1	2009	3.38
白俄罗斯	2	1998;2000	3.73	1	2008	2.38
哈萨克斯坦	1	2000	4.39	1	2009	3.21
俄罗斯	0	—	0.00	1	2009	3.51
乌克兰	0	—	0.00	1	2008;2009	3.12
独联体国家	4	—	7.42	5	—	3.12
总体	13		5.86	22	—	7.03

注：1. 本文选取 1997—2000 年与 2007—2010 年作为两次金融危机的影响期，并假定国际资本分解部分逆转值超过（包含等于）2，就认定为该东道国当年发生严重的该类型国际资本流动逆转。
2. 计算数据来源于 IMF 的 IFS 数据库。

表 5-5　证券投资在两次危机中发生严重逆转的次数、年份和占 GDP 比重

国家	1997年亚洲金融危机 次数	年份	占GDP比重(%)	2007年全球金融危机 次数	年份	占GDP比重(%)
保加利亚	1	1998	5.34	1	2007	3.50
克罗地亚	3	1997;1998;2000	2.41	2	2008;2010	3.71
爱沙尼亚	2	1998;2000	8.50	3	2007;2008;2009	4.14

续 表

国 家	1997年亚洲金融危机			2007年全球金融危机		
	次数	年 份	占GDP比重(%)	次数	年 份	占GDP比重(%)
匈牙利	2	1999;2000	5.27	2	2007;2009	6.60
拉脱维亚	1	2000	5.16	1	2007	2.55
立陶宛	2	1998;2000	4.52	1	2010	6.42
罗马尼亚	1	1998	2.15	0	—	0.00
斯洛伐克	1	1999	4.04	1	2007	4.90
斯洛文尼亚	1	1997	4.77	2	2008;2010	9.92
捷 克	0	—	0.00	0	—	0.00
波 兰	0	—	0.00	1	2010	2.22
中东欧国家	14	—	4.69	14	—	4.88
亚美尼亚	1	1998	2.51	0	—	0.00
白俄罗斯	0	—	0.00	0	—	0.00
哈萨克斯坦	1	1998	2.35	1	2007	10.65
俄罗斯	1	1998	6.10	2	2008;2010	3.62
乌克兰	2	1998;2000	6.10	1	2008	6.50
独联体国家	5	—	4.26	3	—	6.92
总 体	19	—	4.56	18	—	5.39

注：1. 本文选取1997—2000年与2007—2010年作为两次金融危机的影响期,并假定国际资本分解部分逆转值超过(包含等于)2,就认定为该东道国当年发生严重的该类型国际资本流动逆转。
2. 计算数据来源于IMF的IFS数据库。

表5-6 银行贷款在两次危机中发生严重逆转的次数、年份和占GDP均值

国 家	1997年亚洲金融危机			2007年全球金融危机		
	次数	年 份	占GDP比重(%)	次数	年 份	占GDP比重(%)
保加利亚	0	—	0.00	1	2009	23.47
克罗地亚	1	1998	10.08	2	2007;2009	6.35

续 表

国 家	1997年亚洲金融危机 次数	年 份	占GDP比重(%)	2007年全球金融危机 次数	年 份	占GDP比重(%)
爱沙尼亚	2	1998;2000	13.48	1	2008	20.71
匈牙利	1	1998	3.06	1	2009	16.61
拉脱维亚	1	1998	12.51	1	2008	51.66
立陶宛	2	1998;1999	3.43	2	2008;2009	12.70
罗马尼亚	1	1997	6.00	2	2008;2009	8.07
斯洛伐克	2	1998;1999	5.39	2	2008;2009	12.39
斯洛文尼亚	0	—	0.00	2	2008;2009	11.41
捷 克	2	1998;2000	3.90	2	2008;2009	3.46
波 兰	1	2000	2.95	1	2009	7.99
中东欧国家	13	—	6.76	17	—	15.89
亚美尼亚	2	1998;1999	3.83	2	2008;2009	3.11
白俄罗斯	1	1998	4.27	1	2008	9.13
哈萨克斯坦	1	1998	6.02	2	2007;2008	16.89
俄罗斯	1	1998	5.92	1	2008	12.08
乌克兰	0	—	0.00	2	2008;2009	12.35
独联体国家	5	—	5.01	8	—	10.71
总 体	18	—	6.22	25	—	14.27

注：1. 本文选取1997—2000年与2007—2010年作为两次金融危机的影响期，并假定国际资本分解部分逆转值超过（包含等于）2，就认定为该东道国当年发生严重的该类型国际资本流动逆转。
2. 计算数据来源于IMF的IFS数据库。

由此可见，总体来说，2007年全球金融危机对中东欧和独联体国家国际资本流动逆转的影响程度更大、范围更广，尤其是中东欧国家。这说明随着国际金融一体化程度的不断加深以及这些国家金融市场的逐步开放，其在金融危机中受国际资本流动逆转的威胁也被不断放大。

第三节 中东欧和独联体国家国际资本流动逆转与金融稳定的实证研究

一、样本选择

本节的研究对象为中东欧和独联体 16 个转型国家,针对国际资本流动逆转与金融市场稳定之间相互影响进行研究。由于中东欧和独联体国家在 20 世纪 80 年代中后期纷纷向市场经济转型发展,中间经历了十分曲折和复杂的过程,但最终这些国家分别于 20 世纪 90 年代中后期经济开始飞速发展。最主要原因是,这些国家依靠国内丰富且优质的资源和毗邻西欧发达国家带来的资金优势,给这些国家的转型发展带来强大的推动力。再加上入盟条件和标准的设立,也给这些国家未来发展带来巨大优势,因而随着西欧国家的投资者不断渗入中东欧和独联体国家的经济和金融市场,这些国家黄金发展的十年也已注定。但是,2008 年全球金融危机以及 2009 年欧洲主权债务危机的爆发却使得这些国家的飞速发展势头戛然而止,在经历大规模国际资本逆转之后,这些国家都纷纷出现了不同程度的衰退,尤其是中东欧国家,因为这些国家也是西欧银行业渗透最高的地区,导致这些国家甚至出现反私有化和市场化的思想。针对这些情况,本章选取了中东欧和独联体 16 个转型国家 1996—1997 年的面板数据进行实证分析,这些数据均来自国际金融统计数据库(IFS)、世界发展统计数据库(WDI)、欧洲复兴开发银行的《转型报告》(EBRD Transition Report)等。

二、实证模型的选择和变量的定义

(一)实证模型的选择

本章综合国内外研究文献资料并借鉴 Ozan Sula 和 Thomas D. Willett

(2009)的计量模型并对其作了相应的修正,检验中东欧和独联体国家国际资本流动及其分解部分与东道国金融稳定之间的相互影响,计量模型为:

$$Reversal_{j,i,t} = \alpha_j + \beta_{j,i,t} Inflow\_Scale_{j,i,t} + \rho^1_{j,i,t} Tot\_Reserves$$
$$+ \rho^2_{j,i,t} Gov\_balance + \rho^3_{j,i,t} GDP\_Growth + \rho^4_{j,i,t} GDP\_Per\_Capita$$
$$+ \rho^5_{j,i,t} Cur\_Account + \rho^6_{j,i,t} Cap\_openness + \rho^7_{j,i,t} Fin\_Depth$$
$$+ \rho^8_{j,i,t} Tra\_Contagion + \rho^9_{j,i,t} Bank\_Index + \varepsilon_{j,i,t}$$

其中,Reversal 为国际资本流动及其分解部分的逆转值,本章用累计前三年流入中东欧和独联体国家的国际资本占 GDP 比值(即 Inflow_Scale)来表示在东道国发生国际资本流动逆转前国际资本流入规模高低是否会对其产生影响。另外参数 $\rho^1_{j,i,t}$, …, $\rho^9_{j,i,t}$ 后的各项指标分别为对国际资本流动产生影响的国内宏观经济因素、国别因素以及区域传染因素等控制变量,ε 为残差项。Ozan Sula 等人(2006)[①]在研究新兴市场国家的国际资本流动逆转时发现,在其所研究的国家中,经历国际资本流动逆转较为严重的国家通常是那些前期经历过大规模国际资本流入积累的国家,而且国际资本流动逆转前几年累计流入的国际资本量越大,将来发生资本逆转程度就会越严重。另外,不同类型国际资本的情况也千差万别。但 Sula 等人的研究并没有将影响国际资本流动的宏观经济因素、国别因素和传染因素等变量加入其中,因此其所研究的结果必然缺乏一定的信服度。因此,本文在此基础上对实证模型进行了一定程度的修改和完善,使之更符合本章所研究的样本。

(二) 变量的定义

由前面的实证模型可知,被解释变量分别为流入中东欧和独联体国家国际资本及其分解部分的逆转值,解释变量为累计前三年流入这些国家的国际资本与 GDP 的百分比,控制变量分别为东道国的宏观经济因素、国别

[①] Ozan Sula 和 Thomas D. Willett 认为,国际资本流动及其分解因素在金融危机期间具有不同的逆转性,因而其表现行为也不尽相同。同时他们又指出,在金融危机期间,FDI 是最稳定的,而证券投资和私人贷款是最不稳定的。

因素和区域传染因素等,其中国内宏观经济因素为金融深化水平(Fin_Depth)、GDP 增长率(GDP_Growth)、人均 GDP(GDP_Per_Capita)和银行改革指标(Bank_Index),国别因素为经常账户差额(Cur_Account)、资本账户开放度(Cap_openness)、剔除黄金储备的一国总储备水平(Tot_Reserves)、政府预算平衡指标(Gov_balance),区域传染因素为贸易传染指标(Tra_Contagion)。变量的详细定义和数据来源见表 5-7。

表 5-7 变量的定义

变　量	变　量　定　义	数据来源
国际资本流入量	国际收支平衡表中金融账户余额(不包括国际储备)	IFS 数据库
FDI	投资者为获得在另一经济体中运作的企业的永久性管理权益(10%以上表决权)所做的投资的净流入。国际收支平衡表中流入东道国的 FDI 数额	IFS 数据库
证券组合投资	指除记录为直接投资以外的股权证券净流入,包括股份、股票、存款收据(美国或全球的)以及外国投资者在当地股票市场中直接购买的股票	IFS 数据库
银行贷款	国际收支平衡表中其他投资类型数额,主要包括银行贷款和其他贷款项目等	IFS 数据库
国际资本流入规模	累计前三年国际资本流入量	IFS 数据库
金融深化水平	国内私人信贷与前一年 GDP 的百分比	IFS 数据库
GDP 增长率	GDP 的年度增长率,需用按可比价格计算的国内生产总值来计算	WDI 数据库
银行改革指标	为欧洲复兴开发银行于 1994 年开始编撰,为了衡量中东欧和独联体等转型国家在各个方面经济转型成果的指标,用 1—4 的评分体系进行评估	EBRD Transition Report
人均 GDP	国内生产总值除以年中人口数	WDI 数据库
经常账户余额	货物和服务出口净额、收入净额与经常转移净额之和	WDI 数据库
资本账户开放度	主要由 Menzie Chinn 和 Hiro Ito 计算并定期发布的 Chinn-Ito 指标	Chinn-Ito 指标

续 表

变 量	变 量 定 义	数据来源
总储备减黄金	包含特别提款权、国际货币基金组织(IMF)成员国在IMF的储备头寸以及由货币基金当局管理的外汇储备	WDI数据库
政府收支差额	政府收入和支出之差	WDI数据库
贸易传染指标	货物和服务出口值,指向世界其他国家和市场供应的所有货物和服务的价值	WDI数据库

注:IFS为国际货币基金组织(IMF)的国际金融统计数据库,WDI为世界银行发展数据库,EBRD Transition Report 为欧洲复兴开发银行转型报告。

三、实证结果及其分析

表 5-8 为将中东欧和独联体 16 个国家作为整体,考察流入这些国家中的国际资本流动规模与对资本流动逆转的影响大小。从国际资本流入总体来看,国际资本流动规模(Inflow_Scale)与国际资本流入总量逆转值(Total_Inflow)之间在 99% 置信区间呈高度正相关。说明在中东欧和独联体国家中,在发生国际资本流动逆转之间,都存在着国际资本大规模流入阶段,而且国际资本累计流入量越大,资本流动逆转的幅度也越大。从国际资本流动的分解部分来看,FDI 和证券投资逆转值均和国际资本流入规模呈显著的正相关关系,而证券投资逆转值的相关性却并不显著。由此可知,在中东欧和独联体等转型国家中,当经历大规模国际资本流入后,FDI 和银行贷款较容易发生逆转,而证券投资逆转情况不明显。

表 5-8 中东欧和独联体国家国际资本流动规模与资本流动逆转的实证结果

	Total_Inflow	FDI_Inflow	Portfolio_Inflow	Bank_Inflow
$Inflow\_Scale$	0.130*** (3.043)	0.195*** (6.246)	0.015 (0.756)	0.091*** (2.651)
$Total\_Reserve$	−0.230** (−2.144)	−0.237*** (−3.037)	−0.063 (−1.285)	−0.185** (−2.148)

续　表

	Total_Inflow	FDI_Inflow	Portfolio_Inflow	Bank_Inflow
$Gov\_Banlance$	0.654** (2.056)	0.397* (1.715)	−0.031 (−0.215)	0.604** (2.364)
GDP_Growth	−0.788*** (−3.699)	0.012 (0.081)	0.101 (1.035)	−0.621*** (−3.627)
GDP_per_capita	13.548** (2.089)	5.902 (1.251)	5.200* (1.755)	7.772 (1.492)
$Cur\_Balance$	−0.069 (−0.735)	0.193*** (2.808)	−0.005 (−0.112)	−0.063 (−0.836)
$Cap\_Openness$	−0.814 (−0.768)	−0.954 (−1.237)	−0.351 (−0.725)	−0.314 (−0.369)
Fin_Depth	−0.140** (−2.200)	−0.123*** (−2.655)	−0.017 (−0.573)	−0.085* (−1.665)
$Trade\_Contagion$	0.022 (0.273)	−0.101* (−1.725)	0.015 (0.423)	0.040 (0.618)
$Bank\_Index$	−5.157* (−1.790)	1.979 (0.944)	−1.901 (−1.444)	−3.619 (−1.563)
$\_cons$	−25.753 (−1.415)	−19.090 (−1.441)	−13.194 (−1.586)	−12.763 (−0.873)
N	256	256	256	256
F	3.764	5.719	0.734	3.284
$Adj.R^2$	14.06%	19.91%	3.09%	12.50%

注：1. *、**、*** 分别表示显著性水平为 10%、5%、1%。
2. 本表的回归结果采用全样本，经过 Hausman 检验发现应该选择固定效应模型。
3. 模型括号中的值为 t 值。其中，_cons 为常数项。
4. 该表格是中东欧和独联体 16 个转型国家作为一个整体的回归结果。

从控制变量的回归结果看，在国内宏观经济因素变量中，GDP 增长率与国际资本流入总量逆转值(Total_Inflow)呈显著负相关，而人均 GDP (GDP_Per_Capita)与其呈显著的正相关关系。说明东道国国内经济一直保持高速增长，可以有效防范国际资本流动的逆转，而东道国人均收入越高,发生资本流动逆转的可能性却越大。金融深化水平(Fin_Depth)和银行改革指标(Bank_Index)分别与国际资本流入总量逆转值(Total_Inflow)在95%和90%置信水平上呈显著负相关。说明东道国金融市场发展程度越高,发生国际资本逆转的可能性越低。在国别因素中,剔除黄金储备的一国总储备水平(Tot_Reserves)、经常账户余额(Cur_Account)和政府预算平衡(Gov_Banlance)都呈现出不同程度的显著性。说明东道国总储备水平越高和政府预算赤字越少,都能够显著预防国际资本流动逆转。另外,保持合理的经常账户余额也是必要的。在区域传染变量中,贸易出口额(Tra_Contagion)越高,FDI逆转的可能性越低。

表 5-9 和表 5-10 是分别将针对中东欧和独联体国家进行检验的实证结果。由表可知,中东欧和独联体国家的实证结果存在较大差异,如在中东欧国家,国际资本流动规模与国际资本流动及其分解部分均存在不同程度的显著相关性,如FDI和银行贷款逆转值分别与国际资本流动规模在99%和95%置信区间呈现显著性,而在独联体国家,这种相关性却不再显著。这说明,相对独联体国家而言,中东欧国家在经历大规模国际资本流入后更容易发生逆转的情况。这可能与中东欧国家特殊情况有关,因为中东欧国家普遍实行对外开放资本市场,外资银行占据较大市场份额,同时大量引进国际资本,而独联体国家在这方面要谨慎很多,因而造成国际资本对这两个地区国家的不同影响。

表 5-9　中东欧国家国际资本流动规模与资本流动逆转的实证结果

	Total_Inflow	FDI_Inflow	Portfolio_Inflow	Bank_Inflow
$Inflow\_Scale$	0.153*** (3.396)	0.220*** (5.854)	0.021 (0.960)	0.096** (2.475)
$Total\_Reserve$	−0.163 (−1.349)	−0.230** (−2.276)	−0.051 (−0.851)	−0.178* (−1.704)
$Gov\_Banlance$	0.613 (1.389)	−0.822** (−2.227)	−0.172 (−0.784)	0.754** (1.985)

续表

	Total_Inflow	FDI_Inflow	Portfolio_Inflow	Bank_Inflow
GDP_Growth	−0.962*** (−3.563)	−0.012 (−0.055)	0.158 (1.184)	−0.752*** (−3.235)
GDP_per_capita	30.266*** (2.930)	11.109 (1.288)	5.275 (1.030)	21.990** (2.474)
$Cur\_Acc\_Balance$	−0.083 (−0.795)	0.158* (1.812)	0.013 (0.256)	−0.073 (−0.817)
$Cap\_Openness$	−1.955 (−1.487)	−1.462 (−1.332)	−0.535 (−0.821)	−1.073 (−0.949)
Fin_Depth	−0.272*** (−3.339)	−0.171** (−2.513)	−0.017 (−0.433)	−0.191*** (−2.716)
$Trade\_Contagion$	−0.056 (−0.568)	−0.120 (−1.467)	0.020 (0.414)	−0.029 (−0.341)
$Bank\_Index$	−8.078** (−2.398)	1.563 (0.555)	−1.916 (−1.148)	−5.985** (−2.064)
$\_cons$	−69.087** (−2.330)	−36.348 (−1.468)	−14.232 (−0.968)	−48.501* (−1.901)
N	176	176	176	176
F	3.767	5.031	0.495	2.920
$Adj.R^2$	36.77%	24.50%	3.10%	27.35%

注：1. *、**、*** 分别表示显著性水平为 10%、5%、1%。
2. 本表的回归结果采用全样本，经过 Hausman 检验发现应该选择固定效应模型。
3. 模型括号中的值为 t 值。其中，_cons 为常数项。
4. 该表格是中东欧 11 个转型国家作为一个整体的回归结果。

表 5-10　独联体国家国际资本流动规模与资本流动逆转的实证结果

	Total_Inflow	FDI_Inflow	Portfolio_Inflow	Bank_Inflow
$Inflow\_Scale$	−0.085 (−0.583)	−0.045 (−0.776)	−0.042 (−0.733)	0.059 (0.598)
$Total\_Reserve$	−0.640** (−2.536)	−0.206** (−2.072)	−0.103 (−1.039)	−0.368** (−2.132)

续 表

	Total_Inflow	FDI_Inflow	Portfolio_Inflow	Bank_Inflow
$Gov\_Banlance$	0.939* (1.884)	0.143 (0.726)	0.222 (1.130)	0.494 (1.449)
GDP_Growth	−0.604* (−1.687)	−0.077 (−0.546)	0.024 (0.174)	−0.473* (−1.933)
GDP_per_capita	−5.233 (−0.517)	−2.764 (−0.692)	3.475 (0.872)	−5.213 (−0.753)
$Cur\_Acc\_Balance$	−0.163 (−0.532)	0.087 (0.717)	−0.188 (−1.557)	0.019 (0.089)
$Cap\_Openness$	4.784 (1.488)	0.326 (0.257)	1.223 (0.966)	2.811 (1.278)
Fin_Depth	0.340* (1.848)	0.100 (1.371)	0.042 (0.585)	0.182 (1.444)
$Trade\_Contagion$	0.155 (0.921)	−0.027 (−0.408)	0.053 (0.795)	0.096 (0.829)
$Bank\_Index$	−2.307 (−0.371)	2.060 (0.839)	−2.811 (−1.148)	−1.828 (−0.430)
_cons	24.513 (0.827)	8.444 (0.721)	−5.731 (−0.491)	20.358 (1.004)
N	80	80	80	80
F	1.614	1.033	0.830	1.394
$Adj.R^2$	19.89%	13.71%	11.32%	17.66%

注：1. *、**、*** 分别表示显著性水平为 10%、5%、1%。
2. 本表的回归结果采用全样本，经过 Hausman 检验发现应该选择固定效应模型。
3. 模型括号中的值为 t 值。其中，_cons 为常数项。
4. 该表格是独联体 5 个转型国家作为一个整体的回归结果。

为了考察国际资本流动规模在金融危机期间对国际资本流动及其分解部分逆转值的影响是否大于非危机时期，本书将中东欧和独联体国家样本划分为金融危机和非危机期间这两个子样本[①]，并分别进行回归，得出实证

---

① 由于本章样本时间段的选取刚好涉及 1997 年亚洲金融危机和 2007 年全球金融危机，由于这两个金融危机并未直接发生在中东欧和独联体等转型国家，金融危机对这些国家的影响大致存在 1 年的滞后期。故本章选择 1998—2001 年和 2008—2010 年这两个时间段作为金融危机的爆发期，其他时间段作为非危机期间。

结果见表 5-11 和表 5-12。由两个表的对比情况可知,在金融危机期间(见表 5-11),国际资本流动规模(Inflow_Scale)与国际资本及其分解部分逆转值(如 Total_Inflow、FDI_Inflow 和 Bank_Inflow)都有极高的显著性,而非危机期间样本回归结果的显著性消失(见表 5-12)。这说明,在金融危机期间,中东欧和独联体国家发生了大规模国际资本流动逆转,而在危机前期大规模国际资本的流入极大地增加了这种逆转的概率;而非危机期间,国际资本及其分解因素倾向于平稳,不会发生大规模逆转,而且国际资本流入规模大小也不会对其逆转概率产生影响。另外,相对于整个样本时间段的回归结果而言(见表 5-8),金融危机期间国际资本流动及其分解部分的回归系数普遍较高(如表 5-8 中 Total_Inflow、FDI_Inflow 和 Bank_Inflow 的回归系数为 0.130、0.195 和 0.091,而表 5-11 的对应系数为 0.308、0.321 和 0.235)。可见,在金融危机期间,流入中东欧和独联体国家的国际资本极易发生逆转;而非危机期间,这种逆转程度显著降低,或者不存在资本逆转的威胁。因而,这些东道国在金融危机期间需要密切关注如 FDI 和银行贷款的流动情况,以防资本的大量撤离。这与传统理论认为在金融危机期间 FDI 是最稳定的资本的结论再次不符合。这也说明了,由于国际金融一体化和东道国金融开放度的不断提高,以往对 FDI 稳定性的认定,在当下看来显得有些不合适,虽然 FDI 相对其他类型的国际资本来说波动程度较低,但在金融危机期间,也会发生大规模逆转。

表 5-11　中东欧和独联体国家在金融危机期间国际资本
流动规模与资本流动逆转的实证结果

	Total_Inflow	FDI_Inflow	Portfolio_Inflow	Bank_Inflow
$Inflow\_Scale$	0.308 *** (3.863)	0.321 *** (8.619)	−0.010 (−0.285)	0.235 *** (3.494)
$Total\_Reserve$	−0.113 (−0.484)	−0.144 (−1.326)	−0.024 (−0.236)	−0.143 (−0.726)

续表

	Total_Inflow	FDI_Inflow	Portfolio_Inflow	Bank_Inflow
$Gov\_Banlance$	1.684*** (2.990)	0.173 (0.659)	−0.070 (−0.285)	1.608*** (3.393)
GDP_Growth	−1.513*** (−4.171)	−0.431** (−2.549)	0.124 (0.791)	−1.030*** (−3.376)
GDP_per_capita	−0.010 (−0.001)	5.523 (1.027)	−0.998 (−0.200)	0.567 (0.058)
$Cur\_Acc\_Balance$	−0.295 (−1.528)	0.286*** (3.176)	−0.072 (−0.857)	−0.255 (−1.566)
$Cap\_Openness$	−1.065 (−0.644)	−0.535 (−0.694)	0.222 (0.310)	−1.024 (−0.736)
Fin_Depth	−0.199* (−1.757)	−0.194*** (−3.670)	0.036 (0.739)	−0.116 (−1.216)
$Trade\_Contagion$	0.097 (0.682)	0.009 (0.139)	0.012 (0.195)	0.072 (0.596)
$Bank\_Index$	0.951 (0.164)	0.472 (0.174)	−1.392 (−0.553)	0.308 (0.063)
_cons	0.179 (0.006)	−17.516 (−1.270)	5.222 (0.408)	−0.087 (−0.004)
N	112	112	112	112
F	6.519	10.399	0.360	5.748
$Adj.R^2$	43.12%	54.73%	4.02%	49.38%

注：1. *、**、***分别表示显著性水平为10%、5%、1%。
2. 本表的回归结果采用全样本，经过 Hausman 检验发现应该选择固定效应模型。
3. 模型括号中的值为 t 值。其中，_cons 为常数项。
4. 该表格是中东欧和独联体 16 个转型国家作为一个整体的回归结果。
5. 金融危机期间定义为 1998—2001 年及 2008—2010 年间两个时间段。

表 5-12　中东欧和独联体国家在非危机期间国际资本流动规模与资本流动逆转的实证结果

	Total_Inflow	FDI_Inflow	Portfolio_Inflow	Bank_Inflow
$Inflow\_Scale$	−0.033 (−0.675)	0.044 (1.030)	0.034 (1.229)	−0.044 (−1.207)

续 表

	Total_Inflow	FDI_Inflow	Portfolio_Inflow	Bank_Inflow
$Total\_Reserve$	−0.091 (−0.802)	−0.200** (−1.987)	−0.086 (−1.325)	−0.039 (−0.448)
$Gov\_Banlance$	−0.036 (−0.100)	−1.073*** (−3.368)	−0.026 (−0.125)	−0.011 (−0.040)
GDP_Growth	−0.134 (−0.439)	0.814*** (3.008)	−0.003 (−0.017)	−0.251 (−1.084)
GDP_per_capita	4.111 (0.529)	3.981 (0.579)	11.871*** (2.679)	−2.270 (−0.387)
$Cur\_Acc\_Balance$	0.108 (1.057)	0.139 (1.540)	0.009 (0.153)	0.089 (1.151)
$Cap\_Openness$	−0.944 (−0.718)	−0.815 (−0.700)	−1.016 (−1.355)	0.297 (0.299)
Fin_Depth	0.036 (0.473)	−0.067 (−1.002)	−0.061 (−1.415)	0.063 (1.101)
$Trade\_Contagion$	−0.077 (−0.802)	−0.224*** (−2.653)	0.020 (0.373)	−0.057 (−0.794)
$Bank\_Index$	0.838 (0.246)	5.184* (1.720)	−2.637 (−1.358)	2.332 (0.906)
_cons	−10.670 (−0.481)	−18.971 (−0.966)	−33.189*** (−2.623)	5.368 (0.320)
N	144	144	144	144
F	0.809	3.945	1.005	0.992
$Adj.R^2$	6.41%	25.06%	7.85%	7.76%

注：1. *、**、*** 分别表示显著性水平为10%、5%、1%。
2. 本表的回归结果采用全样本,经过 Hausman 检验发现应该选择固定效应模型。
3. 模型括号中的值为 t 值。其中,_cons 为常数项。
4. 该表格是中东欧和独联体16个转型国家作为一个整体的回归结果。
5. 非金融危机期间定义为 1996—1997 年、2002—2007 年和 2011 年三个时间段。

四、小结

本节通过采用理论和实证相结合的方法对中东欧和独联体国家国际资

本流动逆转情况及其对金融稳定的影响进行了比较全面的分析,得出结论如下:

第一,从中东欧和独联体国家逆转值分析可以看出,总体上,在金融危机期间,国际资本流动较容易出现大规模逆转,而且国际资本不同分解部分的逆转值也存在较大差异,如银行贷款逆转幅度最大,其次是 FDI,而证券投资逆转现象不明显。从中东欧和独联体国家对比情况来看,中东欧国家逆转幅度普遍高于独联体国家。

第二,从中东欧和独联体国家波动值分析可以看出,在中东欧和独联体等转型国家中,国际资本流动具有较高的波动性,且在金融危机期间这种波动性会得到加强。另外,通过对比研究发现:一是中东欧国家的情况比独联体国家严重;二是证券投资波动程度最大,其次是银行贷款,而 FDI 波动程度最小。

第三,在中东欧和独联体国家中,国际资本流动及其分解部分在 2007 年全球金融危机中发生严重逆转的次数和规模都比 1997 年亚洲金融危机大,尤其是银行贷款,且中东欧国家这种情况最为显著。

第四,在经历大规模国际资本流入阶段后,在东欧和独联体国家中,国际资本流动及其分解部分大都在金融危机期间出现较为严重的逆转,尤其是在中东欧国家中。但国际资本不同分解部分的逆转值存在较大差异,银行贷款逆转幅度最大,其次是 FDI,证券投资逆转情况不明显。另外,中东欧国家这种情况普遍严重于独联体国家。

第五,在东道国金融市场发展健全的情况下,银行改革程度越高、资本市场开放度越大、金融深化水平越高、国际储备越多以及进出口贸易额越多等,都能够大大降低国际资本及其分解部分发生逆转的可能性,尤其是在金融危机期间。同时,东道国持续较高的 GDP 增长率也会减少金融危机期间国际资本流动发生逆转的概率。另外,东道国政府保持财政预算平衡,减少政府赤字也十分有利于保持国际资本流动的稳定性。

第四节 防范和化解国际资本流动逆转风险的政策建议

美国已进入渐进加息周期和新总统任期,短期内美元走强已成常态,造成其他国家货币竞相贬值,多国汇率波动成为国际金融市场短期内持续震荡的催化剂。尤其2017年,美国总统特朗普上任后实施的减税与加大基础设施投资等新政,将进一步加剧美元走强趋势。这将给新兴市场国家汇率带来较大冲击,致使这些国家汇率再现一波贬值浪潮。预计未来美元回流现象更加严重,将导致全球信贷市场呈现紧缩风险。再加上英国脱欧程序启动、部分欧盟国家政治不确定性以及欧洲银行业危机等,这一系列风险事件都可能进一步引发全球金融市场动荡,同时也可能外溢到实体经济,值得警惕。全球实体经济增长乏力,吸引资本能力不断降低,而当下全球大类资产冷热频繁交替,这并非资产价值驱动的结果,而是全球资金流动的货币现象。由此导致资产配置抛弃低收益的实体经济,流向高收益、高风险的虚拟经济市场,大量资金"脱实入虚",冲击资产市场的供求平衡,进一步压低资产收益率,并恶化资产荒的困境。另外,美元走强的外溢效应导致美元资本继续回流美国,不仅对全球资本流动产生较大影响,也会使新兴市场再现资本外流风险。美元升值导致全球范围内的非美元贷款以及以美元计价资产的敞口正在扩大,各类投资者在全球范围内重新配置资产,新兴市场或发展中经济体将再一次面临资本逆流带来的金融市场动荡。由于新兴市场是危机后全球货币宽松政策的受害者,是过度流动性输入的被动接受者,极易因为流动性逆转而引致国内金融动荡,给新兴市场和全球金融市场带来新风险。

国际资本大规模流入东道国后,当国际金融环境发生改变或东道国内部经济增长环境或预期发生变化时,资本极易发生大规模流出的情况,给如中东欧和独联体这种新兴市场国家的经济和金融市场带来威胁,甚至会引发金融危机。同时国际资本流动逆转也给我们以警醒,即发展中国家不应该过度依赖外资,不应该片面追求外向型高增长的经济发展战略,对外发债应该注意规模,同时应该高度关注银行系统的资产负债表情况,尽量避免"期限错配"和"货币错配"等,因为货币危机的发生、资本流动逆转与银行危机等互为因果。因此,对我国来说,政策当局需要注意政策的灵活度和前瞻性,在我国不断推进资本市场开放的过程中,需要防范国际资本流动逆转的风险。

一、国际上对国际资本流动的防范与监管

自2008年全球金融危机爆发以来,世界各国更进一步认识到对国际资本流动监管的必要性。然而,如何进行有效监管才能够利用国际资本流动对本国经济增长发挥积极作用,又能够消除对经济和金融市场稳定性的威胁,这也是各国政策当局不断探索的目标。从当下各国管理政策来看,发达国家对国际资本流动的限制措施较少,这主要是因为发达国家具有较为雄厚的经济实力,以及拥有较为完善、高效的金融市场法律监管制度,这使得这些国家能够较为有效地避免国际资本自由流动带来的负面影响,尤其是2008年金融危机过后,发达国家又进一步完善了他们的资本市场监管制度。然而对于如中东欧和独联体这种新兴市场国家而言,其法律监管水平和经济发展程度尚未能达到实际发展要求的情况下,就已经大幅度开放自己的资本市场,导致国际资本大规模流入,在面临负面冲击时又大幅度流出,使得这些国家的经济和金融市场的安全至于投机资本的巨大威胁之下。下面本书将具体介绍发达国家和发展中国家对国际资本流动的防范和监管,以期给我国资本市场的发展带来启示。

(一)发达国家(或地区)对国际资本流动的监管与防范

通常情况下,针对国际资本流动的监管措施分为直接监管和间接监管

两种,发达国家一般较少采取措施来限制国际资本的流动,主要是通过国内较为完善的金融市场法律来发挥监管作用,削弱投机资本活动对经济系统造成的系统性威胁。下面将分别介绍几个具有代表性发达国家的国际资本监管措施。

1. 美国

(1) 直接监管方面。首先对国际证券投资活动的监管,美国是典型的市场主导型经济体制,开放程度较高,对国际资本流动的监管相对宽松,但是对国际证券投资的监管却较为严格,主要措施有:

① 对非居民在美国境内购买、出售、发行股票或有参股性质的其他证券进行管制,对非居民在美国境内购买债券、债务性质的证券、美国居民在境外购买的股票、债券投资等却没有限制。

② 对投资公司和在美国采用小企业注册形势和小额发行豁免的非居民发行商出售和发行股票或有参股性质的其他证券进行限制。

③ 对外国共同基金在美国境内出售和发行货币市场工具进行限制,但这种限制只适用于根据投资公司法案定义为投资公司的非居民发行商。

④ 非居民在美国境内出售和发行集体投资类证券适用于股票或有参股性质的其他证券相同的规定。

(2) 国际信贷业务的监管方面。美国《约翰森法案》有条款禁止在美国的局面向拖欠美国政府债务的外国政府借款和发放贷款或提供金融信贷支持等,但该条法案并不适用于国际货币基金组织和世界银行成员国的政府。

(3) 间接监管方面。美国对国际资本流动采用直接监管措施的同时,还辅助采用间接监管进行国际资本进行疏导。其中间接监管措施具体如:对于美国居民购买国外债券、银行对非居民的贷款等业务会征收一种特别的税收,即利息平衡税,这种税会使得外国政府或私人企业等在美国发行股票和债券的数量明显减少,继而限制资本大规模流出。另外,还会禁止联邦储备委员会的会员银行对它吸收的活期存款支付利息,同时制定多项条例规定,限制会员银行所吸收的储蓄存款和定期存款的利率上限,这些规定制约美国金融市场上短期资本的收益率。

(4) 在法律监管方面。首先是证券业相关法律监管制度,20世纪30年代的金融危机使得美国遭受巨大损失,在危机期间,美国股票暴跌、银行倒闭、证券业混乱,使得美国监管当局认识到法律监管的必要性,需要建立一套法律监管措施,对投机资本进行限制。有以下几个法律条款:1933年的《证券法》,其中最重要的措施是,明确信息披露制度,详细规定了发行人应该披露的具体内容。1934年的《证券交易法》对《证券法》进行补充,明文规定了二级市场的交易活动。1938年的《曼罗尼法》,进一步加强了场外交易市场证券活动的监管。1939年的《信托契约法》,有效监管了债券的发行。1940年的《投资顾问法》则完善和补充了《证券交易法》不直接适用于专门从事提供投资建议的非经纪人和交易上的缺漏。同年,《投资公司法》则保护将那些储蓄委托他人进行专业管理,以及为了使作为个人不可能有的投资多元化的投资者。其次是银行业相关法律监管制度,一般情况下,国际资本的来源及活动都包括银行在内,银行机构的大规模倒闭必将导致危机的产生。因此,美国建立了一系列相关的法律:1933年的《银行法》,是美国银行业立法过程中具有里程碑意义的法律。1991年《综合存款保险改革和纳税人保护法案》,将所有存款机构统一口径纳入监管,规定了资本充足率标准,规定了根据银行资本化的程度自动作出不同的反应,按照资本化程度对银行采取不同程度的监管。1999年的《金融服务现代化法》,改革分业经营制度,促使银行业进入了混业经营的新时代。

2. 日本

(1) 直接监管措施方面。首先是对外汇交易的直接管制。日本的金融体系较为完善,对国际资本流动的冲击尤其独立的应对措施,针对对外交易的直接监管包括外汇预算制度、外汇集中制度和标准结算制度等。其中外汇集中制度主要是指由大藏省集中掌握政府和民众的外汇交易,将黄金、外汇和外汇等均纳入政府直接管制范围，同时要求债权人承担不能延缓收回债权的义务。外汇预算制度主要是指，政府要求在实行预算外汇收入的前提下，确定外汇总需求额度。标准结算制度的做法主要包括，制定结算货币、规定结算期限和制定押汇信用证等。另外，在1980年政府修改了外汇法，指出针对引起外汇强烈波动的投机资本流动，和使得国际收支困难的长短期资本流动以及对金融市场带来显著负面影响的资本交易活动等进行限制。

（2）国际信贷业务管制方面。日本政府对国际信贷业务的监管主要涉及金融信贷、商业信贷以及担保等，对商业银行和其他信贷机构的特殊条款包括：境外开户和非居民贷款，其中对于境外开户的要求是，信用合作社外币债券投资的上限是其净值的30%，信托银行的贷款信托账户进行外币债券投资的上限是其资产的5%。对非居民贷款的要求是，银行发放国外贷款前需要事前通知，同时附带有等待期。

（3）关于法律监管方面。日本关于国际资本流动的监管始终处于变化之中，大体是一个从保守到渐进开放的过程。第二次世界大战后，日本为了防止战败后大规模外资的进入对本国金融市场的稳定造成威胁，在1949年和1950年先后颁布了《外汇及外国贸易管理法》和《关于外国资本的法律》，在此期间，政府还建立了外汇集中制度。直至1964年，政府颁布的《资本移动自由化公约》，才逐渐放开对外的管制，但是对外资入境的条件进行了限制。1967年和1975年分别颁布了《对内直接投资自由化决议》和《关于技术引进自由化决议》，开启了逐步开放本国市场的时代。1980年日本政府修改了《外汇与外国贸易管理法》，将《关于外国资本的法律》并入其中，对外资更是放松了进入约束，为本国经济增长创造了良好的投融资环境。1991年修改了《外汇与外国贸易管理法》，并在1998年将其更名为《外汇及外国贸易法》，简化了对日本直接投资的手续，同时废除了资本交易事前许可、备案制度和外汇公认银行制度等条件。

3. 欧盟国家

(1) 直接监管措施方面。法国采取的做法是,对资本跨国交易的工具没有限制;对货币市场工具和集体投资类证券方面,规定非居民只能发行商业票据、限制法国居民在境外出售和发行货币市场工具、限制欧盟以外的非居民在法国境内出售和发行集体投资类证券等方面进行管制。其他国家如意大利采取的措施是,只限制那些非居民在境内及发行集体投资类证券,那些不守欧盟法令管辖的共同基金需要得到批准才能公开发行。爱尔兰采取的措施是,除去贸易相关的金额外,超过25万爱尔兰镑的资本市场交易需要得到中央银行的许可,禁止居民从事投机性的本国货币的远期外汇交易,非投机性的本国货币远期外汇交易的期限至少21天以上,同时外汇互换交易需要经过央行的批准。西班牙采取的措施是,通过外汇市场的卖出本币取得外汇,和向非居民发放本币贷款所取得的外汇,其增值的部分将无息存入央行;在国内的信贷机构,针对其附属银行、分行、国外母公司等本币负债的增长准备金需提高到100%,同时西班牙政府还限制对非居民在境内购买的可能对境内直接投资和公司法律有影响的股票和有参股性质的其他证券。

(2) 法律监管方面。在英国,政府采用的是自律型监管模式,政府部门不能过度地干预市场,20世纪30年代英国制定了一系列法律法规,如1939年的《防止诈骗(投资)法》、1944年的《投资业务管理法》、1958年的《防止诈骗(投资)法》和1973年的《公平交易法》等,都散见于调整市场主体和市场行为的法律中。1986年英国政府又颁布了《金融服务法》,对资本市场的秩序进行法律方面的规定。在20世纪后期,英国计划改革国内金融市场监管措施,制定用于指导金融业的法律法规,其中如2000年颁布了《金融服务和市场法》,统一金融监管标准,规定了新成立的被监管的金融机构的权利和义务,对规范金融市场秩序具有重要作用。

(二) 发展中国家(或地区)对国际资本流动的监管与防范

由于发展中国家尤其是那些新兴市场国家国内经济的高增长和巨大的

发展潜力等,国内资本收益率较高,会吸引国际资本从发达国家流向发展中国家。但是,这些发展中国家国内金融市场发展尚处于起步和探索阶段,且相关法律监管体系也不健全。因此,一旦国际资本市场出现风吹草动,资本趋利避害的本性必将使得这些国家的金融市场受到较剧烈的负面冲击,为了减少国际资本的这种负面冲击,充分利用国际资本流入的好处,有些发展中国家开始逐渐建立国际资本流动的监控措施。因为,健康稳定的金融市场是保障经济增长的前提条件,大多数发展中国家都在一定程度上,通过限制国际资本流动的自由流动方式等独特的监管措施和法律法规等,来化解国际资本进行投机活动带来的风险。

1.泰国。政府实行无偿赔偿金制度,金融机构需要从投资者新汇入并准备兑换成泰铢的外汇资金中扣除30%的无偿准备金。同时,仅当这30%的无偿准备金存满一年后才能够退回给投资者,不包括外国直接投资和向泰国居民的汇款。国外对本国市场的直接投资和股票投资等资金不受30%特别准备金的限制,但是仍将保留对债券和商业票据等其他借贷工具的限制。2007年泰国政府修改了《外商经营法》。

2.马来西亚。在20世纪80年代,经常项目和资本项目均实行无限制的监管方式。90年代开始,马来西亚政府开始对金融市场进行规范,对引起金融危机的国际资本流动实行了较为严格的进入制度,其中如禁止居民向非居民出售1年期以下的本币证券,禁止商业银行与非居民进行与贸易无关的套期和远期交易,禁止银行与非居民持有与贸易及外国直接投资无关的对外债权头寸,在马来西亚的他国金融机构需要向本国商业银行林吉特存款缴纳无息存款保证金等。在亚洲金融危机爆发后,马来西亚开始针对引起危机的国际资本进出和汇兑业务进行管制。马来西亚政府于1998年9月1日宣布实施外汇管制,固定马币与美元的汇率,对外资撤离进行严格限制。1999年马来西亚经济有所复苏,马政府开始谨慎地逐步放宽资金管制。1999年2月15日,政府宣布以撤资税(自该日起一年内撤离的外资须缴 30% 的盈利税,一年后撤离则缴 10%)取代强制扣留外资的措施;2001 年 9 月 21 日,马来西亚进一步放宽撤资税,从该日起外资撤离一律只缴 10% 的盈利税。2001 年 10 月 27 日,马来西亚政府又进一步宣布在马来西亚经营满一年的外商投资者撤资时,免缴 10% 的撤资税。

3. 智利。政府实行无补偿准备金制度。从 1980 年至 1999 年,在加强流入管制的基础上,逐步放开对资本流出的管制。为此,智利政府专门制定了限制资本流入的相关政策,包括无息准备金、印花税和最短驻留期等。无补偿准备金制度规定所有从国外获得的贷款必须将 20% 的无偿准备金放入中央银行。贷款期限在 90 天以内的,须将该项准备金存满 90 天;贷款期限在 90 天至 1 年的,必须存满与贷款期限相同的时间;贷款期限在 1 年以上的,必须存满 1 年。在 1992 年 5 月将无偿准备金率提高到 30%,提高了短期资本流动的成本,并未对短期资本的流动进行直接的限制。在 1998 年 6 月将无偿准备金率由 30% 降低到 10%,在同年 9 月,又将无偿准备金率降低为 0,取消这一制度的同时要求投资期限至少为 1 年。为了减轻汇率升值的压力,智利政府鼓励资本外流,1991 年智利政府取消了对外直接投资的限制,允许银行把 40% 的外币投资于国外;1992 年又将银行的外汇持有限制扩大一倍的基础上取消了共同基金对外投资的限额,提高了保险公司对外投资和养老金的最高限额。

4. 巴西。政府应对国际游资所采取的措施主要是围绕着限制资本流入和放松资本流出来进行的。从限制资本流入方面来看,政府采取了金融贷款的最短平均分期摊还期、债务保证金和进口关税等措施;从放松资本流出方面来看,允许 1994 年 8 月 31 日以前在央行登记的境外借款和进口融资进行提前结算;取消偿还进口融资的首期付款原有 20% 的限制;私人非金融机构法人进行境外投资方面,无须央行批准的投资限额从 100 万美元提高到 500 万美元;允许法人在境外购置房地产;允许巴西投资者在境外建立投资基金,但至少 60% 的资金投资于巴西政府境外发行的证券。

二、国际资本流动逆转的政策建议

（一）加强国际资本流动的统计监测和风险管理，实时关注国际经济政策形势，作出相应的调整

良好的金融监管能够很好地防范国际资本的异常流动。首先，要加强对跨境资本的进出的均衡管理，完善国际收支监测的预警和危机应对机制。其次，要加大外汇业务的合法合规性监管，严厉打击地下钱庄、网络炒汇等各种外汇违法违规行为。再次，加强国家储备经营的风险管理，改善储备结构，确保外汇储备在国际收支风险防范中的重要保障作用。最后，关注国际整体经济形势，美元加息，影响大宗商品价格，新兴市场国家作为重要的出口国贸易受到冲击，经济形势动荡，需要及时灵活地对我国相关政策作出调整，避免与国际轨道的不一致带来的经济震荡现象。

（二）制定防范发生国际资本流动逆转的应急方案，尽量减缓国际资金异动对国家经济的冲击

需要重点关注那些会产生负面影响的，但又不是由于经济基本面变化导致的资金流出，如跨国公司的母公司从子公司调度资金救急，在正常利润范围内应该允许，但超过这个限度应严格限制。如果大规模的资金流动逆转发生，则可以快速应对，避免对国民经济造成更大损失。大多数发展中国家采用的是以市场为基础的、有管理的浮动汇率制度，汇率的高低由市场供求来影响，很容易出现国际投资者低买高卖的投机行为。因此，有必要对国际资本的流动进行实时监测，对国际热钱的来源和用途进行精准的跟踪，制定相应的监管法案。

（三）完善汇率制度改革，针对"热钱"采取有效的调控治理措施，避免投机收益

国际投资者尤其是短期投资利用汇差获取收益是国际市场投机者操纵短期资金的重要驱动因素之一。通过建立健全结售汇制度来完善汇率制

度,使其调整更具灵活性,能够避免汇率制度不健全带来的短期资本投机行为。与此同时,完善外汇的兑换和管理政策,针对大额外汇兑换现象进行严格审查,减少国际资本对本国经济的冲击。另外,需要针对热钱流入流出的途径进行监管和控制,对热钱要严进严出。热钱流入主要有三条途径:经常项目下的贸易、收益与经常转移;资本项目下的FDI、证券投资、贸易信贷与贷款、通过地下钱庄和境内外商业银行流入。外汇管理机构应加大跨境资金流动的检查力度,以外汇资金流入和结汇后人民币资金流向为重点,开展贸易、外债、外商投资企业资本金、个人等外汇资金流入和结汇的专项检查。

第六章
中东欧和独联体国家防范国际资本流动风险的政策建议及对中国的启示

2008年全球金融危机爆发以来,国际资本流动形势和管理政策发生了较大变化。随着主要经济体非常规货币政策实施与退出,国际资本流动出现了大起大落的剧烈波动,新兴市场和发达国家都受到较大影响。同时,国际社会对跨境资本流动管理的态度和立场发生改变。20世纪八九十年代,国际货币基金组织主张资本账户开放,但因亚洲金融危机爆发而被迫搁置了资本项目可兑换的动议。不过,基金组织仍对资本管制持保留态度。危机之后,基金组织转而逐渐认可和容忍对无序资本流动采取管理措施,提出了包括宏观审慎和资本流动管理在内的跨境资本流动管理的政策框架。欧盟部分成员甚至还酝酿过引入金融交易税安排,抑制短期资本流动。在上述国际背景下,我国作为全球经济增长速度最快的新兴市场国家之一,此前一直是短期国际资本流入的主要目标国,跨境资本流动经历了剧烈震荡,需要在管理方面进行有益的探索。虽然近期的短期国际资本流出规模较少且呈衰减趋势,但从短期国际资本流出规模的衰减趋势来看,我国在未来可能面临着国际资本大规模进出的风险,值得重点关注。

第一节 中东欧和独联体等转型国家规避国际资本流动风险的政策建议

一、中东欧和独联体国家国际资本流动与金融稳定的相关结论

本书主要针对中东欧和独联体国家国际资本流动及其分解部分对东道国金融市场稳定产生的影响进行系统的分析和研究,并从比较的角度就中东欧国家和独联体国家的异同展开分析,并得出以下结论:

(一)中东欧和独联体等转型国家国际资本流动规模和构成变化较大,大致经历了三个发展阶段,即国际资本缓慢增长期、快速增长期和衰退增长期,但2008年金融危机前期国内宏观经济脆弱性不断累积

1. 国际资本流入总量在不断增加,尤其是在金融危机前期。一是因为这些转型国家不断开放本国金融市场,提高外资银行占比,大量吸引了国际资本流入。二是全球流动性过剩使得经济飞速发展的转型国家成为投资的首选目标。

2. 国际资本流入构成在不断变化。在危机前期,流入这些国家的国际资本主要以银行贷款和FDI流入为主,而国际证券投资流入几乎可以忽略,2008年金融危机打破这一格局,各类型资本流入量都出现大幅度下滑,最严重的要数银行贷款,甚至将为负值,而且其在危机过后仍未出现明显复苏态势,而FDI复苏较为明显,国际证券投资流入量也开始增加,流入中东欧和独联体国家的国际资本构成出现变化。主要原因是全球经济发展方向和风险程度的不确定性,以及这些转型国家国内众多脆弱性因素开始显现,不得不面临大量外资银行逐渐减少的银行贷款的尴尬境地。

3. 危机过后的中东欧和独联体国家在面临国际资本大幅度减少的同时,还必须面临本国经济金融市场脆弱性的爆发,如经常账户巨额赤字、进

出口失衡导致的外汇收入压力、庞大的外债总额及其不合理的构成以及本国银行坏账率的急速提升等。因此,"后危机"时期,这些国家需要着手面对和应对众多由于前期高速国际资本流入而累计的脆弱性,完善自身金融市场,加强内功修炼,减少自身对外资的过高依赖等。

(二)金融全球化背景下中东欧和独联体国家国际资本流动规模和方向受到来自全球"推力"因素、国内"拉力"因素以及传染因素的共同影响

对比这三大类影响因素,其中全球"推力"因素起着至关重要的作用,即在全球风险不确定性较低时,东道国国内"拉力"因素才会起作用;反之,由于国际资本有规避风险的需要,大都流向具有低风险的发达经济体中,而很少流入新兴市场国家。因此,当这一条件得到满足时,东道国优越的国内"拉力"因素将会大量吸引国际资本流入,如在 2003—2007 年,虽然中东欧和独联体等转型国家都经历了大规模国际资本的流入,但由于中东欧国家具有更好地经济发展水平和金融市场开放度,因此吸引了更多的国际资本。另外,国际资本在全球范围内流动时,国际资本输出国、输入国以及与资本输出国具有紧密联系的第三国之间具有各种传染渠道。在一般情况下,这种传染效应不明显,但在金融危机期间其对东道国金融市场的影响将是灾难性的,再如中东欧和独联体国家都是这次金融危机的"受害者",其中中东欧国家最严重。因此,东道国需要密切关注国际资本流动的这三类影响因素,做好预防工作。

(三)银行体系的顺周期特征容易导致国际资本流动的顺周期性,给全球和东道国的金融市场带来风险

从世界经济发展的历史来看,自 1970 年以来,伴随着金融自由化的迅速扩展,带动国际资本流动规模在全球范围内同步增长,导致金融危机也频繁爆发,且波及范围也越来越呈现全球化趋势。一方面,国际资本流入东道国促使其外债累计,宏观经济偏离均衡轨道等,成为金融市场不稳定因素的来源。另一方面,一旦国际金融市场出现任何的风吹草动,抑或爆发金融危

机,都会使得国际资本迅速逃离东道国,使得原本欣欣向荣的宏观经济立即走向反面,如本币贬值、股市急跌、房地产泡沫破灭、国内消费和投资等大幅度萎缩等,极易导致东道国陷入经济衰退,而这些都是源于国际资本流动的顺周期特性。就其根源大部分来自金融市场的核心部门,即银行部门,这是由于银行在经济繁荣时期倾向于提高杠杆率,增加负债,扩大自身资产负债规模,而在经济衰退时,为了保持足够的资本充足率和减少坏账规模,银行又将会降低杠杆,缩减资产负债规模,这种特性又会带动其信贷规模的同步变动。这样,在全球银行体系下,全球尤其是发达经济体中的过剩流动性就会通过这种作用机制成倍数地影响国际资本流动规模,并通过东道国的银行系统影响其国内信贷规模和资本流动方向,及其金融体系的稳定性。这种作用机制给东道国带来的影响也分为两种情况,即在经济繁荣时期并不会带来较大的影响,而在经济衰退或危机期间,信贷紧缩的连锁反应将会被无限放大,为国际风险传播创造途径。又由于国际资本的逐利性导致其在流动过程中具有自由和不负责任的表现,其所造成的经济后果均留给东道国居民和政府承担,给东道国融市场造成沉重打击。因此,在面对全球或发达国家丰富的流动性时,东道国应该保持理性,通过制定逆周期经济政策规范银行资产负债表规模。

(四) 中东欧和独联体国家国际资本流动具有较高的不稳定性,尤其是在金融危机期间

1. 当国际资本大规模流入东道国后,其较容易出现大规模逆转,对比其不同组成部分可以看出,银行贷款是这些转型国家中最不稳定的,其次是 FDI,而证券投资逆转情况不明显,而且这些国际资本逆转程度会在金融危机期间得到加强。另外,中东欧国家国际资本逆转的情况要普遍严重于独联体国家。

2. 就近期发生的两次金融危机来看(即 2008 年全球金融危机和 1998 年亚洲金融危机),前者发生国际资本流动严重逆转的规模和次数都较后者高很多,尤其是中东欧国家的银行贷款,这说明中东欧国家应密切关注自身

银行体系的健康程度,及其发现疏漏预防国际资本对银行体系的冲击。另外,在危机期间,东道国也应该及时关注 FDI 的动向,因为传统观点认为 FDI 是在金融危机期间最稳定的国际资本,最不容易发生大规模撤出。但本书的实证结论却对这一定性认识提出挑战,因为在中东欧和独联体国家中,FDI 在金融危机期间发生了大规模流出的现象。

3. 这些转型国家金融市场发展程度与金融稳定具有较高程度的相关性。在这些转型国家中,金融市场健全程度高,即银行改革程度大、资本市场开放度和金融市场深化水平高等都对预防国际资本在危机期间发生大规模流出起到很强的抑制作用,这也在这次金融危机中被再次证明。因此,良好的金融发展尤其是制度建设是消除国际资本流动带来隐患的重要前提条件,因为大部分转型国家在转型初期都不太重视金融制度的建设,缺乏严格的金融监管,或执法不严,阻碍这些国家金融市场的健康转型,使其在这次金融危机中沦为受灾最严重的新兴经济体。另外,转型国家良好且可持续的宏观经济表现,如持续高速的 GDP 增长、丰富的国际储备、较高的进出口贸易额等,也会显著降低国际资本流动发生逆转的概率,有利于保持东道国金融市场的稳定性。

二、规避国际资本流动风险的政策建议

国际资本在全球范围内流动促进了国际金融市场的形成,使得各国在经济往来、信息交换等方面变得更加便捷和密切,对推动国际贸易发展和全球经济一体化的形成具有不可磨灭的贡献,而资本相对稀缺的发展中国家大量吸引国际资本的流入,一方面可以带动其国内经济发展,填补企业的资金缺口;另一方面,国际资本带来先进的管理理念和技术也将大大提高东道国经济发展的质量和水平。但是由于资本天生具有逐利特性,其在给东道国带来众多有利因素的同时也带来许多潜在的危险因素,威胁到东道国经济和金融市场的稳定,主要体现在:影响东道国金融秩序、传输国际风险和

金融危机、加剧东道国金融市场波动程度以及增加东道国在非正常时期调控经济的难度等,这给正处于转型发展的东道国的经济发展带来巨大的隐患。本书针对中东欧和独联体等转型国家从理论和实证相结合的角度,来具体分析国际资本与东道国经济和金融市场之间的相互影响,并给出以下几点政策建议:

(一) 合理控制对外负债水平,优化外债期限结构

由前文分析可知,中东欧和独联体国家在经济转型发展的过程中,由于国内资金的严重短缺、转型任务的紧迫,导致其只能够寄希望于国外大量资金的涌入,继而养成大量依赖外部资金的惯性特征,其中对外负债的逐年剧增也是其中最为明显的表现,而且外债中短期负债比例也在不断增加,给这些转型国家的经济发展带来巨大隐患。这种负债结构的不合理容易产生债务展期风险和偿债风险,从这次金融危机中也可见一斑。因此,中东欧和独联体国家未来需要:

1. 加强外债管理,逐步缩减对外负债量,将一国的负债水平控制在合理的范围之类,建立从紧的政策措施管理外债规模,同时还应该健全各种法律法规,将对外负债规模进行严格的量化和法制化;

2. 减少短期外债规模,尤其以外币为主的债务融资。增加中长期外债比例,通过合理布局外债的不同还债期限,不断降低国际资本尤以短期外债为主的各种风险;

3. 建立私人对外负债的检测体系,因为相对官方对外负债的透明度和管理结构而言,私人或机构对外负债显得更加隐性和随意,增加了管控的难度,尤其是如中东欧等转型国家的外资规模还相当庞大,私人外债的管理显得更加困难。因而,建立私人外债的检测体系成为预防东道国外债风险的重要一环。例如,建立起私人外债的统计体系和检测指标,进行定时检测,建立国内私人债务登记和国外债券登记制度,以便更好地了解私人外债情况,及时预警。

(二) 保持宏观经济健康发展，避免脆弱性的累积

此次全球金融危机给中东欧和独联体等受灾最严重的转型国家一剂警醒的猛药，那就是要密切关注本国宏观经济发展状况。然而，纵观近些年来爆发的几次金融危机，如墨西哥金融危机、东南亚金融危机以及阿根廷金融危机等，均可以看出，一国宏观经济基本面的好坏直接关系着其是否遭受危机或危机的严重程度。因此，中东欧和独联体等转型国家应该从以下几个方面布局，保持国内宏观经济健康发展：

1. 维持国际收支动态平衡，预防经常账户出现巨额赤字。国际收支动态平衡主要是指国际收支在总量和结构上都保持平衡。具体来说，在短期内保持总量平衡，在长期内保持结构平衡，这样才能够在预防国际资本带来冲击的基础上，保持宏观经济稳定和可持续发展。而中东欧和独联体国家自经济转型改革以来国际收支逐渐失衡，经常账户出现高额赤字，这与其实施"高外资、高举债"的发展模式有关，而且其巨额赤字也一直依靠外资流入来缓解。同时，这些资本有很大一部分流向消费领域，国内储蓄低于国内投资，造成国内投资不足，容易导致出口逐渐减少，进口却不断增加，产生国际收支失衡局面，而且这种失衡一直未得到及时有效的解决。因此，后危机时期，中东欧和独联体等转型国家需要密切关注本国国际收支情况，减少对外资依赖程度，降低经常账户赤字水平，奠定宏观经济发展稳定的基础。

2. 合理调整经济和产业结构，由外需型经济向内外需结合型经济过渡。中东欧和独联体等转型国家一向以外需型、资源和资金对外依赖型的经济发展模式主导其国内产业结构，其出口市场主要为德国、法国等西欧发达国家，出口结构单一；而西欧正是遭受此次金融危机冲击最严重的区域之一，且这个区域的消费需求在短时间内难以恢复。外部需求的不确定性不仅增加了中东欧和独联体国家的经济脆弱性，还极大地削弱了这些国家的出口竞争力。降低对欧盟国家出口需求的过度依赖、积极拓展出口市场的多元化，将会有效降低这些国家的风险水平。另外在后危机时期，中东欧和独联

体国家经济复苏及增长的快慢则直接取决于其国内经济发展模式的转型成功与否,例如正确引导国内产业发展结构和保持正确的消费模式,发展内外需结合的多元化经济增长路径等。然而由于这些转型国家长期依赖外部资金的发展方式,不可能很快地改变原有的经济发展模式和产业结构,采取渐进转变的改革策略将会是较好的选择。

(三) 增强金融机构自身抵御国际资本冲击的免疫力,审慎对待外资银行信贷规模和杠杆比率

如进一步深化金融改革,建立更加完善、健康的金融生态环境;强化金融机构资本充足率和资产质量及资产收益率,增强银行业总体实力和抗风险能力;在金融市场发展较为成熟和健全的基础上,有步骤地放开本国的资本市场,推进金融创新,稳步发展金融衍生产品市场,增强国民经济应对外部冲击的弹性;逐步降低中东欧和独联体等国经济增长对外资和出口的过分依赖。这次金融危机中,中东欧和独联体国家深受重创,其中最重要的原因就是其国内银行部门过度宽松的信贷条件和高比例的外资银行,导致其整个银行部门信贷业务急剧扩张,尤其是向金融机构、居民消费以及房屋抵押等方式贷款,其中还有高份额的外币贷款。正是这种较为开放式的银行体系才导致国内银行部门普遍倾向高负债运营,不断提高自身杠杆比率,而当西欧国家在爆发金融危机时却无暇顾及这些转型国家的子银行,只能尽力满足自身流动性充足与否。因此,中东欧和独联体等转型国家深受外资撤离、流动性紧缺以及外汇储备下降等各方面不利影响。而这些都与东道国政府当局未做好金融监管有很大关系,这种信贷量的盲目扩张一定会给其国内金融市场带来风险。因此,中东欧和独联体等转型国家需要加强国内银行部门的信贷监管,正确引导信贷投入领域,逐步实施"去杠杆化"政策,使银行部门在一个合理的时期中不断降低银行杠杆率。

(四) 及早做好国际资本发生逆转的应对措施,建立国际资本流动预警机制

在健全的法律框架下构建完善的防范国际资本流动的金融监管体系。

中东欧和独联体等转型国家在这次金融危机中遭受了沉重打击,罪魁祸首是其在金融市场发展尚未健全的基础上实施金融自由化改革,大量开放金融市场,允许外资进入,而且还逐渐养成严重依赖外资的发展道路,这给国际资本在金融危机期间发生大规模逆转埋下了隐患。但是,由于地理位置和长久形成的经济发展习惯,这些转型国家在未来相当长的一段时间内还得主要依靠西欧等发达国家的国际资本,还会继续开放其国内金融市场迎接外资的流入。但正所谓"吃一堑长一智",这些转型国家需要逐渐完善自己在治理和利用国际资本流入方面的各种应对措施和预防机制,具体可从以下几个方面做起:

1. 建立健全国际资本流动预警体系,以便及时发现危机并采取措施

国际资本流动的预警体系是预防和监管跨国界金融风险传导的有效工具,它通过选取不同部门的经济指标来检测国际资本流动风险,某些经济指标已经被理论和实务界证明能够十分有效地预报金融危机前的风险因素及其传导渠道,对于如中东欧和独联体这种与发达经济体之间有着紧密联系的国家,建立国际资本流动的预警体系显得尤为必要。对于预警体系的建立需要以下几个方面着手:(1)国内宏观经济金融运行指标体系。如选取GDP增长率、相对通胀率、货币发行增长率等指标;目的是反映东道国宏观经济市场的稳定程度;(2)国内微观金融体系运行指标。如选取银行部门的信贷增长率、杠杆率、资本充足率、不良债券占总资产比率等,资产市场中股票价格指数上涨率、房地产价格增长率等,目的是着重检测国内金融机构在日常运营中的健康状况;(3)国际经济金融运行指标。如选取经常账户赤字、长短期外债占总外债比例、私营部门偿债率、对欧盟国家的外贸依存度、外汇储备、汇率和利率等反映东道国国际竞争力的指标,目的是监控东道国外部风险及其自身对外依赖程度等。这样通过建立各维度的预警体系,确立各预警指标在合理范围内的安全值,在金融危机前期做好应急响应措施,预防由国际资本流动逆转带来的风险甚至危机。

2. 逆周期调整国际资本流动，减少国际资本流动对宏观经济的过度影响

通过本书的研究发现，中东欧和独联体等国的国际资本在流动过程中具有顺周期性质，连带银行部门的杠杆及其信贷规模也出现顺周期性，这种顺周期效应对其国内宏观经济的波动性起到放大的作用，如导致国内投资过热、信达膨胀等，助长投资者盲目乐观的投资情绪。而此次金融危机也凸显了这些国家现行逆周期管理制度在保证金融体系稳定方面的不足。因此，这些转型国家需要保持足够的警惕，预防这种情况的再次产生，利用多种逆周期调节工具，抑制和减缓国际资本流动的顺周期效应。（1）协调运用传统的逆周期调节工具，如货币和财政政策、利率、汇率等，在国际资本大规模流入时，减少政府支出、降低货币供给量，在资本大规模流出时，增加政府支付、扩展货币供给量，并辅之以灵活的汇率和利率政策。（2）引入一些创新工具，如建立逆周期国际资本缓冲制度和动态损失准备金制度等，即在时间维度上建立"损有余、补不足"的机制，烫平国际资本流动在经济"繁荣—衰退"中的周期性波动，维护金融市场的稳定。

3. 密切关注国际资本流动不同组成部分稳定情况，合理确定不同类型资本的流入比例

由前文分析可知，国际资本流动的不同组成部分由于具有不同的波动特性，在金融危机期间具有不同行为，按照传统理论分析可知，FDI是最稳定的资本，国际证券投资是最不稳定的，其他类型的资本如银行贷款稳定性处于两者之间。但是根据本书的理论和实证分析，在中东欧和独联体等转型国家，最不稳定的国际证券投资规模一直相对较小，甚至可以忽略，而银行贷款和FDI一直占据着国际资本流入中最大份额。而这次金融危机也给出最直接的证明，即这两类国际资本也能够在金融危机期间出现大规模逆转的情况，尤其是银行贷款，其在危机过后的复苏情况也很不乐观，成为威胁东道国银行部门稳定性的最主要因素，甚至造成部分国家出现短时期的

小危机。因而,中东欧和独联体国家需要密切关注这两类资本的动向,如在金融危机期间关注 FDI 是否存在抵押实物资产、大规模汇出利润的现象,这极有可能会出现资本流动大量流出的迹象。

4. 密切关注国际金融市场风险以及国际投资者及其大型金融机构的投资方向

由中东欧和独联体国家国际资本流动现状可知,国际证券投资在金融危机过后流入规模大幅增长、复苏态势明显,使得这些转型国家国际资本流入结构发生了变化,即风险资本开始不断流入,而这些资本给东道国的金融市场的稳定留下隐患。这需要东道国:(1)密切关注 VIX 指数的变化,因为 VIX 指标是反映国际金融市场风险的主要指标,其波动情况也是指引国际短期投资如证券投资的投资方向。(2)关注国际投资者和大型金融机构的投资动向,因为某些投机者和机构在资本逆转中发挥重要作用,密切关注大投资银行和投资基金在流入国的投资操作方向可以为我们提供预警信息。如这些机构在其他市场上投资严重亏损需要调整资金配置,就可能意味着资本流动方向开始改变,发生资本撤出该国的情况。

(五)加强与欧盟的金融协调与合作,寻求建立超国家的监管制度

此次金融危机的爆发也使得各国充分地认识到欧盟及其成员国在经济领域深层次的结构性和制度性问题。面对金融危机的冲击,单靠中东欧和独联体国家独自应对显得杯水车薪,积极寻求与欧盟及其成员国之间的金融合作,协同作战,建立超国家的协调机制,就会最大化降低金融危机对这些转型国家造成的破坏。例如欧盟在这次金融危机爆发后实施的各种经济救助和复苏计划就是比较成功的典范,面对欧洲金融市场银行间流动性严重不足和惜贷情况,欧洲央行出台了一系列措施,如降低基准利率、购买政府债券、增加货币供应量等,都很好地遏制住了危机进一步蔓延趋势。因此,这些转型国家在经济发展过程中应主动谋求与欧盟及其成员国之间的密切合作和对话,尽最大努力降低西欧等发达国家金融传染的风险。

第二节　中东欧和独联体国家国际资本流动与金融稳定性研究对中国的启示

通过对国际资本流动对中东欧和独联体转型国家金融稳定性影响的理论和实证分析、政策建议，对于同处于经济转型和金融开放中的中国而言可提供如下启示：

一、正确处理国际资本流动与金融稳定性的关系

中东欧和独联体国家在金融开放过程中大量引进国际资本，虽然这些资本曾对这些转型国家的经济发展起过促进作用，但是，由于资本具有逐利性，当出现外部市场冲击或本国经济恶化时，这些资本就会发生突停甚至逆转。一般来说，国际投资者不会考虑这种做法是否会对东道国金融稳定造成影响。因此，我国在引进国际资本时应防范这些资本在流动中存在的风险，正确处理好国际资本流动与国内金融市场稳定的关系。

二、引进国际资本规模应与一国金融市场发展水平相适应

中东欧和独联体国家在金融开放过程中吸引了大量国际资本的流入，促进了其经济较快发展。但是，2008年全球金融危机发生后，这些国家却发生了大规模资本流出的现象，对这些国家金融市场造成了严重的冲击。这个事实说明，一国在引进国际资本时应根据本国金融市场发展水平，考虑其规模的大小，及时实施动态预调和微调国际资本流入规模，寻求国际资本流入规模与本国金融市场发展水平相适应的平衡点。

三、分层次、差别化地引进国际资本

如上所述,国际资本流动对中东欧和独联体国家金融稳定性影响差异较大,因此,我国在引进国际资本时,可以根据其对金融市场产生的风险,划分为不同层次。可将以直接投资类为主的国际资本划归为第一层次,即最安全的资本,监管重心主要放在资本的流向和用途上;将以外债投资类为主的国际资本划归为第二层次,根据国际收支状况不断调整资本流入规模;第三层次是以国内证券市场、房地产市场投资类为主的资本,这类资本具有较大的风险,应该严格审批程序,防止以套利为主的资本进入。

四、健全金融市场体制,正确把握银行业开放度

对于新兴市场而言,国内金融市场发展水平普遍不高,各种配套的法律制度等都尚未健全,以及缺乏有效地管理方法等都限制了这些国家金融市场对外开放水平。而从近期金融危机的影响也可以看出,那些过度开放本国金融市场的新兴市场也都成为危机的重灾区,如中东欧国家等。因此,只有适度地引进外资,并保持一定的进入壁垒才最有利于我国银行业的稳定及其竞争力,而不适当的开放金融市场如银行部门,不仅不会带来应有的效果,还会给东道国的金融市场带来不稳定风险。

五、培养多元化的出口市场,降低对美国市场的依赖度

随着我国对外贸易规模的不断增加,我国对美国市场的出口规模也在飞速增长,目前美国已成为我国最主要的出口国。这意味着美国民众的消费需求日益成为影响我国出口规模的主要因素,同样也决定着流入我国的国际资本规模。这种受制于人的单一化的出口市场犹如中东欧和独联体国家之于欧盟,此次美国爆发金融危机也使得我国的对外贸易需求大幅锐减,成为受影响最大的发展中国家之一。因此,中国需要逐渐调整和改变这种

出口结构，拓展其他国家的出口市场，减少美国金融风险对我国传导的渠道。

六、加强与各国政府在监管方面的合作和政策协调

随着经济全球化进程的不断加快，国际资本流动的规模越来越大，方向呈复杂化，其所隐藏的风险也越来越大，单靠一国的力量有时无法及时预防和治理国际资本流动中出现的风险。因此，只有通过与国际社会、各国政府和国际组织之间的合作和协调，建立一个包含各国财政、金融、宏观信息等多维方向的国际监管工具和监管机制，才能共同防治和监管国际资本流动中出现的各种风险。

参考文献

[1] Kumar M., Moorthy U. & Perraudin W. Predicting emerging market crash [J]. Journal of Empirical Finance. 2003(10): 427-454.

[2] Kindleberger C P. Manias, Pains and Crashes: A History of Financial Crises [M]. New York, NY: Basic Books, 1978.

[3] Kindleberger C P. International Short-term Capital Movements [M]. New York: Columbia University Press.1937: 46-59.

[4] Graeiela Kaminsky, Lizondo S & Reinhart C. M. The Twin Crises: The Causes of Banking and Balance-of-Payments Problems. American Economic Review [J]. 1999(89): 473-500.

[5] Graeiela Kaminsky, Saul Lizondo & Cannen M. Reinhart. Leading Indicators of currency crises[C]. IMF Working paper .WP/97/79.1997: 1-43.

[6] Kaminsky G, Reinhart C. M. Financial crises in Asia and Latin America: then and now[J]. American Economic Review. 1998(88): 444-449.

[7] Kaminsky G. Crises and sudden stops: evidence from international bond and syndicated-loan markets[J]. Monetary and Economic Studies. 2008, 26(12): 107-130.

[8] J. Frankel, A. Rose. Currency Crashes in Emerging Markets: An Empirical Treatment [J]. Journal of International Economics. 1989(3-4): 351-367.

[9] Mckinnon, Huw Pill. International Overborrowing: A Decomposition of Credit And Curreney Risks[M].1998.

[10] Mckinnon R., Pill H. The Over Borrowing Syndrome: Are East Asian Economies Different [J]. Financial Regulation and Integration in East Asia.1996: 322-355.

[11] Gianearlo Corsetti, Paolo Pesenti & Nouriel Roubini. Paper Tigers? A Model of Asian Crisis[J]. EuroPean Eeonomie Review.1999(43): 1211-1236.

[12] Gianearlo Corsetti, Paolo Pesenti & Nouriel Roubini. What caused the Asian Currency and Financial Crisis [J]. Japan and World Eeonomy. 1999 (11): 305 – 373.

[13] Melike Altinkemer. Capital Inflows and Central Bank's Policy Response[J]. The Central Bank of Republic of Turkey Research Department. 1998(12).

[14] Aizenman J.Exehange Rate Reglmes and Financial Market Imperfection[R]. NBER Working Paper.2000, NO.7738.

[15] John Williamson. Development of the Financial System in Post-Crisis Asia[R]. ADB Institue Working Paper. no.8, March.2000.

[16] Bhgawati J. The Capital Myth: the Difference between Trade in widgets and Dollars [J]. Foreign Affairs. 1998, 77(3): 7 – 12.

[17] Barth James R, Gerard Caprio Jr & Ross Levin. Bank Regulation and Supervision: What Works Best? [R]. Working Paper, World bank. 2001.

[18] Radelet S., Sachs J. The onset of the East Asian financial Crisis [R]. NBER Working Papers. No.6680, 1998.

[19] Radelet S., Sachs J. The East Asian Financial Crisis: Diagnosis, Remedies, Prospects [J]. Broking papers on Economic Activity. 1998(1): 1 – 74, 88 – 90.

[20] J.Sachs, A.Tornell & A.Velasco. Financial crises in emerging markets: the lessons of 1995 [J]. Brookings Papers on Economic Activity. 1996(1): 147 – 217.

[21] Asli Demirguc-kunt, Enrica Dereagiachet. Financial Liberalization and Financial Fragility [J]. IMF Working Paper. Working Paper 98/83, 1998(5).

[22] Demirguc-kunt A, Dereagiachet E. The Determinants of Banking Crisis: Evidence from Industrial and Developing Countries [R].World Bank Working Paper, 1997, No.1828.

[23] Demirguc-kunt A, Dereagiachet E. Financial Liberalization and Financial Fragility [R]. World Bank Working Paper, 1998, No.1917.

[24] Stijn Claessens, Asli Demirguc-Kunt & Harry Huizinga. How Does Foreign Entry Affeet the Domestic Banking market? [J]. Journal of Banking & Finance. 2001(25).

[25] Stijn Claessens, Michael P. & Dooley Andrew Wamer. Portfolio Capital Flows: Hot or Cold? [J]. World Bank Economic Review. 1995, 9(1): 153 – 174.

[26] Minsky P Hyman. The Financial instability hypothesis-A Restatement in Post-Keynesan Economic Theory, A Challenge to Neoclassical Economics [M]. 1985.

[27] Keynes J. M. The General Theory of Employment, Interest and Money, Reprinted in The Collected Writings of John Maynard Keynes [M]. vol. 7. London: Macmillan,1973.

[28] Dombusch R. Exchange Rate Economics: Where Do We Stand? [J]. Brookings Papers on economic activity.1980: 143-194.

[29] Stults R. M. On the effects of barriers to international investment [J]. The Journal of Finance. 1981, 36(4): 923-934.

[30] Stults R. M. The Limits of Financial Globalization [J]. Working Paper. NBER, NO.11070. 2005.

[31] Obstfeld Maurice. Capital controls, the dual exchange rate and devaluation [J]. Journal of International Economics.1986, 20(2): 1-20.

[32] Obstfeld Maurice. Models of Currency Crisis with Self-Fulfilling Features [J]. European Economic Review, 1996(4): 37-47.

[33] Obstfeld Maurice. The logic of currency crises [J]. National Bureau of Economic Research. 1994(7): 40-46.

[34] Obstfeld Maurice. Exchange Rates and Adjustment: Perspectives from the New Open Economy Macroeconomic[R]. NBER Working Paper. No.9118.

[35] Obstfeld, Maurice. Financial Flows, Financial Crises, and Global Imbalances [J]. Journal of International Money and Finance. 2012a, 31: 469-480.

[36] Obstfeld, Maurice. Does the Current Account Still Matter? [J]. American Economic Review. 2012b, 102(3): 1-23.

[37] Krugman P. A model of balance of payments crises [J]. Journal of Money, Credit, and Banking.1979,(11): 312-325.

[38] Krugman P. Saving Asia: It is Time to Get Radical.Foriune,1998(9): 311-325.

[39] Calvo G A, E G Mendoza. Capital Market Crises and Economic Collapse in emerging markets. An information friction approach [J]. American Economic Review. Papers and proceedings. 2000: 59-64.

[40] Calvo G. A., Leidennan L., Reinhart C.M. Capital Inflow and Real Exchange Rate Appreciation in Latin America: the Role of External Factors[J]. IMF Staff Paper. 1993, 40(1): 108-151.

[41] Calvo G. A., Leidennan L. Inflows of Capital to Developing Countries in the 1990s. Journal of Economic Perspectives[J]. 1996, 10(2): 123-139.

[42] Calvo G. A., E G Mendoza. Rational Herd Behavior and the Globalization of Securities Markets [J]. Universty of Maryland. 1999(11).

[43] Calvo G. A. Capital Flows and Capital-markets Crises: the Simple Economics of Sudden Stops [J]. Journal of Applied Economics. 1998(1): 35-54.

[44] Calvo G. A., Izquierdo A., Mejia L. F. On the Empirics of Sudden Stops: the Relevance of Balance-sheet Effects [R]. NBER Working Paper 10520, 2004.

[45] Calvo G. A., Izquierdo A., Mejia L. F. Systemic Sudden Stops: The Relevance of Balance-Sheet Effects and Financial Integration [R]. NBER Working Paper 14026, 2008.

[46] Eichengreen B. Capital account liberalization: what do cross-country studies tell us [J]. World Bank Economic Review. 2001, 15(3): 341-365.

[47] Fernando A Broner, Roberto Rigobon. Why are capital flows so much more volatile in emerging than in developed countries [J]. Aizenman & Noy. 2004.

[48] Chari V. V., Jagnanathan R. Banking Pnaics, Inofmration, and Rational Expectations Equilibrium [J]. Jorunal of finance. 1988(43): 749-761.

[49] Chari V. V., Kehoe P. J. Hot Money. Journal of Political Economy[J]. 2003(6): 1262-1292.

[50] Chari V. V., Kehoe, McGrattan. Sudden stops and output drops [J]. American Economic Review. 2005(95): 381-387.

[51] Douglas W. Diamond, Philip H. Dybvig. Bank Runs Deposit Insurance, and Liquidity [J]. The Journal of Political Economy. vol.91, No.3 1983(7): 401-419.

[52] Williamson Stephen D. Payments Systems with Random Matching and Private Information [J]. Journal of Money Credit and Banking. Ohio State University Press. 1998, 30(3): 551-569.

[53] Walter Bagehot. Economics research [M]. Langerhans. 1880: 58-82.

[54] Marshall A. Money, Credit, and Commerce [M]. London. The Macmillan Press. 1923.

[55] Fritz Machlup. The Liquidity of short-Term Capital [J]. Economics. 1932(37): 271-284.

[56] Iverson C. Aspects of the Theory of International Capital Movements [M]. London: Oxford University Press. 1936.

[57] Ohlin B. The reparation Problem: A discussion [J]. Economic Journal. 1929, 39

(154): 172-178.

[58] Mundell R. A. The monetary dynamics of international adjustment under fixed and flexible exchange rates [J]. Quarterly Journal of Economics. 1960(2): 227-257.

[59] Mundell R. A. Capital Mobility and Stabilization Policy under Fixed and Flexible Exchange Rates[J]. Canadian Journal of Economics and Political Science. 1963, 29(4): 475-485.

[60] Mundell R. A. A Reply: Capital Mobility and Size [J]. Canadian Journal of Economics and Political Scienee.1964, 30(3): 421-431.

[61] Hang M. Markowitz. Portfolio selection [J]. JournalofFinanee.1952, 7(1): 77-91.

[62] Branson W H. Financial Capital flows in the United States balance of Payment [M]. Amsterdam. North-Holland. 1968: 69-88.

[63] Salant S W, Henderson D W. Market Anticipations of Govenment Policies and the Price of Gold [J]. The Journal of Political Economy. 1978, 86(4): 627-648.

[64] Flooder R P, Gerber P M. Collapsing exchange-rate regimes: some linear examples [J]. Journal of International Economics. 1984, 17(1-2): 1-13.

[65] Edwards S. Openness, Productivity and growth: what do we really know? [J]. The Economic Journal. 1998, 108(447): 383-398.

[66] Aadm Smith. Wealth of Nations [M]. Campbell.1991: 74-126.

[67] Hak-Min Kin. Globalization of International Financial Markets Causes and Consequences [M]. Ashgate Publishing Ltd. 1999: 143-222.

[68] John Marcus Fleming. Domestic Financial Policies Under Fixed and Under Floating Exchange Rates[R]. IMF Staff Papers. 1962(9): 369-379.

[69] Lucus R. Why Doesn't Capital Flow from Rich to Poor Countries? [J]. American Economic Review. 1990(80): 92-96.

[70] Martin Fieldstan. Monetary Policy in a Changing International Environment: The Role of Global Capital Flows[R]. NBER Working Paper, No.11856.2005.

[71] Stiglitz Joseph E. Economic Crises: Evidence and Insights from East Asia [J]. Brookings Papers on Economic Activity. 1998(2): 1-136.

[72] Stiglitz Joseph E. Capital Market Liberalization, Economic Growth, and Instability, World Development. 2000, 28(6): 1075-1086.

[73] Corsetti G., Pesenti P. Welfare and macroeconomic, Interdependence, in Quarterly Journals of Economics. Vol.116. 2001(2): 421-445.

[74] Corsetti G., Gianearlo, Pesenti P., Roubini Nouxiel. Paper tigers? A model of the Asian crisis [J]. European Economic Review. Elsevier. 1999, 43(7): 1211-1236.

[75] Boyd John H., Smith Bruce D. Intermediation and Equilibrium Allocation of Investment Capital [J]. Journal of Monetary Economics. 1992, 30(3): 409-432.

[76] E. Philip Davis, Dilruba Karim. Comparing early warning systems for banking crises [J]. Journal of Financial Stability. 2008(4): 89-120.

[77] Paul Collins, Anke Hoeffler, & Catherine Pattillo. Flight Capital as a Portfolio Choice World Bank Policy Research[R]. Working Paper.No.2066.1999.

[78] Reinhart C. M., Reinhart V. R. Capital Inflows and Reserve Accumulation: The Recent Evidence[R]. NBER Working Paper. 2008, No.13842.

[79] Joyce J. P., Nabar M. Sudden Stops' Banking Crises and Investment Collapses in Emerging Markets [J]. Journal of Development Economics. 2009(2): 314-322.

[80] Radelet S., Sachs J. Shipping Costs, Manufactured Exports, and Economic Growth [R]. Working Paper. 1998(1).

[81] Edwards S. Thirty Years of Current Account Imbalances, Current Account Reversals and Sudden Stops[R]. NBER Working Paper 10276, 2004a.

[82] Edwards S. Financial Openness, Sudden Stops and Current Account Reversals [R]. NBER Working Paper 10277, 2004b.

[83] Edwards S. Capital controls sudden stops and current account reversals [R]. NBER working paper. 2005, No.11170.

[84] Joseph E., Stiglitz & Andrew Weiss. Credit Rationing in Market with Imperfect Information [J]. American Economic Review. 1981(6).

[85] Irving Fishing. The Great Deflation Theory of Great Depressions [J]. Econometrical. 1933(10): 337-357.

[86] J.A.Kergel. Margins of Safety and weight of the Argument in Generating Financial Fragility [M]. The Journal of economic issues. 1997(6).

[87] Gunnar Myrdal. Economic Theory and Underdeveloped Regions [M]. Duckworth. 1957: 37-77, 113-149.

[88] James Edward Meade. The Theory of International Economic Policy [M]. The Balance of Payments. London: Oxford University Press. 1951: 185-214.

[89] Henry P. B. Do Stock Market Liberalizations, Cause Investment Booms? [J] Journal of Financial Economics. Vol.55, No.2. 2000.

[90] Henry P. B. Capital-Account Liberalization, the Cost of Capital, and Economic Growth[J]. AEA Papers and Proceedings. Vol.93, No.2. 2003.

[91] Philippe Martin, Helene Rey. Globalization and Emerging Markets: With or Without Crash? [J] The American Economic Review. Vol.96, No.5. 2006.

[92] Stulz R M. Globalization of Equity Markets and the Cost of Capital[R]. NYSE Working Paper. 1999.

[93] Alfaro L., Sebnem Kalemi-Ozcan and Vadym Volosovych. Why doesn't Capital Flow from Rich to Poor Countries: an Empirical Investigation [J]. The Review of Economics and Statistics. 2008(2): 347-368.

[94] Mishkin F. S. Understanding Financial Crises: A Developing Country Perspective [R]. NBER Working Paper. 1996.

[95] Glick Revuen, Michael Hutehison. Capital Controls and Exchange Rate Instability in Developing Countries [R]. FRBSF Center for Pacfic Basin Monetary and Economic Research Working Paper PB-005. 2000(12).

[96] Hutchison Michael M., Ilan Noy. Sudden stops and the Mexican Wave: Currency crises, capital flow reversals and output loss in emerging markets [J]. Journal of Development Economics. 2006,79(1): 225-248.

[97] Asli Denugrue-Kunt, Enrica Detrgaiache. Monitoring Bnaking Sector Frgaility: A Multivariate Logit Apporach with an Application to the 1996-1997 Banking Crises[C]. The World Bank Group Working Papers. No.2085, 1999.

[98] Jones C. I. Economic Growth and the Relative Price of Capital [J]. Journal of Monetary Economics. 1994: 359-382.

[99] Kalemli Ozcan et al. Net Capital Flows and Productivity: Evidence from U. S. States[R]. IIIS Discussion Paper Working Paper 11301. 2005.

[100] Ragnar Nurkse. Problems of Capital Formation in Underdeveloped Countries [M]. Oxford. 1953: 59-68.

[101] Claessens S., M. P. Dooley & A. Warner. Portfolio capital flows: hot or cold? [J]. The World Economic Review.1995,153-174.

[102] Chuhan P., G. Perez-Quiros and H. Popper. International capital flows: do shortterm investment and direct investment differ? [R]. The World Bank Policy Research Working Paper.1996, No.1507.

[103] Eichengreen, B., A.K. Rose & C. Wyplosz.Contagious currency crises: first tests

[J]. Scandinavian Journal of Economics. 1996, 463-484.

[104] Calvo G. Capital flows and capital-market crises: the simple economics of sudden stops [J]. Journal of Applied Economics. 1998, 35-54.

[105] Cavallo Eduardo A., Jeffrey A. Frankel. Does openness to trade make countries more vulnerable to sudden stops, or less? Using gravity to establish causality [J]. Journal of International Money and Finance, 2008, 27(8): 1430-1452.

[106] Rodrik D., A. Velasco. Short-term capital flows [R]. NBER Working Paper. 1999, No.7364.

[107] Sarno L., M.P. Taylor. Hot money, accounting labels and the permanence of capital flows to developing countries: an empirical investigation [J]. Journal of Development Economics. 1999: 337-364.

[108] Bailey M. N., D. Farrell & S. Lund. The color of hot money [J]. Foreign Affairs. 2000, 99-109.

[109] Bird.G, R.S. Rajan. Does FDI guarantee the stability of international capital flows? Evidence from Malaysia [J]. Development Policy Review. 2002, 191-202.

[110] Bubula A., I. Otker-Robe. Are Pegged and Intermediate Exchange Rate Regimes More Crisis-prone? [R]. IMF Working Paper. 2003, WP/03/223.

[111] Gabriele A., K. Boratav, and A. Parikh. Instability and volatility of capital flows to developing countries [J]. World Economy. 2000, 1031-1056.

[112] Haley M. A. Emerging market makers: the power of institutional investors [J]. Financial globalization and democracy in emerging markets. 2001, 74-90.

[113] Hutchison M., I. Noy. Sudden stops and the Mexican wave: currency crises, capital flow reversals and output loss in emerging markets [J]. Journal of Development Economics. 2006, 225-248.

[114] Kim J.S., T.D. Willett, J. Li, R.S. Rajan & O. Sula. Noy. Reserve adequacy in Asia revisited: new benchmarks based on the size and composition of capital flows [J]. Monetary and Exchange Rate Arrangements in East Asia. 2004, 161-189.

[115] Komulainen, T. and J. Lukkarila. Noy. What drives financial crises in emerging markets? [J] Emerging Markets Review. 2003, 248-272.

[116] Levchenko A., P. Mauro. Do some forms of financial flows help protect from sudden stops? [J]. World Bank Economic Review. 2007, 389-411.

[117] Li J., O. Sula & T.D. Willett. A new framework for analyzing adequate and

excessive reserve levels under high capital mobility [J]. China and Asia, Routledge Studies in the Modern World Economy.2006, 230-245.

[118] Willett T.D., A. Denzau, C. Ramos, J. Thomas, &. G.J. Jo.The falsification of four popular hypothesis about international financial behavior during Asian crises [J].The World Economy. 2004, 25-44.

[119] Williamson J.Curbing the boom-bust cycle: stabilizing capital flows to emerging markets [M]. Institute for International Economics. Washington DC. 2005.

[120] World Bank. Private capital flows in historical perspective [J]. Global Development Finance. 2000, 119-139.

[121] Ozan Sula, Thomas D. Willett. The Reversibility of Different Types of Capital Flows to Emerging Markets [R]. MPRA Paper. 2006, No. 384.

[122] Davide Furceri, Stéphanie Guichard, Elena Rusticelli. Episodes of Large Capital Inflows and the Likelihood of Banking and Currency Crises and Sudden Stops [J].Economics department working paper. 2011, No.865.

[123] Davide Furceri, Stéphanie Guichard and Elena Rusticelli. The effect of episodes of large capital inflows on domestic credit [J]. The North American Journal of Economics and Finance. 2012, 23(3): 325-344.

[124] Eduardo Fernandez-Arias. The new wave of private capital inflows: Push or pull [J]? Journal of Development Economics. 1996(3): 389-418.

[125] Mark P. Taylor, Lucio Sarno. Capital Flows to Developing Countries: Long-and Short-Term Determinants [J]. The World Bank Economic Review. 1997, 11(3): 451-470.

[126] John M. Griffin, Federico Nardari &. René M. Stulz. Are Daily Cross-Border Equity Flows Pushed or Pulled? [J] MIT Press Journals. 2004,86(3): 641-657.

[127] IMF. Economic Policies and FDI Inflows to Emerging Market Economies [R].IMF Working Paper. 2011, WP/11/192.

[128] Marcel Fratzscher. Capital flows, push versus pull factors and the global financial crisis [J]. Journal of International Economics. 2012, 88(2): 341-356.

[129] Levy Yeyati. Global Moral Hazard Capital Account Liberalization and the Overlending Syndrome [R]. IMF Working Paper. 1999, WP/99/100.

[130] Pentti J. K. Kouri, Michael G. Porter. International Capital Flows and Portfolio Equilibrium [J]. Journal of Political Economy. 1974, 82(3): 443-467.

[131] Atish R. Ghosh, Jonathan D. Ostry. The Current Account in Developing Countries: A Perspective from the Consumption-Smoothing Approach [J]. 1995, 9(2): 305-333.

[132] Laura Alfaro, Sebnem Kalemli-Ozcan & Vadym Volosovych. Why Doesn't Capital Flow from Rich to Poor Countries? An Empirical Investigation [J]. MIT Press Journals. 2008, 90(2): 347-368.

[133] Şenay Ağca, Gianni De Nicolò & Enrica Detragiache. Financial Reforms, Globalization, and Corporate Borrowing: International Evidence [R]. IMF Working Paper. 2007, WP/07/186.

[134] Roberto Cardarelli, Selim Elekdag and M. Ayhan Kose. Capital inflows: Macroeconomic implications and policy responses [J]. Economic Systems. 2010, 34(4): 333-356.

[135] Adrian, Hyun Song Shin. Liquidity and leverage [J]. Journal of Financial Intermediation. 2010, 19(3): 418-437.

[136] Adrian, Tobias & Hyun Song Shin. Procyclical Leverage and Value-at-Risk [J]. Review of Financial Studies. 2014, 27(2): 373-403.

[137] Ben S. Bernanke, Mark Gertler & Simon Gilchrist. The financial accelerator in a quantitative business cycle framework [J]. Handbook of Macroeconomics. 1999: 1341-1393.

[138] Geanakoplos, John. The Leverage Cycle [J]. University of Chicago Press. 2010: 1-65.

[139] Fostel, Ana & John Geanakoplos. Leverage Cycles and The Anxious Economy [J]. American Economic Review. 2008, 98(4): 1211-1244.

[140] Fostel, Ana and John Geanakoplos. Endogenous Leverage in a Binomial Economy: The Irrelevance of Actual Default [R]. Cowles Foundation Discussion Paper. NO. 1877. 2012.

[141] Gorton, Gary. The Panic of 2007 [R]. NBER Working Paper. 2008, No.14358.

[142] Gorton, Gary. Slapped by the Invisible Hand: The Panic of 2007 [M]. Oxford University Press. 2010.

[143] Borio, Claudio & Piti Disyatat. Global imbalances and the financial crisis: Link or no link? [R]. BIS Working Papers. 2011. No 346.

[144] Forbes, Kristin J. & Francis E. Warnock. Capital Flow Waves: Surges, Stops,

Flight and Retrenchment [J]. Journal of International Economics. 2012, 88(2): 235-251.

[145] Lane, Philip & Barbara Pels. Current Account Balances in Europe [R]. European Commission Economic Papers. Directorate General Economic and Monetary Affairs(DG ECFIN). 2013.

[146] Hyun Song Shin. Global Banking Glut and Loan Risk Premium [J]. IMF Economic Review. 2012, 60(2): 155-192.

[147] Bank for International Settlements. Funding patterns and liquidity management of internationally active banks [R]. CGFS Publications. No. 39. 2010.

[148] Bank for International Settlements. Global liquidity-concept, measurement and policy implications [R]. CGFS Publications. No. 45. 2011.

[149] Gourinchas, Pierre-Olivier & Maurice Obstfeld. Stories of the Twentieth Century for the Twenty-First. American Economic Journal: Macroeconomics. 2012, 4(1): 226-265.

[150] Schularick, Moritz & Alan M. Taylor. Credit Booms Gone Bust: Monetary Policy, Leverage Cycles, and Financial Crises (1870-2008) [J]. American Economic Review. 2012, 102: 1029-1061.

[151] Bruno, Valentina, Hyun Song Shin. Capital Flows and the Risk-Taking Channel of Monetary Policy[J]. NBER working paper. 2013, No.18942.

[152] Vasiceck, Oldrich. The Distribution of Loan Portfolio Value Risk [EB]. 2002, http://www.moodyskmv.com/conf04/pdf/papers/dist_loan_port_val.pdf.

[153] Merton, Robert C. On the Pricing of Corporate Debt: the Risk Structure of Interest Rates[J]. Journal of Finance. 1974, 29(2): 449-470.

[154] Megumi Kubota. Sudden Stops: Are Global and Local Investors Alike? [R] Policy Research Working Paper. 2011, No. 5569.

[155] Honig Adam. Do improvements in government quality necessarily reduce the incidence of costly sudden stops? [J]. Journal of banking and finance. 2008, 32(3): 360-373.

[156] 庄起善,李卢霞.FDI对转型国家经济增长影响的实证研究——基于中东欧11国和独联体7国面板数据的研究[J].复旦学报,2008(6): 83-93.

[157] 庄起善,吴玮丽.为什么中东欧国家是全球金融危机的重灾区？[J].国际经济评论,2010(2): 29-39.

[158] 庄起善.俄罗斯12年经济体制转轨的分析与思考[J].复旦学报,2004(4):37-47.
[159] 庄起善,王健.金融业的稳健与吸引外资——对波兰、捷克、匈牙利三国的实证研究[J].复旦学报.2006(3):93-100.
[160] 庄起善,曹焕.中东欧国家金融银行业开放过程中的潜在风险分析[J].世界经济研究,2011(10):16-21.
[161] 李翀.短期资本流动的成因:投资优势论视角[J].学术研究,2005(2):39-43.
[162] 张荔.论过度的金融自由化对金融体系脆弱性的助推作用[J].经济评论,2001(1):125-128.
[163] 胡国,宋建江.房地产价格波动与区域金融稳定[J].上海金融,2005(5):51-53.
[164] 梁权熙,田存志.国际资本流动"突然停止"、银行危机及其产出效应[J].国际金融研究,2011(2):52-62.
[165] 徐震宇,潘沁.中国资本流入负效应的实证研究与资本逆转的防范[J].国际金融研究,2007(9):60-64.
[166] 胡援成.中国资本流动与金融稳定关系的实证研究[J].广东社会科学,2005(4):58-64.
[167] 伍志文.中国银行体系脆弱性状况及其成因实证分析[J].金融研究,2002(12):21-37.
[168] 伍志文.中国金融脆弱性分析[J].经济科学,2002(3):5-13.
[169] 经济增长前沿课题组.国际资本流动、经济扭曲与宏观稳定——当前经济增长态势分析经济研究[J].2005(4):4-16.
[170] 经济增长前沿课题组.开放中的经济增长与政策选择——当前经济增长态势分析[J].经济研究,2004(4):4-15.
[171] 田素华,徐明东.国际资本流动对东道国货币政策的抵消效应——基于四种国际资本流动形式的讨论[J].数量经济技术经济研究,2008(12):70-86.
[172] 鄂志寰.资本流动与金融稳定相关关系研究[J].金融研究,2000(7):81-88.
[173] 朱民,鄂志寰.世纪之交的全球资本流动和国际金融格局[J].国际金融研究,2000(3):7-16.
[174] 吕随启.国际资本流动的冲击与利率平价方程的解释[J].国际金融研究,2000(3):23-27.
[175] 孙明春.加强对国际资本流动的宏观管理[J].国际金融研究,1997(2):36-38.
[176] 窦祥胜.关于国际资本流动的经济学思考[J].经济评论,2001(1):110-113.
[177] 余永定.中国应从亚洲金融危机中汲取的教训[J].金融研究,2000(12):1-13.

[178] 金洪飞,李子奈.资本流动与货币危机[J].金融研究,2001(12):43-50.

[179] 李翀.短期资本流动的成因、效应与风险[M].北京:人民出版社,2004:16-17.

[180] 黎志成,王明华.金融稳定评估指标体系:银行稳定的宏观成本控制研究[J].中国软科学,2005(9):126-132.

[181] 张碧琼.论国际资本流动自由化理论渊源与制度选择[J].世界经济,1999(1):42-47.

[182] 戴任翔.论发展中国家资本账户开放过程中的银行稳定性问题[J].国际金融研究,1999(2):59-65.

[183] 张荣峰.国际资本流动与银行稳定[J].国际金融研究,2007(2):66-94.

[184] 贺力平.从国际和历史角度看国际资本流动与金融安全问题[J].国际经济评论,2007(6):20-24.

[185] 刘仁伍,刘华,黄礼健.新兴市场国家的国际资本流动与双危机模型扩展[J].金融研究,2008(4):37-54.

[186] 项卫星,王达.国际资本流动格局的变化对新兴市场国家的冲击——基于全球金融危机的分析[J].国际金融研究,2011(07):51-58.

[187] M.戈登斯坦,F.特纳.货币错配:新兴市场国家的困境与对策[M].北京:社会科学文献出版社,2005.

[188] 西斯蒙第.政治经济学研究[M].北京:商务印书馆,1989.

[189] 马克思.资本论[M].北京:人民出版社,1975.

[190] 马克思.政治经济学批判[M].徐坚,译.北京:人民出版社,1976:1-10.

[191] 大卫·李嘉图.政治经济学及赋税原理[M].郭大力,译.北京:商务印书馆,1962.

[192] 约翰·穆勒.政治经济学原理及其在社会社学上的若干应用[M].北京:商务印书馆,1991:116-117.

[193] 约翰·穆勒.政治经济学原理及其在社会哲学上的若干应用下卷[M].胡林,朱侠,译.北京:商务印书馆,1991:116-117.

[194] 休谟.休谟经济论文选[M].陈玮,译.北京:商务印书馆,1984:150-170.

[195] 斯蒂格利兹.经济自由化的顺序——向市场经济过渡中的金融控制[M].北京:中国金融出版社,2004:36-46.

[196] 维克赛尔.国民经济学讲义[Z].刘絜,译.上海:上海译文出版社,1983.

[197] 约翰·威廉逊.开放经济与世界经济[M].厉伟,译.北京:北京大学出版社,1991:114-215,235-276.

[198] 魏勒.对金融自由化与金融不稳定性的若干观察[J].激进政治经济学评论,1999

(9):10.
[199] 莫里斯·戈尔茨坦,格拉谢拉·L.凯宾斯基,卡门·M.瑞哈特.金融脆弱性实证分析——新兴市场早期预警体系的构建[M].北京:中国金融出版社,2005.
[200] 约翰·伊特韦尔、默里·米尔盖特、彼得·纽曼.新帕尔格雷夫经济学大辞典[M].北京:经济科学出版社.1996.
[201] 钱荣堃.国际金融[M].成都:四川人民出版社,1994.
[202] 李慧芬.国际金融概论[M].北京:中国金融出版社,1998.
[203] 裴平.国际金融学[M].南京:南京大学出版社,1999.
[204] 田宝良.国际资本流动——分析、比较与监管[M].北京:中国金融出版社,2004.

图书在版编目(CIP)数据

国际资本流动与金融稳定性研究：基于中东欧和独联体国家的比较/张广婷著.—上海：上海社会科学院出版社,2018

ISBN 978-7-5520-2393-0

Ⅰ.①国… Ⅱ.①张… Ⅲ.①国际资本-资本流动-影响-金融市场-对比研究-中欧、东欧、独联体 Ⅳ.①F835.05

中国版本图书馆 CIP 数据核字(2018)第 166603 号

国际资本流动与金融稳定性研究
——基于中东欧和独联体国家的比较

著　　者：	张广婷
责任编辑：	温　欣
封面设计：	广　岛
出版发行：	上海社会科学院出版社
	上海顺昌路 622 号　邮编 200025
	电话总机 021-63315900　销售热线 021-53063735
	http://www.sassp.org.cn　E-mail:sassp@sass.org.cn
排　　版：	南京展望文化发展有限公司
印　　刷：	上海景条印刷有限公司
开　　本：	710×1010 毫米　1/16 开
印　　张：	18.5
字　　数：	241 千字
版　　次：	2018 年 9 月第 1 版　2018 年 9 月第 1 次印刷

ISBN 978-7-5520-2393-0/F·529　　　　　定价：90.00 元

版权所有　翻印必究